Im Bann der Donau

Eine Bootsreise von Münster zum Schwarzen Meer

Walter H. Edetsberger

Im Bann der Donau

Eine Bootsreise von Münster zum Schwarzen Meer

1. Auflage

Herstellung: Books on Demand GmbH, Norderstedt
Fotos: Dörte Heitbrink, Walter Edetsberger, Karl Kieser (S. 24, S. 27, S. 38)
Walter Heitbrink (S. 30, S. 34)
Satz/Layout: Dörte Heitbrink, Münster
Umschlaggestaltung: Dörte Heitbrink, Münster
ISBN 3-8311-3049-3

Σ'αγαπο Δωρτε

Reisen veredelt unseren Geist
und räumt mit Vorurteilen auf

Oskar Wilde

Inhaltsverzeichnis

Wie alles begann

Ich stand an Deck, und wußte es: Dieses oder Keines! Nach langem Zeitungs- und Anzeigenstudium, sowie unzähligen Telefonaten und den darauffolgenden Schiffsbesichtigungen in ganz Deutschland, hatte ich endlich meinen ganz persönlichen Traum gefunden. 14 Meter lang, 3,65 Meter breit, von Wind und Wetter gezeichnet, ziemlich verschmutzt und versteckt in einer kleinen verträumten Hafenanlage am Rande Lübecks wartete er auf mögliche Käufer. Und als ich es erblickte, sah ich mich schon träumend der Sonne entgegen segeln.

Es war ganz anders als die Schiffe, die ich vorher sah. Mit der klassischen Form seines massigen Ferrocementrumpfes, der Holzreling mit ihren gedrechselten Teilen und dem geschlossenen Centercockpit erschien mir das Schiff einzigartig. Ich kann eigentlich gar nicht mehr sagen, was mich im Detail fesselte. Oder war es einfach alles zusammen?

Nach einem romantischen Wochenende und viel Träumerei an Bord ging es zur Realität über. Nachdem ich mit dem Verkäufer einen sehr guten Preis aushandelte, wurde ich schneller als erwartet zum Schiffseigner.

Da ich aber zu diesem Zeitpunkt noch keinen der erforderlichen Führerscheine hatte, blieb das Schiff vorerst in Lübeck. Es blieb die Frage, wie bekomme ich mein Schiff nach Münster?

Ich hatte zwar schon etwas Segel- und Motorbooterfahrung, jedoch war ich noch nie in der Situation gewesen, diese auch belegen zu müssen. Ich hatte zwar geplant, hier in Deutschland meine Prüfungen abzulegen, aber wie es die menschliche Natur vorgibt, verschob ich mein Vorhaben ununterbrochen, da ja bisher keine zwingende Notwendigkeit dafür bestand. Jetzt war aber klar, daß ich schnellstens die nötigen Führerscheine erwerbe, welche ich schon nach 3 Monaten mein Eigen nennen durfte.

Doch das brachte mein Schiff jetzt aber noch nicht nach Münster. Also mußte ich mich nach jemanden umsehen, der diese Papiere schon hat und mit mir die 500 km zurücklegt. Nach einigen Telefonaten war auch sehr schnell der rettende Engel gefunden. Es ist ja auch nur zu verständlich, daß man seinen Traum vor der eigenen Tür wissen will. Gesagt, getan. Zu fünft brachten wir dann das Schiff über die Kanäle nach Münster.

Geplant war, morgens am 12. September 1999 nach Lübeck zu fahren. In Ruhe sollten dann die Masten gelegt, Proviant und alles andere im Boot verstaut werden, um am darauffolgenden Tag um 7.00 Uhr abzufahren. Motor- und Bootsservice hatten wir schon vorher erledigt.

Leider mußten wir erfahren, daß auch der beste Zeitplan ins Schleudern kommen kann. Die Anreise verzögerte sich bis in die Abendstunden und somit konnte alles erst am nächsten Tag erledigt werden.

Langsam und hochkonzentriert tasteten wir uns durch das Hafenbecken, um uns an das Verhalten des 15 Tonnen schweren Schiffes zu gewöhnen. Nach kurzer Zeit geschah das erste Mißgeschick. Bei der Durchfahrt unter der Hubbrücke am Hansahafen vergaß ich die

Funkantenne umzulegen. Innerhalb von nur drei Sekunden wurde sie somit von der Brücke um zirka zehn Zentimeter brutal verkürzt.

Die erste Schleuse lag schnell hinter uns, doch schon in der nächsten geschah das, wovor sich alle, die sich auf dem Wasser bewegen, fürchten: "WASSEREINBRUCH!" Der Motor lag schon fast bis zur Hälfte im Wasser. Unter den Bodenbrettern im Salon, dem WC und der Vorderkabine stand ebenfalls bis zum Rand das trübe Kanalwasser. Panik breitete sich unter allen Fünf an Bord aus. Wo war das Leck? Und vor allem, warum arbeitete die elektrische Pumpe nicht?

Wir beförderten zuerst mit Eimern das Wasser durch die Luken, um wenigstens an die Wasserpumpe zu gelangen. Diese wurde ausgebaut, um nach dem Fehler zu suchen. Die Handpumpe hatte in der Hektik einer der Mitfahrer im Kanal versenkt! Also blieb nichts anderes übrig, als weiter mit Eimern zu arbeiten.

Als die Pumpe endlich lief, konnte sie das Wasser immer noch nicht abpumpen, da irgendwo im Schlauchsystem Schmutz saß. Also weiter mit den Eimern. Zwei Wolfsburger, die auf dem Heimweg von ihrer Segeltour an der Ostsee waren, sahen uns in unserem Unglück und liehen uns sofort ihre Handpumpe. An dieser Stelle möchte ich mich noch einmal dafür bedanken. Nun wurde es auch schnell trockener im Schiff.

Wir bemerkten bald, daß Wasser nur dann nachströmte, wenn der Motor lief. Also war allen klar, daß die Stopfbuchse undicht sein mußte. Aber alle waren der Meinung, daß wir pumpend doch bis nach Münster kommen würden. Also setzten wir im Konvoi mit den beiden Wolfsburgern unsere Reise fort. Wir hatten zwar noch einige kleinere Probleme, welche wir aber schnell beseitigen konnten und kamen dann auch gut voran.

Ein wunderschönes Stück Natur war zweifelsfrei der Elbe-Lübeck-Kanal, der für mich das Gefühl aufkommen lies, in einem fernen Land mit urwüchsigen Bäumen und den bis ins Kanalbecken reichenden Sträuchern, Wiesen und Blumen zu sein.

Weiters war für mich das Schiffshebewerk am Elbe-Seiten-Kanal ein Höhepunkt dieser Kanalfahrt. Ich würde jedem empfehlen, wenn ein solches auf seiner Route liegt, sich auch Zeit zu nehmen, um es zu besichtigen. Als wir darauf zukamen, hatten wir immer mehr den Eindruck, als würden wir uns einer riesige Bunkeranlage nähern. Groß und mächtig lag es vor uns. Mit zwei Kammern in denen so einiges Platz hat. An einer Brücke, die sich im Inneren der Anlage befindet, standen zahlreiche Schaulustige um sich dieses technische Spektakel anzusehen.

Im Eiltempo wurde die "Wanne" mit Hilfe von hunderten Stahlseilen nach oben gezogen, um dann von dort einen grandiosen Blick auf das Becken und den Kanal freizugeben. Wer etwas Zeit mitbringt, kann sich dann dem Erlebnis hingeben, mit einem der Besichtigungsboote das Ganze noch einmal in Ruhe zu betrachten. Auf jeden Fall eine willkommene und sehr interessante Abwechslung auf unserer Fahrt.

Eine weitere sehr schöne und nette Abwechslung fanden wir beim Motorboot Club Sehnde am Mittelland-Kanal. Trotz unserem etwas seltsam anmutenden Anlegemanövers wurden wir dort überaus freundlich empfangen. Als sehr positiv empfand ich dort den Schwimmsteg direkt am Kanal, der auch für mein Schiff geeignet ist, welches einen Tiefgang von immerhin 1,80 Meter aufweist. Wir konnten uns dort endlich in sauberen Sanitäranlagen duschen, bekamen auch gleich das passende Restaurant empfohlen und hatten dadurch einen wunderschönen und angenehmen Abend in Sehnde. Das entschädigte uns bereits vorab für das folgende Regenwetter.

Da wir bereits verspätet von Lübeck abgereist waren und uns der Wassereinbruch einige Zeit aufgehalten hatte, mußten wir dann am Abend des 16. September beim Mindener Yacht Club am Hahler Hafen anlegen, um uns von dort abholen zu lassen. Schließlich hatten wir uns für diese Fahrt nur fünf Tage von unseren Jobs freigemacht. Auch dort begegneten uns nur nette und hilfsbereite Menschen. Zu beachten ist die Einfahrt mit einer Wassertiefe von zirka 1,80 Meter, welche mit Eisenbalken am Grund verstärkt ist und somit leicht zu Beschädigungen am Kiel führt. Den Rest der Strecke legten wir in der darauffolgenden Woche zurück.

Spannend wurde es noch einmal, als der Petroleumkocher überlief. Eine riesige Flamme breitete sich über den ganzen Kocher aus und zeigte uns, daß auch diese Kocher nicht unbedingt sicher sind. Der Schuldige an dem Feuer war eine kaputte Düse, die den unter Druck stehenden Tankinhalt schnellstens nach außen beförderte. Da der Kocher in Betrieb war, kamen wir zu einer ungewollten Feuerübung. Es empfiehlt sich, immer Reservedüsen mitzuführen. Und natürlich muß in der Pantry ein entsprechender Feuerlöscher griffbereit sein.

Ohne kochen zu können, macht es wenig Freude unterwegs zu sein. Um dann doch noch Kaffee und warmes Essen zubereiten zu können, bekamen wir einen Campingkocher von einem Pärchen geschenkt, das auf ihrem Schiff lebt und sich auf eine Weltumsegelung vorbereitet.

Am Spätnachmittag des 21. Septembers waren wir dann endlich im Stadthafen von Münster angekommen, wo wir natürlich von Familie und Freunden empfangen wurden. Der Hafenmeister erteilte uns großzügigerweise die Bewilligung, das Schiff vorerst hier einige Tage liegen zu lassen, um es dann später nach Münster-Gelmer zu bringen.

Hier hat die Firma BCM ihren Standort direkt am Kanal. An dieser Werft gibt es zwar eine beschränkte Anzahl an Liegeplätzen, jedoch wird jeder Service rund ums Boot angeboten. Einen Slip, Tankstelle mit Diesel und ein Kran für mehr als 15 Tonnen wird genauso angeboten wie Werkstatt, Tischlerei oder ein Bootszubehör-Shop. Alles in allem eine sehr gute Möglichkeit, alle am Schiff auftretenden Schäden beheben zu lassen. Eine Anlaufstelle, die sich jeder Reisende in seiner Dortmund-Ems-Kanal Karte eintragen sollte.

Und hier lag das Schiff an Land, um auf eine große Reise rund um Europa vorbereitet zu werden.

Als erstes machte ich das Schiff winterfest. Öl- und Filterwechsel, Tanks entleeren und alle Wasserkreisläufe mit Frostschutz füllen. Gleich bei diesem Wintercheck fand ich auch die

Ursache für den "Wassereinbruch". Die Schelle, mit der der Auspuffschlauch an der Innenseite der Bordwand befestigt ist, war gerissen. So wurde das Wasser aus dem zweiten Kühlkreislauf nicht nach außen, sondern in die Bilge befördert. Typisch kleine Ursache mit großer Wirkung! Da sich das Ganze in einem versteckten Stauraum befand, und die Bilge sowieso dauernd unter Wasser stand, hatte niemand darauf geachtet. Und wir waren uns ja auch schnell einig gewesen, das Wasser käme durch die undichte Stopfbuchse.

Danach widmete ich mich der Feuchtigkeit, die sich unter Deck ausgebreitet hatte. Die Bilge wurde gereinigt und das feucht gewordene Holz mußte erstmal trocknen. Ich besorgte mir einige Raumentfeuchter und verteilte sie unter Deck. Die beste Erfahrung machte ich mit den Wiederverwendbaren. Sie ziehen blitzartig die Feuchtigkeit an und können immer wieder verwendet werden. Alle anderen sind meiner Meinung nur Geldmacherei, da sie immer wieder mit diesem teuren Granulat befüllt werden müssen und die Feuchtigkeit nicht sammeln, sondern in ein anderes Gefäß führen. Somit ist ein dauernder Kreislauf vorhanden, welcher das Granulat ziemlich schnell verringert.

Da sich das Schiff in einem sehr guten technischen Zustand befand, brauchte ich diesbezüglich keine größeren Reparaturen vornehmen, sondern konnte mich fast ausschließlich der "Optik" und einigen Änderungen an Bord widmen.

In den darauffolgenden Monaten bekam das Schiff ein komplett neues Aussehen. Der Steuerstand, die achterne Reling, die Scheuerleisten und der Klüver sind aus Mahagoni, welche vom Wetter ziemlich gezeichnet waren. Es mußte alles feinsäuberlich abgeschliffen, behandelt und sechs mal lackiert werden. Nach dieser gründlichen Behandlung harmonierte dieses Holz wunderbar mit dem Rest des Schiffes.

Ein Teil des Unterwasserschiffs wurde in der Vergangenheit falsch behandelt. Somit konnte Feuchtigkeit unter die Farbe dringen. Hier wurden von mir alle Schichten abgetragen, um die mit Feuchtigkeit gefüllten Blasen zu beseitigen. Diese Arbeit betraf aber nur zirka ein Drittel der Steuerbordseite, war aber trotzdem zwingend nötig, da ansonsten immer wieder Feuchtigkeit in den Rumpf dringt und den Ferrocement brüchig macht. Läßt man bei dieser Arbeit Sorgfalt walten, ist Ferrocement eigentlich eine wunderbare Sache.

Zu unrecht hat dieser Werkstoff durch zahlreiche Selbstbauten einen ziemlich schlechten Ruf erhalten. Ferrocement ist aber, wenn Gieß- und Trockenzeiten penibel eingehalten werden, ein sehr gutes Bootsbaumaterial. Nach dem Bau muß der Rumpf viele Wochen unter ständiger Wasserberieselung aushärten, um nicht schon zu dieser Zeit rissig zu werden. Den Bau eines Ferrocementrumpfes sollte man einer Werft mit ihren Profis und ihrem Know-how überlassen, man erhält dann ein sehr langlebiges Schiff.

Natürlich ist Ferrocement schwerer als zum Beispiel GFK. Aber für ein Fahrtenschiff muß das nicht unbedingt nachteilig sein. Und gegenüber Grundberührungen ist ein gut gebautes Ferrocementschiff auch nicht wesentlich anfälliger als Schiffe aus anderem Material.

Für mich ist diese fast ausgestorbene Bauart der Inbegriff für Stabilität. Aber das ist meine ganz persönliche Meinung.

Da mein Schiff noch niemals gesegelt, sondern nur als "Motorboot" verwendet wurde, mußte ich ihm natürlich noch ein Rigg "spendieren". Das Schiff wurde als Ketsch konstruiert. Natürlich könnte ich es auch als Einmaster riggen lassen, da dies auch wesentlich kostengünstiger gewesen wäre. Doch wollte ich, da wir die meiste Zeit nur zu zweit unterwegs sein werden, bei der ursprünglichen Konstruktion bleiben. Ganz unkompliziert kann man bei zunehmenden Wind die Segelfläche verkleinern, indem das Großsegel einfach weggenommen wird und man Besan- als auch Vorsegel stehen läßt. Somit kann man auch mit kleiner Mannschaft segeln. Ein weiterer Faktor ist, daß man bei Verlust des Mastes immer noch eine Spiere stehen hat. Außerdem wäre es schade, dieses Schiff als Sloop zu segeln, da es als Ketsch konstruiert wurde und dementsprechend ausgeglichen auf dem Ruder liegen wird.
Natürlich hatte ich eine ellenlange Einkaufsliste, die aber aus Kostengründen erheblich gekürzt wurde. Der Teil, der keine Sparmaßnahmen erleiden durfte, war die Sicherheit an Bord, da ich immer für alle Eventualitäten gerüstet sein wollte und an meinem Leben hänge.
Drei Mal mußte ich den Termin verschieben, an dem das Schiff in den Kanal gekrant werden sollte, denn jedesmal geschah etwas Unerwartetes und ich zweifelte schon daran, unseren Abreisetermin einzuhalten. Erst zwei Wochen vor der Abreise war es dann soweit. Endlich wieder Wasser unter dem Kiel. "Ein Schiff muß schwimmen" waren meine ersten Worte als ich an Bord kam.
Zu Ostern taufte ich meinen zu Wirklichkeit gewordenen Traum auf den griechischen Namen "ΧΡΥΣΟΨΑΡΟ", zu deutsch: "Goldfisch".

Das eigentliche Unternehmen, worauf ich das Schiff die vielen Monate vorbereitete, starteten meine Freundin Dörte und ich im Frühjahr 2000 und nannten es "EURO-TOUR 2000". Vom Stadthafen Münster aus wollten wir eine Tour von zirka 20.000 Kilometern und 18 Staaten, rund um Europa beginnen.
Ich sah schon sehr viel von der Welt, jedoch fast nichts von diesem Kontinent. Und genau das war die Grundlage für meine Idee. Dieser Törn stellt eine neue Form einer Segeltour dar.
Anders als bei diversen Atlantiküberquerungen oder Weltumsegelungen, wo man fast ausschließlich allein mit der Weite das Meeres ist, werden wir fast 5.000 km durch Binnengewässer fahren. Auf diversen Kanälen, Rhein, Main und der Donau unterwegs, wollten wir an zahlreichen kleinen und großen europäischen Städten anlegen. Innovation und Vergangenes als Kombination. Von Wirtschaftsmetropolen wie Frankfurt oder Wien, über Kulturstädte wie Budapest oder Istanbul in die griechische Ägäis, Landschaft der Sonne und des Urlaubs, sowie tiefverwurzelten Glaubens und eigener Weltanschauung. Bei dem geschichtsträchtigen, heiligen Berg Athos sollte eine Winterpause eingelegt werden, um danach die Fahrt fortzusetzen.

Der Weg von Griechenland zurück sollte uns in den folgenden Jahren durch das gesamte Mittelmeer führen. An Italien, Sizilien, Sardinien und Korsika vorbei, an die französische und später die spanische Küste. Nach den Balearen durch die Enge von Gibraltar hinaus auf den Atlantik. Von da aus an Portugal vorbei, durch die Biscaya in Richtung England. Nach der Nordsee, dem Wattenmeer, der Ems und dem Dortmund-Ems-Kanal wollen wir dann irgendwann wieder im Stadthafen von Münster einlaufen.

Durch die politische Lage in Jugoslawien bedingt, wäre es vielleicht vernünftiger gewesen, das Projekt zu verschieben oder eine andere Route zu wählen. Doch ich wollte nach den vielen harten Monaten der Arbeit am Schiff und den damit verbundenen Entbehrungen, einfach nur mehr los und mich in das Abenteuer "Donau" stürzen, um auf dem längsten und wasserreichsten Fluß Europas unterwegs zu sein, der meine Träume füllte.
Schon in meiner Jugend stand ich in Wien, meiner Geburtsstadt, am Kai und ließ mir von alten, erfahrenen Kapitänen die Geschichten der Donau erzählen. Von dieser Zeit an reifte der Gedanke in mir, diesen mächtigen Strom selbst zu befahren.
Viele Jahre später begann ich einwenig zu segeln und verliebte mich in diesen Sport, der mir eine neue Art der Freiheit aufzeigte. Und als ich später die ehemalige "Bounty" erwarb und renovierte, schmiedete ich sofort Pläne, die mich zu den schönsten Plätzen führen sollten. Doch immer die Donau im Mittelpunkt jeder Reise sehend. So kam Eines zum Anderen und die "Euro-Tour 2000" entstand.

Ohne die Kanäle, den Rhein oder den Main zu vergessen, liegt mein persönliches Hauptaugenmerk der folgenden Reiseschilderung selbstverständlich bei den Erlebnissen auf der Donau.
Tagebuch, Hafenbeschreibungen, sowie viele Tips und Tricks sollen mithelfen, andere "Weltenbummler" zu animieren, diesen so wunderbaren Strom zu befahren und auch die östlichen Länder, Kulturen und Menschen auf dieser Strecke kennenzulernen.
Vielen von uns ist die Karibik näher als der eigene Kontinent. Europa ist wesentlich größer als die Europäische Union und Vorurteile welche der Massentourismus zusätzlich schürt, werden durch individuelle Reisen auf dem Wasserweg ein wenig abgebaut. Es wird bestimmt nicht jedermans Sache sein, die Donau zu befahren, wer aber absolutes Neuland entdecken will und dafür gewisse Belastungen mit Geduld in Kauf nimmt, wird diese Reise genießen. Mit diesem Buch will ich mithelfen, unbegründete Ängste abzubauen ohne aber meine erlebten Schwierigkeiten zu verheimlichen. Meine Erzählungen sollten aber keinesfalls mit einem nautischen Nachschlagewerk verwechselt werden, denn alle Schilderungen sind subjektiv und deshalb muß jeder Skipper die Angaben erneut prüfen, da sich die Umstände wetterbedingt relativ schnell verändern.
Die politische Lage im ehemaligen Jugoslawien ist nach wie vor nicht stabil und auch sind die anderen Staaten Osteuropas enormen wirtschaftlichen und politischen Wandlungen

unterworfen. Deshalb empfehle ich jedem Nachfolger, sich vor Reiseantritt bei den zuständigen Behörden gründlich zu informieren.

Aber auch denjenigen Wassersportlern, für die die Donau zu entfernt liegt, möchte ich ein wenig helfen ihren Törn auf dem Rhein oder dem Main zu genießen.

Lesen und reisen sie nun mit mir von Münster in Nordrhein-Westfalen bis nach Sulina am Schwarzen Meer in Rumänien. Eine Strecke durch neun Länder und knappen 4000 Kilometer, für die ich 130 Tage benötigte. 130 Tage gefüllt mit Ängsten und Überwindungen, aber auch mit wunderbaren Erlebnissen, zahlreichen neuen Bekanntschaften und einzigartigen Landschaftsbildern...

Die Crew der "Goldfisch"

Dem Abenteuer entgegen

So, 30.04.2000 / 1. Tag

15.00 Uhr - endlich unterwegs. Der Abschied ist irgendwie so gar nicht traurig. Es ist richtig schön, alle Freunde, Bekannte, die Familie und Arbeitskollegen am Pier stehen und uns nachwinken zu sehen. Weit über zweihundert Leute waren an diesem Sonntag an den Hafen gekommen, um uns zu verabschieden.

Von der geschmückten und polierten "Goldfisch" lassen wir das Schiffshorn kräftig ertönen, fahren gemütlich über den Dortmund-Ems-Kanal in Richtung Rhein-Herne-Kanal und genießen nun die einkehrende Ruhe an Bord.

Die letzten Tage gestalteten sich ziemlich anstrengend, da das Schiff im Eiltempo beladen wurde, etliche Dinge waren noch zu besorgen und die zweitägige Abschiedsparty spüren wir selbstverständlich auch noch in den Knochen.

Eine Motorbootkolonne des Münsterschen Yachtclubs kommt uns entgegen, alle grüßen herüber und wünschen uns viel Erfolg auf unserer langen Reise in den Süden. Auch drei Museumsschiffe begegnen uns hier. Alte Dampfschiffe auf der Fahrt zu einem Treffen am ersten Mai.

Bis Amelsbüren verändert sich der Kanal überhaupt nicht, so daß man diesem Abschnitt keine besondere Aufmerksamkeit widmen muß. Als nach zirka zwei Stunden der Yachthafen Amelsbüren an der linken Seite erscheint, legen wir dort kurzerhand an und entscheiden, den ersten Stop nicht wie geplant in Senden, sondern hier einzulegen.

Historischer Verband auf dem Dortmund-Ems-Kanal

Mit tiefergehenden Schiffen empfiehlt es sich, die Betonnung strikt zu beachten, da eine langgezogene Sandbank unter Wasser eine Barriere vor der Steganlage bildet. Der Hafen sieht ruhig und einladend aus, und die Leute nehmen uns sofort freundlich auf.
Unter Deck sieht es ziemlich chaotisch aus, da überall Abschiedsgeschenke, Andenken und vieles Andere von der Abschiedsparty herum liegen. Auch einige mit Kleidungsstücken vollgefüllte Taschen und Kartons mit Geräten, die ich erst unterwegs einbauen möchte. Einige davon kamen erst in den letzten Tagen mit der Post.
Versuchen etwas Ordnung zu schaffen und nachdem ich feststellen muß, daß ich nicht genügend Zigaretten an Bord habe, entschließen wir uns nach Amelsbühren zu gehen. Leider liegt das Dorf drei Kilometer entfernt und so kommen wir erst spät nachts zurück.

Di, 02.05.2000 / 3. Tag

Nachdem wir gestern in Amelsbühren blieben, um mit dem Auto noch einmal zurück nach Münster zu fahren und einige fehlende Taschen von daheim nachholten, legen wir heute bei schlechten Wetter ab.
Obwohl es ziemlich kühl ist, empfinden wir die Fahrt über den Kanal als angenehm. Mit wenig Gegenverkehr und eher langweiliger Umgebung erreichen wir unsere erste Schleuse dieser Reise. Das Schleusenmanöver klappt sehr gut da wir das Schiff nur mehr von der Mitte aus halten. Das Ruder ist belegt und zur Not können wir mit dem Gas ausgleichen. Alles läuft gut und angenehm, bis wir zur Schleuse Gelsenkirchen kommen.
Wir schwenken in den Stadthafen, drehen dort eine Runde zwischen einigen Frachtern und legen dann, wieder am Kanal, an der kilometerlangen Befestigungsmauer des Ufers an. Obwohl hier genug Platz ist, werden wir vom Schleusenwärter aufgefordert, diesen Platz wieder zu verlassen. Im Unterwasser sei genug Platz vorhanden, wo wir auch niemanden im Weg wären. Dort angelangt, dürfen wir natürlich wieder nicht an der Mauer festmachen, sondern sollen die "Goldfisch" hinter die Dalben steuern. Der Abstand beträgt dort knappe zehn Meter zwischen dem Ufer und den für die Berufsschiffahrt vorgesehenen Dalben. Auch müßten wir morgen, nach dem Ablegen, dreissig Meter im Rückwärtsgang fahren, da es zu schmal zum Wenden ist. Darauf habe ich natürlich keine Lust und gebe wütend Gas, um den Stadthafen Essen zu erreichen.
Unser Manöver wurde von der Wasserschutzpolizei beobachtet, und nachdem uns die Polizisten fragen, was denn los sei, erklärt Dörte das Problem. Sie meinen, das sei nicht schlimm und wir sollen ihnen folgen, sie bringen uns sicher nach Essen.
In der Zwischenzeit wurde es bereits dunkel und da ich nicht besonders erfreut bin, in der Nacht zu fahren, nehmen wir dieses Angebot natürlich sofort an. Somit geht es mit Polizeieskorte weiter. Vor der Hafeneinfahrt stoppen die Polizisten ihr Schiff und erklären uns, wo wir uns über Nacht hinlegen können. Wir steuern die "Goldfisch" in diesen Industriehafen und verbringen die Nacht vor einem schweizer Frachter, an der sehr hohen Hafenmauer.

Mi, 03.05.2000 / 4. Tag

Frühmorgens verlassen wir den Stadthafen und kommen ruhig bis ins Duisburger Hafengebiet.

Wir steuern durch den größten Binnenhafen der Welt mit seinen 23 Hafenbecken und unzähligen Umschlagplätzen. Wie riesige Insekten greifen überall Laufkräne in die Stahl-, Schotter- oder Kohlehalden. Die vielen Eisen- oder Stahlgerippe an den Kais erscheinen mir unlogisch und wirken doch auch auf den Laien genauestens konstruiert. Tankanlagen, Bunker, Erzberge, Kapitäne, Arbeiter, blaue Mützen und verrußte Gesichter. Die Vorstellung, daß hier jährlich 60 Mio. Tonnen umgeschlagen werden, erscheint mir fast unglaublich. Nach dem Hafenlabyrinth werden wir an der Einfahrt zum Rhein das erste Mal so richtig geschockt.

Zuerst sehen wir das überaus rege Treiben am Fluß, und danach kommt uns ein riesiger Frachter auf unserer Seite entgegen. Panikerfüllt wende ich sofort das Schiff und steuere wieder zurück ins Hafengebiet. So hatten wir uns den Betrieb hier auf den Rhein wirklich nicht vorgestellt. Frachter, Schubverbände, Fahrgastschiffe und diverse Barkassen kreuzen überall umher. Das reinste Chaos! Ich kenne das Meer ein wenig, auch den Kanal, aber was wir hier sehen, wirkt wie ein riesiges Durcheinander der Berufsschiffahrt.

Erstmal anlegen und überlegen. Sicherheitshalber verzurre ich die gelegten Masten und Bäume noch ein weiteres Mal, damit sie auf gar keinen Fall verrutschen, oder gar über Bord gehen können.

Die Schiffe des Hafenmeisters und der Wasserschutzpolizei kommen längsseits und die Beamten erkundigen sich nach dem Problem und ob sie helfen können. Nach zwei Stunden entschließen wir uns schweren Herzens, doch endlich in den Rhein einzufahren.

Vom Duisburger Hafen in den Rhein

Einige Frachter passieren uns und denen folgen wir dann zur Einfahrt. Und da spüren wir auch schon die Kraft der vorbeiströmenden Wassermassen zum ersten Mal. Der Strom reißt uns förmlich mit sich, will uns anscheinend sofort bis nach Holland ziehen.
An die Strömung noch nicht gewohnt, kommen wir unter der Friedrich-Ebert-Brücke durch und erblicken nach kurzer Zeit an der rechten Seite die Einfahrt zum Ruhrorter Eisenbahnhafen, indem sich ein Yachtclub befindet. Dort werden wir für diese Nacht anlegen. Nichts wie hinein. Ich steuere die "Goldfisch" sofort nach Steuerbord, verspüre aber bei diesen Manöver gewaltigen Druck auf dem Kiel der "Goldfisch".
Erstmal festgemacht und tief Luft geholt. Auch hier ist die Aufnahme sehr freundlich. Man erkundigt sich sofort, wo wir hinwollen und plötzlich haben wir fünfzig verschiedene Meinungen über die Sportbootfahrt auf dem Rhein. Von "seid ihr wahnsinnig" bis "alles easy". Werden total verunsichert. Von einem Rheinschiffer erhalten wir die Empfehlung, den Rhein talwärts und über die Niederlande, Belgien und Frankreich zu fahren. Bei Straßburg sollten wir dann zurück auf den Rhein und wieder talwärts bis zum Main weiterfahren. Die derzeit so starke Strömung des Hochwasser führenden Rheins sei mit der "Goldfisch" nicht zu meistern, erklärt er. Der Rhein stieg in den letzten Tagen um einen Meter an. Mit diesen grandiosen Informationen endet unser erster Tag am Rhein.

Do, 04.05.2000 / 5. Tag

Nachdem wir ziemlich früh aufstehen, duschen und frühstücken, machen wir uns auf den Weg nach Duisburg, um Informationen über den möglichen Umweg zu erhalten.
In einem Verlag finden wir dann was wir suchen. Handbücher für die Maas und die Kanäle in Holland, Belgien und Frankreich. Diese Strecke würde über 750 Kilometer Umweg bedeuten. Wir sind hin und her gerissen, wissen nicht, welche Entscheidung die Richtige ist. Sollen wir die 350 Kilometer stromaufwärts auf dem Rhein wagen, mit bis zu zehn Stundenkilometer Gegenströmung, riesigen Berufsschiffen und gewaltigem Streß? Oder lieber zu Tal, Richtung Holland, Belgien und Frankreich mit ihren 160 Schleusen. Zwar Kanalstrecke und materialschonend, aber zirka 750 Kilometer Umweg? Nachdem wir dann nur einen Teil des nötigen Kartenmaterials erhalten, machen wir uns ziemlich verwirrt auf den Weg zurück zur "Goldfisch".
Warum lassen wir uns eigentlich von den vielen Leuten so sehr verwirren? Nachdem wir uns diese Frage stellen und nicht beantworten können, fassen wir den Entschluß, es morgen einfach zu versuchen. Wir fahren ein Stück den Rhein aufwärts und dann sehen wir ja, ob es das Boot schafft und ob unsere Nerven das Ganze mitmachen.
Gegen mittag kommt die Sonne so richtig durch und das Thermometer zeigt 24°C an. Schlendern noch ein wenig durch die Stadt und beobachten anschließend das Treiben am Fluß.

Fr. 05.05.2000 / 6. Tag

Ich steuere die "Goldfisch" langsam aus dem Hafen, unter einer Brücke hindurch und zur Einfahrt auf den Rhein. Tief durchatmen. Gewaltige Strömung und überall Berufsschiffe unterwegs! Wir müssen aber rasch wenden, um nicht zu weit abgetrieben zu werden. Warten zwei uns überholende Frachter ab und nützen den Abstand dahinter zu wenden und an die andere Flußseite zu gelangen.

Nach nicht einmal einen Kilometer Fahrt bin ich schweißgebadet und kurz davor aufzugeben, möchte umkehren. Auf diesem Stück herrscht zwar Rechtsverkehr, aber links von uns befinden sich teilweise fünf bis sechs Berufsschiffe, die sich überholen. Auf dem Rhein sind die Berufsschiffe nicht mehr so klein wie auf dem Kanal. Riesige Pötte kommen uns auf einmal entgegen oder überholen uns. Müssen uns teilweise bis zwanzig Meter ans Ufer quetschen. Dörte beruhigt mich und spricht mir pausenlos Mut zu.

Ich kämpfe am Steuer mit der Strömung, die an dem Langkiel richtig greifen kann und Dörte beobachtet durch den Fernstecher alle Schiffe hinter und vor uns. So kann sie mir jedes Manöver der Großen zeitgerecht mitteilen und dementsprechend steuere ich die "Goldfisch" pausenlos von links nach rechts und umgekehrt.

Jetzt ist auch der geregelte Rechtsverkehr vorbei und die Berufsschiffe setzten teilweise ihre blaue Tafel. Das bedeutet dann Begegnung an Steuerbord. Dies ist für uns von großer Bedeutung, da die talfahrenden Schiffe auch oftmals knapp am Ufer entlang fahren. Das bedeutet, wenn wir bergwärts, rechts fahren und uns ein Schiff mit blauer Tafel entgegen kommt, müssen wir weiter zur Mitte, da uns dieses Schiff an der Steuerbordseite passiert und wenn es zu weit an dieser Seite fährt, hätten wir zum Ufer hin zu wenig Platz. Also nach Backbord. Dann kommen gleichzeitig welche ohne Tafel! So müssen wir mitten durch. Ursprünglich wurde mir empfohlen, mich immer in den Innenkurven zu halten, da hier wesentlich weniger Strömung herrscht. Die Berufsschiffahrt sollte das Gleiche tun, doch denken die gar nicht daran. Oftmals steuere ich in den Innenkurven und es kommt mir hier ein Talfahrer entgegen, worauf ich zur Mitte hinsteuern muß, doch auch hier ist immer reger Verkehr.

Es ist körperlich und geistig sehr anstrengend, aber wir schaffen es bis Düsseldorf, der Landeshauptstadt von Nordrhein-Westfalen. Schon von Weitem ist der Sendeturm zu sehen und dahinter, am Fuße liegen die Hafenbecken. Die Einfahrt gestaltet sich ziemlich schwierig, da wir die Flußseite wechseln müssen und überall Fahrgastschiffe unterwegs sind. Auch wird die Strömung hier in der Außenkurve stärker.

Von Berg kommt ein Schubverband und driftet in dieser Kurve mit seinem Heck in unsere Richtung. Noch mehr nach Backbord. Obwohl ich Vollgas gebe, kommen wir nur sehr langsam voran. Wenige Meter an unserer Backbordseite die Ufermauern der Düsseldorfer Rheinfront mit den vielen Aussichtsterrassen und steuerbords das drohende Heck des Verbandes. Ich schwitze als wir Beides an der Einfahrt zum Hafen endlich hinter uns haben. Es öffnen sich drei Becken. Rechts einer der Industriehäfen, schräg geradeaus eine Steganlage an der

Einfahrt zum zweiten Becken und im linken, dritten Becken der Düsseldorfer Yachtclub. Uns wird ein Kopfplatz zugewiesen von wo wir einen schönen Blick zum optisch krumm stehenden "alten Zollhaus", von Professor Gehry entworfen, zum Sendeturm und zu der Fußgängerbrücke haben.
Leider befindet sich der Yachtclub im Umbau und somit ist der Gang zur Toilette und zu den Duschen sehr lang und mit gewissen Schwierigkeiten und Umwegen verbunden. Nach

Selbst die Tonnen kämpfen mit dem Strom

dieser Erfahrung erholen wir uns von der heutigen, sieben Stunden langen Tour, spazieren die Rheinpromenade entlang und beobachten von der Rhein-Kniebrücke die vorbeiziehenden Frachter. Von hier oben sieht auf dem Rhein alles wesentlich einfacher aus, als es tatsächlich für uns ist.
Wir genehmigen uns nahe dem Yachtclub, inmitten einiger nett und freundlich aussehender Kneipen ein Eis und als sich dann ein Gewitter über Düsseldorf entlädt, machen wir uns auf den Weg zur "Goldfisch", um nach dem Abendessen sofort in die Kojen zu fallen.

Sa, 06.05.2000 / 7. Tag

Bei morgendlichen 24°C und strahlendem Sonnenschein sind wir wieder unterwegs. Nach dem gestrigen, streßigen Tag kommen wir heute schon etwas besser mit den großen Schiffen zurecht. Teilweise begegnen uns Frachter, die über hundertzwanzig Meter lang sind. Viele sind mit bis zu siebzig Kontainern beladen. Unsere Zusammenarbeit an Bord klappt hervorragend. Dörte beobachtet nach wie vor mit dem Fernstecher den Rhein und ich folge ihren "Anweisungen".

Ich denke, daß es unmöglich ist, den Rhein alleine zu befahren. Einige enge Überholmanöver der Berufsschiffahrt lassen uns zwar die Herzen in die Hose rutschen, doch solange wir äußerst vorsichtig bleiben, werden wir uns auch daran gewöhnen. Trotzdem liegen unsere Schwimmwesten griffbereit.
Mittags erreichen wir Hitdorf, unseren nächsten Anlaufpunkt. Nach links öffnet sich ein gut übersichtliches Hafenbecken mit zahlreichen Steganlagen. Obwohl die Wasseroberfläche ruhig aussieht, greifen etwas tiefer liegende Strömungen an dem Langkiel der "Goldfisch" an und somit sind wir leider gezwungen unser Anlegemanöver beim "SMCH Hitdorf" zu wiederholen.
Der Clubvorstand versucht uns einzuweisen, merkt aber bald, daß ein Segelschiff anders zu manövrieren ist als die hier üblichen Motorboote.
Eine nette, kleine Anlage erwartet uns hier. Ein familiäres Ambiente wie in einer Kleingartensiedlung.

Der erste Schaden

So, 07.05.2000 / 8. Tag

Der Tag verspricht wieder schön warm und sonnig zu werden. Nach dem Frühstück wird wieder klar Schiff gemacht, damit wir ablegen können.
Leider geht unser Ablegemanöver diesmal in die Hose. Aufgrund starker Strömungen unter der Wasseroberfläche, treibt das Schiff seitlich ab und wir rammen mit dem Heck ein anderes Boot. Glücklicherweise entstanden dort keinerlei Schäden. Wir haben hingegen einmal mehr Holz verloren und ein Stützpfeiler der achternen Reling ist gebrochen. Am Beiboot ist durch diese Aktion eine Klampe gebrochen und das Boot landet im Wasser.
Also legen wir nochmals an und begutachten den Schaden. An der Relingstütze können wir nichts machen, das Beiboot wird neu festgezurrt. Es hängt nun wieder ordentlich an den Davids.
Nach dem zweiten Ablegemanöver kommen wir dann ohne weitere Probleme aus dem Hafen zurück zum Rhein und fahren wieder bergwärts. Die Clubmitglieder winken uns lange nach. Obwohl es heute Sonntag ist, nimmt nun der Verkehr rund um Köln zu. Wir nähern uns der Stadt und bald sehen wir auch schon den Kölner Dom mit seinen zwei großen Türmen aus der Stadt ragen. Keine einzige Stadt am Rhein hat es geschafft, beide Ufer gleichgewichtig zu gestalten. Auch Köln nicht. Woran es liegt, daß der historisch und städtebaulich bedeutendere Teil in allen Fällen auf dem linken Flußufer liegt, in unserer Fahrtrichtung rechts, ist wohl nur mit den römischen Impulsen zu erklären.
Natürlich waren wir beide schon öfter in Köln gewesen, doch das Panorama, vom Fluß aus gesehen ist einmalig und dieses etwas andere Gefühl werden wir noch an vielen Städten erleben.

Bei der Hohenzollernbrücke holen uns Wolken ein und es beginnt leicht zu regnen. Je näher wir Porz, unserem nächsten Stop kommen, um so mehr kämpft sich aber die Sonne wieder durch. Bei der Ankunft im Hafen haben wir wieder schönstes Sommerwetter. Bei Sonnenschein belegen wir einmal mehr einen Kopfplatz. Die Anlage befindet sich in einem Hafenbecken umringt von schönster Natur. Natürlich sind sofort freundliche Clubmitglieder am Steg und wollen ihre Fragen beantwortet haben.
Nach einer Erholungspause und ausgiebigen Duschen, spazieren wir die Promenade entlang und beobachten, wie soll es auch anders sein, die Frachter am Rhein.

Mo, 08.05.2000 / 9. Tag

Hier ist es einfach zu schön, um sofort wieder weiter zu fahren. Die Anlage ist bestens gepflegt, die Leute sind nett und überall rund um diesen Hafen erstrecken sich grüne Parkanlagen. Auch ist die Liegeplatzgebühr überaus günstig, deshalb werden wir heute noch einen Tag anhängen und gemütlich so einige Dinge erledigen.
Nachdem wir ausgiebig frühstücken, wird ein wenig Ordnung unter Deck gemacht und danach sehen wir uns den Ort an, erledigen unsere Einkäufe und schlendern durch die Gegend.
In der Nähe befindet sich eine Tankstelle und mit dem geliehenen Bollerwagen des Yachtclubs bringe ich sechzig Liter Diesel an Bord. Eigentlich wollte ich mehr bunkern, aber beim letzten Gang zur Tankstelle beginnt es zu regnen und ich werde komplett durchnäßt. Aber mit dieser Dieselreserve sollten wir doch ein großes Stück weiter kommen.

Di, 09.05.2000 / 10. Tag

Die Fahrt ist heute sehr anstrengend. Hier in der Umgebung nach Köln herrscht wieder stärkere Strömung und auch der Schiffsverkehr hat zugenommen. Am meisten nerven mich die Steuermänner der Fahrgastschiffe. Sie fahren stur ihre Linie, überholen mit wahnsinniger Geschwindigkeit, um direkt nach dem Überholmanöver wieder abzubremsen und an einen Anlegesteg zu steuern. Die "Goldfisch" rollt bei jedem Mal ziemlich unangenehm, sogar das Beiboot berührt am Heck die Wasseroberfläche, obwohl es ziemlich hoch an den Davids hängt.
Ich halte das Schiff, soweit es mir möglich ist, in den Innenkurven, nahe an den Tonnen. Wenn aber ein Fahrgastschiff von hinten kommt, bin ich bezwungen, das Schiff hinter die Tonnenlinie zu stellen und abzuwarten, um nach dem Überholmanöver wieder zurück in der Fahrrinne, ziemlich knapp bei den Tonnen vorbeizumanövrieren. Obwohl genug Platz zum Überholen wäre, fahren sie bis zu einem Meter an die Tonnen heran und somit ist für die "Goldfisch" kein Platz mehr. Manches Mal denke ich, sie fahren einen fest eingestellten Kurs auf dem Rhein.
Dafür wird aber die Landschaft langsam schöner. Die Berge tauchen im Dunst auf und wir sehen links und rechts des Rheins kleine Ortschaften, die vorwiegend aus Fachwerkhäusern

Fahrgastschiff der besonderen Art

bestehen. Nur leider haben wir nicht die Möglichkeit die Gegend so richtig zu genießen, da wir uns pausenlos auf diese Fahrgastschiffe konzentrieren müssen.

Auch ärgert es mich ein wenig, daß wir nicht wie geplant vorwärts kommen. Obwohl wir täglich an die sieben Stunden unterwegs sind, schaffen wir durchschnittlich nur fünfunddreißig Kilometer in dieser Strömung. Mit Bauchweh denke ich an die Strecke durch das Gebirge, wo sie noch weiter zunehmen wird.

Mi, 10.05.2000 / 11. Tag

Als wir gestern in Oberwinter festgemacht hatten, war der Tag für mich gelaufen. Wie ein Toter fiel ich ins Bett und schlief bis heute morgen durch, war sogar zu müde, um zu essen. Dörte ließ den Abend mit einem Buch in den Händen an Deck ausklingen.

Den Berufsschiffern muß das warme Wetter zu Kopf gestiegen sein. Nach Oberwinter ist überhaupt kein System zu erkennen. Das sie auf uns keine Rücksicht nehmen, haben wir bereits festgestellt, aber heute scheint es so als wollen sie ein Wettrennen gewinnen. Es geht den ganzen Tag kreuz und quer. Jeder fährt anscheinend wo er will und wie er gerade Lust hat. Die meisten bleiben stur auf ihrer Linie, was uns wieder oft dazu zwingt, stehen zu bleiben und die Schiffe vorbei ziehen zulassen. Einige Male müssen wir sogar aus der Tonnenlinie wieder in den Strom flüchten, da einige Frachter einfach außerhalb der Betonnung unterwegs sind. Werden später sogar gleichzeitig links und rechts von Schubverbänden überholt. Von vorne zwei Frachter und ein Fahrgastschiff entgegen kom-

mend. An beiden Seiten der "Goldfisch" nur ungefähr zehn Meter Spielraum zu den Bordwänden dieser Riesen. Am Anfang ihrer Überholmanöver werden wir förmlich weggedrückt und danach wieder angesaugt. Als wir von diesen beiden Riesen gleichzeitig überholt werden, schlingert die "Goldfisch" gefährlich von Einem zum Anderen.
Für uns scheint der Verkehr hier absolut unlogisch. Bisher konnten wir uns an einige Dinge halten, doch heute herrscht das reinste Chaos.
An der Strecke liegen einige hübsch anzusehende Burgen und Schlösser und nach sechs Stunden Fahrt steuere ich die "Goldfisch" durch den Neuwieder Stromarm, links an der Insel "Weißenthurner Werth" vorbei und suche die Anleger des MYC Neuwied. Im Rheinhandbuch ist der Club an diesem Stromarm eingezeichnet. Doch es kommt kein Club oder irgendwelche Steganlagen in Sicht. Erst an der Einfahrt zum Pionierhafen entdecken wir ein unscheinbares Schild, welches den Weg zum Club zeigt. Hinter einer Schleife liegt dann in einem ehemaligen Hafenbecken die Marina Neuwied.
Am Abend wieder ein kurzer Regenschauer, nachdem aber sofort wieder die Sonne scheint. Nicht so wie in Münster. Wenn es dort regnet, kann man die nächsten Tage auch gleich vergessen. Hier auf dem Rhein wissen wir bereits, daß wir nach dem Regen nicht lange auf Sonnenschein warten müssen.

Zwischen Stolzenfels und Lahnstein

Do, 11.05.2000 / 12. Tag

In aller Ruhe machen Dörte und ich das Boot klar zum Auslaufen. Inzwischen wurde jede Tätigkeit an Bord fast schon zur Routine und alles läuft ohne Komplikationen ab. Auch bei jedem Manöver läuft es bei uns wie am Schnürchen. Ohne alles im Speziellen zu besprechen, wissen wir Beide, was zu tun ist. Mittlerweile wurden wir zu einem perfekt eingespielten Team, und so geht es am Morgen auch sehr schnell, um alles vorzubereiten.
Neben uns liegt eine Stahl-Motor-Yacht mit über fünfzehn Meter Länge. Sie wurde vor drei Wochen verkauft und wird nun von den Handwerkern des Neuwieder Yachthafens in aller Eile repariert und restauriert, da der Eigner heute Vormittag in Richtung Mittelmeer los will. Es wurde uns erzählt, daß der Eigner seit gerade mal einer Woche(!) den Bootsführerschein hat und noch nicht einmal eine Probefahrt mit seinem neuen Boot unternommen hat. Außerdem hat der Eigner weder Lust noch Interesse, irgend etwas an der Yacht selber zu reparieren, noch die neuen Geräte zu testen. Obwohl die Arbeiter noch genug am Schiff zu tun haben, pausenlos mit anderen Werkzeugen anrücken um, noch das eine oder andere zu befestigen, will der Eigner noch heute, ohne Praxis und ohne genügend Kenntnisse über das Schiff ablegen und die weite Strecke ins Mittelmeer zurücklegen. Eiligst beschließen wir von hier wegzukommen, da die "Goldfisch" auf keinen Fall als Fender herhalten soll.

Wir legen gegen 10.00 Uhr ab und sind gute zwei Stunden unterwegs, als wir von eben dieser Yacht kurz vor Koblenz eingeholt werden. Die "Delphin" rast auf uns zu und überholt uns in einem Abstand von nur zwei Metern. Alles an Bord der "Delphin" freut sich, lacht und prostet uns mit erhobenen Bierflaschen zu. Eine wahre Katastrophe, solche Menschen hinter das Steuer zu lassen. Die großen, seitlich und von achtern ankommenden Wellen werfen die "Goldfisch" hin und her. Dörte versucht so gut es ihr gelingt, alle zu Boden fallenden Gegenstände aufzufangen. Natürlich gelingt es ihr nur bedingt und so geht in dieser Schaukelei einiges zu Bruch. Wir haben auf der Fahrt schon einige Verrückte gesehen, doch was dieser Idiot treibt, grenzt wirklich an Wahnsinn. Ich kann nur hoffen, daß dieser Besatzung irgendwann der gleiche Streich gespielt wird.

Nachdem wir uns beruhigt haben und Dörte das Durcheinander unter Deck beseitigt hat, erreichen wir gegen Mittag Koblenz. Am Zusammenfluß von Rhein und Mosel bauten hier römische Legionäre ein Kastell und gaben der späteren Stadt ihren Namen. An der Mündung zum Rhein steht das Reiterstandbild des Kaisers Wilhelm I. Früher zeigte es die Verbundenheit der Rheinprovinz mit Preußen und wurde später zum Mahnmal der deutschen Einheit.

Hier am deutschen Eck wollten wir eigentlich Station machen und uns die Altstadt mit ihren zahlreichen Sehenswürdigkeiten ansehen. Doch als wir in die Mosel einfahren möchten, kommt uns von da ein riesiges Fahrgastschiff entgegen und ein Weiteres wendet gerade weit ausholend am Rhein um in die Mosel einzufahren. Gleichzeitig haben wir zwei Frachter im Nacken, die uns überholen wollen. Und so fahren wir umzingelt von der Berufsschiffahrt weiter. Als der Verkehr ruhiger wird, sind wir schon zu weit entfernt und wollen uns auch kein weiteres Mal dem Streß mit den vielen Koblenzer Fahrgastschiffen aussetzen.

Als die Burg Stolzenfels an Steuerbord zu sehen ist, kommen wir zur Mündung der Lahn und steuern backbord in diesen schmalen Fluß. Der Wasserdruck des Rheins verschwindet und ich muß mich schnell an eine fast nicht vorhandene Strömung gewöhnen. Aus dem Fahrwasser des Rheins gekommen, schießt die "Goldfisch" nun plötzlich mit ungemein viel Kraft in die Lahn. Mit viel Mühe kann ich sie noch zeitgerecht abbremsen, da uns ein kleineres Arbeitsschiff entgegen kommt und unter der ersten Brücke nur Platz für Einen von uns Beiden vorhanden ist.

Einige Fischer winken uns zu und wundern sich anscheinend beim Anblick der "Goldfisch". An der linken Seite befindet sich Niederlahnstein und unterhalb von Burg Lahnstein, an der rechten Seite Oberlahnstein. Nach zirka fünfhundert Meter liegt an der rechten Seite das Bootshaus Rademacher. Ein schwimmendes Gasthaus mit einem in Flußrichtung liegenden Steg, an dem jedoch kein Platz frei ist der groß genug wäre und so legen wir direkt neben der Hauswand an.

Natürlich sieht es hier nicht wie in einer professionellen Marina aus, aber genau das hat uns hierher gelockt. Ein kleines, gemütliches Gasthaus mit einer im Blumenmeer verschwindenden Terrasse. Ein paar alte Sitzgarnituren mit unterschiedlichen Sonnenschirmen und einem

Koblenz - Deutsches Eck, Moselzufluss in den Rhein

alten Wirtspaar, das hier schon ihr ganzes Leben verbrachte. Hier sitzen wir nun in praller Sonne und lassen uns mit vollem Genuß ein kühles Bier schmecken. Die Lahn mit Enten und Schwänen genau vor unserer Nase. Eine traumhafte Umgebung.

Beim zweiten Bier merken wir, daß wir es nicht mehr gewöhnt sind Alkohol zu trinken und ein leicht schwindelndes Gefühl stellt sich ein. In diesem leicht angeheiterten Zustand machen sich Dörte und ich auf den Weg, um die Gegend zu erkunden.

Gleich bei der naheliegenden Straße entdecken wir ein ziemlich großes Einkaufszentrum und stellen fest, daß es hier die verschiedensten Läden gibt. Dörte spendiert uns eine Pizza und danach fühlen wir uns schon um einiges besser. Nach einem Großeinkauf zurück ans Schiff gekommen, lasse ich das Beiboot zu Wasser und wir fahren langsam die Lahn stromaufwärts.

Vorbei an einigen alten, gut erhaltenen Häusern windet sich der Fluß durch dichtbewaldetes Gebiet. Nach einiger Zeit erreichen wir die Schleuse Lahnstein, welche eindeutig nur den Sportbooten dient. Eine Kammer mit knapp vierzig Meter Länge und sechs Meter Breite. Richtig süß klein im Vergleich zu den Schleusen die wir hinter uns haben. Oberhalb dieser Schleuse beträgt die Wassertiefe nur mehr 1,60 Meter und somit bleibt dieser Fluß der "Goldfisch" leider vorbehalten.

Gerne wären wir hier morgen mit dem Schiff einige Kilometer stromaufwärts gefahren um uns in der Schönheit des Lahntales den immer schmaler werdenden Fluß vorzutasten. Auf einer Strecke von 67 Kilometer kann die Lahn bis Steeden befahren werden. Danach nur

mehr mit extrem flachgehenden Booten. Zwölf Schleusen sind in diesem Naturschutzgebiet mit seinen vielen Burgen und Schlössern bis dahin zu überwinden. Bedingt durch den Tiefgang den die "Goldfisch" aufweist, wäre schon hier nach kurzer Fahrt, bei der Schleuse Lahnstein für uns das Ende der Fahrt. Schade.
Zurück am Schiff entschließen wir uns das gegenüber, am anderen Lahnufer befindliche griechische Restaurant aufzusuchen und bei Retsina, Ouzo und griechischer Musik schließen wir ziemlich spät den heutigen Tag ab.

Fr, 12.05.2000 / 13. Tag

Da es heute etwas abgekühlt hat, nützen wir den Tag um uns etwas von der Gegend anzusehen. Wir sind jetzt seit zwei Wochen unterwegs, haben uns aber leider noch keine der Sehenswürdigkeiten auf der Strecke angesehen. Deshalb werden Dörte und ich heute auf die naheliegende Burg "Lahnstein" wandern.
Durch das neurenovierte Oberlahnstein kommen wir an einen Wanderweg, der hinauf zur Burg führt. Überaus starke Luftfeuchtigkeit kommt uns im Wald entgegen und dementsprechend verschwitzt erreichen wir einige Zeit später unser Ziel. Dort angekommen breitet sich ein wunderschöner Ausblick vor uns aus. Wir sehen den Rhein mit der Burg Stolzenfels, die Stadt, die Lahn von der Mündung bis weit in die Berge, und in der Mitte das Gasthaus Rademacher mit einem kleinen, dunklen Punkt, der "Goldfisch".
An einer Informationstafel lesen wir, daß in Kürze eine Führung durch die Burg stattfindet. Natürlich müssen wir da mit! Im Vergleich zu anderen ist die Burg Lahnstein sehr klein. Diese Burg entspricht auch nicht den üblichen Erwartungen. Alles ist kleiner, aber sehr gut in Schuß gehalten. Wir sehen die Burgküche, den Rittersaal und einige Privatgemächer. Auch die Folterkammer und das Verlies. Alles in allem eine sehr angenehme Abwechslung auf unserer bisher so anstrengenden Reise. Nach dieser vormittäglichen Besichtigungstour und einem Mittagsschläfchen wird Motoröl und Wasser kontrolliert, damit wir morgen in aller Ruhe weiterfahren können. Es liegen jetzt noch ungefähr hundert Kilometer auf dem Rhein mit dem schwierigsten und gefährlichen Gebirgsstück vor uns. Bis zum Ende der Rheinfahrt werden wir täglich nur noch zwanzig Kilometer unterwegs sein, denn ich denke, diese wenigen Kilometer werden extrem anstrengend sein.
Gegen 17.00 Uhr bekommen wir Besuch von Attila Erol. Er kommt für längere Zeit in Rumänien an Bord, ist nun hier, um sich ein Bild vom Rhein zu machen und um in das Bordleben zu schnuppern. Er wird uns bis Sonntag begleiten.

Sa, 13.05.2000 / 14. Tag

Als wir ablegen, winken uns viele Soldaten nach, die hier am Fluß ihrer Ausbildung unterzogen werden.
Zurück am Rhein kämpfen wir noch einige Male mit der Sturheit der Fahrgastschiffe und verspüren auch schon die stärker werdende Strömung und an der wildromantischen

Marksburg vorbei, passieren wir das "Enge Türchen", einen als Nothafen dienenden Altarm. Nach den Burgen Sterrenberg und Liebenstein liegt die Insel "Ehrenthaler Werth", danach der "Hafen am Hund" und gegenüber die Burg Maus. Hier sehen wir auch schon St.Goarshausen und kämpfen uns in einer immer stärker werdenden Strömung zum Stadthafen von St. Goar.
Bei der Einfahrt habe ich zum ersten Mal das Gefühl stehen zu bleiben. Gebe Vollgas und so erreichen wir nach den heutigen fünf langen Stunden endlich die Funmarina. Gerade mal zwanzig Kilometer haben wir heute geschafft.
Aus der Entfernung sehen wir schon jemand winken. Auch hier eine sehr angenehme Atmosphäre mit netten Clubmitgliedern. Über der Marina, hoch oben am Berg die Burg Rheinfels, von wo jedes Mal wenn das Fahrgastschiff "Goethe" vorbei fährt, Trompeten ertönen.
Es ist früher Nachmittag, und so haben wir genug Zeit ein wenig am Rhein zu spazieren. Nach St.Goar, mit seinen malerisch kleinen Gassen erreichen wir die erste, etwas später die zweite Signalstelle, welche mit zwei anderen den Verkehr auf dem Gebirgsstück des Rheins regeln. Wir sitzen an der Uferpromenade und beobachten die vorbeifahrenden Schiffe. Gleichzeitig notieren wir uns die jeweilige Anzeige der Signalstellen. Schon bald begreifen wir das System und bemerken, daß die Beschreibung in den Donauhandbüchern überhaupt nicht den Tatsachen entsprechen. Mit diesen neuen Erkenntnissen werden wir es wohl schaffen, durch diese Engstellen zu steuern.
Am Rückweg notieren wir uns die Abfahrtszeiten der Fahrgastschiffe, welche dieses Gebirgsstück durchfahren. Wir sehen daraus, daß am morgigen Sonntag wesentlich mehr Betrieb hier ist und entscheiden uns, erst Montag diese Passage in Angriff zu nehmen.
Beim anschließenden Grillabend lernen wir noch einige Ortsansässige kennen und bekommen noch etliche Tips für die Reise durch das Gebirgsstück.

Adler über dem Fluß

So, 14.05.2000 / 15. Tag

Frühmorgens verläßt uns Atilla um mit dem Zug zurück nach Düsseldorf zu fahren.
Nachdem wir das Schiff wieder auf Vordermann gebracht haben, gehen wir nach St.Goar, schlendern nochmals durch die Straßen und überqueren dann mit einer Fähre den Rhein, um an der anderen Flußseite, stromab die Richtung zur Burg Maus einzuschlagen. Bei brütender Hitze legen wir nach dem langen Weg bei der Gaststätte "Germania" in Wellmich eine Pause ein. Dorothea, die Gastwirtin setzt sich zu uns an den Tisch und es entwickelt sich ein sehr nettes Gespräch. Ihr Traum ist es, einmal nach Wien eingeladen zu werden und dort von Ortskundigen die Stadt gezeigt zu bekommen. Ihr ganzes Leben steht sie nun

St. Goar - Funmarina unterhalb von Burg Rheinfels

in dieser Kneipe, hat noch nie Urlaub gemacht. Wir geben ihr einige Telefonnummern von Freunden in Wien und nachdem wir bei einem kühlen Bier, frischem Krautsalat wieder zu Kräften kommen, machen wir uns auf den Weg, den Berg zu erklimmen.

Oben angelangt, wird uns über dem Rheinpanorama eine Flugschau verschiedener Raubvögel geboten.

In luftiger Höhe sehen wir Jagd- und Wanderfalken, zwei europäische Seeadler und am Ende einen Steinadler, nach Beute jagen. Auch werden diese Tiere durch das Publikum geführt, und so bewundern wir hautnah die Schönheit dieser Luftakrobaten direkt vor unseren Augen. Alle werden so nah an uns vorbei gebracht, daß man sie streicheln könnte, wenn es erlaubt wäre.

Die Falken jagen über unsere Köpfe hinweg, nach den ihnen angebotenen Leckerbissen und schießen pfeilschnell wieder in das Tal um neuen Anlauf zu nehmen. Der Wanderfalke gehört zu den schnellsten Landlebewesen unserer Erde. Sie sind in der Luft kaum zu erkennen. Besser zu sehen sind dann die Adler. Sie schwingen sich majestätisch in die Lüfte und lassen sich von der Thermik des Rheintales nach oben tragen. Eine Attraktion sind dann zwei Seeadlerküken im Alter von zwei und fünf Tagen, die im Körbchen herumgetragen werden.

Eigentlich soll noch ein Uhu vorgeführt werden, doch das ist nicht möglich, weil der Steinadler noch unterwegs ist. Er hat zu wenig Thermik um zurückkehren zu können. Deshalb werden wir alle nach einer guten Stunde nach Hause geschickt, weil der Falkner nicht abschätzen kann, wann der Adler es zurück schaffen wird. Würden Adler und Uhu zusammentreffen, käme es unweigerlich zum Kampf zwischen den Beiden.

Auf dem folgenden Rückweg begegnen uns vielen Leute mit roten Gesichtern und Körpern. Fast jeder der Wanderer hat heute einen Sonnenbrand abbekommen. Auch wir haben ziemlich Farbe zugelegt, aber glücklicherweise keinen Sonnenbrand.
Nach dem heutigen sieben Kilometer Fußmarsch fallen wir nach dem Abendessen erschöpft in die Kojen und träumen von Raubvögel und Flußengen.

"Goldfisch" halte durch

Mo, 15.05.2000 / 16. Tag

Morgens prüfe ich Dieselvorrat, Motorölstand, Motorkühlung und mache auch den zweiten Anker klar zum Werfen. Außerdem lege ich Schleppleine und Festmacher an Deck bereit, auch die Schwimmwesten müssen griffbereit sein.
Dörte und ich sprechen mögliche Notmanöver durch, denn in dem folgenden Gebirgsdurchbruch bis Bingen, kann eine Panne fatale Folgen haben. Die "Goldfisch" muß dieses Stück unter Vollgas zurücklegen und ich bin mir natürlich nicht ganz sicher, ob sie das auch schafft. Es wird auf jeden Fall ihre Bewährungsprobe unter Höchstbelastung sein. Sollte die Maschine aussetzen, müssen wir sofort zum Fahrwasserrand und ankern. Die

Blick von der Loreley auf den ehemaligen Schutzhafen

Berufsschiffahrt kann hier nicht ausweichen, und außerhalb der Fahrrinne drohen überall Felsen. Und sollte der, oder die Anker nicht halten, hilft nur mehr ein Notruf über Funk und beten. Auch stellen etwaige Talfahrer für uns ein Problem dar. Zwar sind auf der Strecke zwischen St. Goar und Oberwesel Signalstellen eingerichtet, doch können uns diese nur Informationen über den Verkehr geben, uns aber nicht vor diversen talfahrenden Verbänden schützen, die teilweise die gesamte Breite des Fahrwassers benötigen. Aufgrund dieser Umstände ist auch die Nachtfahrt für Sportboote verboten.
Kurz vor 8.00 Uhr legen wir etwas nervös ab, um die Bergstrecke bis zum Lorcher Werth, unserem nächsten Anlaufpunkt zu schaffen.
Ich spüre starken Druck auf den Kiel, doch es nützt nichts, wir müssen es versuchen. An St.Goar vorbei, wo noch alles zu schlafen scheint, erreichen wir die erste Signalstelle am Bankeck. Gegenüber die Burg Katz, oberhalb von St.Goarshausen. Nun haben wir sie alle. Hund, Katz und Maus.
Es erscheinen die ersten Stromschnellen an Steuerbord. Die Signalstelle zeigt freie Fahrt und keinen Gegenverkehr, also weiter nach Backbord steuern. Die "Goldfisch" sträubt sich gegen die Wassermassen und versucht ihren Widerwillen zu zeigen. Den Gashebel auf den "Tisch" gelegt und Vollgas. Überall schäumt Wasser empor und eine riesige Heckwelle verfolgt das Schiff.
Die Lorely an der einen und den Lorely-Blick an der anderen Seite, kriechen wir weiter. An der zweiten Signalstelle, die ebenfalls freie Fahrt zeigt, kommen wir bei fünfzehn Stundenkilometer Gegenströmung und nicht ganz drei Stundenkilometern über Grund, in den Genuß von einigen Fußgängern am Ufer überholt zu werden. Die Zeit scheint nicht zu vergehen und ich habe das Gefühl, daß die "Goldfisch" langsam zum Stillstand kommt. Nur nicht aufgeben!
Überaus langsam erreichen wir die Signalstelle am Betteck und vor dem gefürchteten Gaisenrücken, die letzte Signalstelle am Kammereck. Links und rechts ragen Felswände empor. "Nur keine Panne, "Goldfisch" halte durch!" Ich halte krampfhaft das Steuer fest und spüre gewaltigen Wasserdruck nach dem Kiel greifen um uns zu bremsen.
Am Gaisenrücken teilt sich die Fahrrinne und als Bergfahrer muß ich durch das rechte Fahrwasser steuern. An der Insel "Tauber Werth" wieder zur Mitte, da an dieser Insel viele Felsen unter Wasser liegen. Wieder Stromschnellen! Dieses Mal wesentlich stärker, da der Fluß fast einen 90°-Winkel beschreibt. Das Schiff vibriert und ich beginne mit der "Goldfisch" zu sprechen, ihr Mut zu machen und fordere sie zum Durchhalten auf.
Nach dieser Engstelle steht die erste Signalstelle für die Talfahrer an der Uferböschung. Kurz danach beruhigt sich der Strom ein wenig. Es folgen vier Kilometer gerade Strecke, wo wir von dem ersten Fahrgastschiff überholt werden. Es war eine clevere Entscheidung, heute so früh zu starten. Erst jetzt, nach den gefährlichsten Engstücken, werden wir von der Berufsschiffahrt eingeholt. Bei Kilometer 546 steht die Zollburg Pfalzgrafenstein auf der gleichnamigen Insel mitten im Strom. Ein wirklich schöner Anblick, der aber von den

vielen Felsen und Inseln abgelenkt wird. Leider haben wir beide keine Zeit diese so wunderbare Umgebung zu genießen, sondern müssen uns vollkommen auf diesen Höllenritt konzentrieren.
An vielen Diebssteinen vorbei, sehen wir später bereits die Zufahrt unserer nächsten Anlaufstelle. Hinter den Inseln "Großer-" und "Kleiner Werth" liegen eine Marina und geschützte Ankerplätze. In meiner Karte sind bei der Einfahrt zwei große Felsen eingezeichnet, die Dörte aber trotz Fernstecher nicht ausmachen kann. Der Rhein führt zur Zeit zu viel Wasser und so liegen diese Felsen überspült unter der Oberfläche. Auch kreuzt dort eine Fähre den Fluß. Da es aber noch nicht spät ist und diese Einfahrt zu viele Risiken für uns birgt, werden wir uns einfach bis Bingen weiterquälen, den schlimmsten Teil haben wir ja nun hinter uns.
Doch da haben wir uns getäuscht. Kurz nach Assmannshausen wieder eine ziemlich enge, 90°-Kurve. Wieder gewaltiger Gegendruck. Es scheint, als wolle uns der Rhein unbedingt davon abhalten, Bingen und den darauffolgenden ruhigeren Teil zu erreichen. Stromschnellen wohin man schaut. Wasser kommt über das Deck und das arme Schiff wird ein letztes Mal kräftig durchgerüttelt.
Bei der einmündenden "Nahe" scheint es, als überbrücken wir eine wasserfallähnliche Kante, plötzlich beruhigt sich die Strömung und da haben wir es geschafft! Glücklich klatschen wir uns in die Hände und küssen uns ausgelassen. Der eindeutig schwierigste Teil der "Euro-Tour" liegt nun endlich hinter uns. Zwar wird es auf dem Unterlauf der Donau auch stressig, jedoch fahren wir dann mit der Strömung, ohne diese enorme Belastung der "Goldfisch".
Rechts, hinter uns der Mäuseturm im Binger Loch. Hier ist flußab, der eigentliche Eingang zum romantischen Rhein mit Westerwald und Taunus auf der einen und dem Hunsrück auf der anderen Seite. Unterhalb der Burgruine Ehrenfels verhinderte bis vor hundertsiebzig Jahren eine Felsmauer, über die zur Römerzeit ein Wasserfall führte, den ungehinderten Zufluß des Stromes. Aus ihr wurde unter König Friedrich Wilhelm III. von Preußen im Jahre 1832 ein Loch von dreissig Metern gesprengt - das Binger Loch. Bis zu diesem Zeitpunkt war jede Passage lebensgefährlich. Die Wassermassen des Rheins taten ihr übriges und heute mißt die Stromenge 250 Meter. Vor dieser langen Zeit war dies der erste Schritt, noch lange vor dem Bau des Main-Donau-Kanals, zur jetzigen internationalen Nord-Süd-Verbindung.
Mit dem Gefühl den Mittelrhein verlassen zu haben und nun auf dem Oberrhein unterwegs zu sein, legen wir im Hafen Bingen, an der Steganlage des Motor-Yacht-Clubs an und freuen uns über diesen heutigen, gemeinsamen Erfolg.

Di, 16.05.2000 / 17. Tag

Die Landschaft nach Rüdesheim verändert sich radikal. Alles wird wieder flach. Und auch das Gesicht des Rheins ändert sich. Er wird breiter und sanfter. Die Ufer sind weit entfernt.

Richtige Rheinauen befinden sich links und rechts. Die Fahrrinne selber ist etwas schmaler, aber gut mit Tonnen ausgewiesen.
Hier steht auch "Germania", das deutsche Nationaldenkmal, ein wahrhaft kolossales Traumgebilde aus Bronze und Geschichtsverdrehung. 1883 wurde diese Wacht am Rhein eingeweiht. Die Denkmalsbauer hatten genügend Arbeit, die Waffenschmiede neue Aufträge und der Kaiser bessere Kanonen. Hätte es am Tage ihrer Einweihung nicht so geregnet, dann hätte man heute nichts anderes als Wein für die Touristen. Anarchisten hatten nämlich eine Bombe gelegt, der Dame zugedacht mitsamt dem Kaiser und seiner Begleitung. Im Regen ging jedoch die Lunte aus und somit blieben Denkmal und Kaiser erhalten. Der Kaiser bis 1888, das Denkmal bis heute. Die einzigen Opfer des Anschlages waren die Täter, sie wurden in Halle gehenkt.
Durch die geringe Gegenströmung kommen wir sehr gut voran, die Berufsschiffer werden auch wieder freundlicher und halten gut von uns frei. Von der Fahrgastschiffahrt merkt man hier nicht mehr viel. Das touristische Interesse gilt doch mehr dem Gebirgsstück. Wir genießen diese so angenehme Fahrt.
Gegen Mittag sind wir kurz vor dem Main und verpassen beinahe die Einfahrt. Wir haben uns den Main genauso vorgestellt wie den Rhein und halten Ausschau nach einer breiten Flußmündung. In letzter Minute sehen wir das etwas kleine Hinweisschild des Mains, drehen nach Backbord und kommen nun auf unseren nächsten Reiseabschnitt.

Der Main - Deutschlands Äquator

Eine schmale Mündung, ähnlich wie die der Lahn - wo wir vor einigen Tagen gelegen hatten, kommt uns entgegen. Hinter uns die Stadtsilhouette von Mainz, dessen weltberühmter Dom aus rotem Buntsandstein vom Main erbaut wurde. Der Name dieser alten Kaiser- und Bischofsstadt geht übrigens, trotz aller phonetischen Ähnlichkeit, nicht auf den Main zurück, sondern auf das Kastell Mogontiacum, das im Jahr 13 v. Chr. vom römischen Feldherrn Drusus angelegt wurde.
Keine Strömung mehr, links und rechts stehen die Bäume im Wasser und Graureiher waten am Ufer entlang um nach Nahrung zu fischen. Alles ist friedlich, ruhig und idyllisch.
Nach wenigen Kilometern kommt die erste Schleuse. Hier machen wir unsere nächste, neue Erfahrung. Bei der Bergschleusung am Main werden die vorderen Tore etwas geöffnet und somit die Kammer geflutet. Die Frachter werden nicht an den Pollern gefiert, sondern gleichen den Wasserstrom mit Schraubenkraft aus. Somit wird es ziemlich schwierig, das eigene Schiff an der Schleusenwand zu halten.
Nach einigen Weinanbaugebieten, die erste Stadt am Main. Rüsselsheim, wo der dort geborene Schlosser Adam Opel 1862 eine mechanische Werkstatt gründete. Zuerst wurden

Einfahrt in den Main

Nähmaschinen, später die ersten in Deutschland fabrikmäßigen Fahrräder produziert. 1898, drei Jahre nach dem Tod des Firmengründers, ist hier der erste Opel-Kraftwagen gebaut worden. 31 Jahre später wurde dann die Firma vom amerikanischen Konzern General Motors gekauft.

Kurze Zeit später erreichen wir den Yacht Club Untermain/Raunheim, in den wir aber nicht einfahren können, da hier zu wenig Platz ist um mit der "Goldfisch" zu manövrieren. So legen wir an der davor gelegenen Spundwand an. Während Dörte in den naheliegenden Ort einkaufen geht, bleibe ich an Bord, da das Schiff hier stark dem Sog und Schwell der vorbeifahrenden Schiffe ausgesetzt ist. Abends kommt eine Gruppe Bochumer zum Grillen an die Spundwand, die zur Zeit in den Opelwerken ein neues Modell testen. Wir werden zu Bier und Koteletts eingeladen und es entsteht ein lustiges Gespräch mit diesen Leuten, die hier am Ufer des Mains ihren Feierabend genießen.

Ein ganz normaler Tag

Mi, 17.05.2000 / 18. Tag

Vor dem Ablegen organisiere ich einige Reifen von einer Autowerkstatt im Dorf, da keiner der vorhandenen Fender die Reise bis hierher überlebte. Mit diesen Reifen sind wir in den vielen, folgenden Schleusen gut gerüstet.

Die ersten Schleusen bringen wir gut hinter uns, doch als wir in Offenbach bei Frankfurt ankommen, nimmt das Chaos seinen Lauf.
In der Schleuse liegt bereits ein Frachter, dahinter das Fahrgastschiff "Viking Danube" und an der rechten Seite der Kammer ein Ruderboot. Wir werden aufgefordert einzufahren, steuern langsam in die Schleuse, doch bevor Dörte den Poller belegen kann, startet das Fahrgastschiff den Motor. Das Schraubenwasser greift unserem Langkieler so richtig an, und ehe wir etwas unternehmen können, treibt die "Goldfisch" auch schon von der Wand ab. Der Versuch die "Goldfisch" wieder unter Kontrolle zu bekommen scheitert natürlich, da das entgegenkommende Schraubenwasser zu kräftig ist und so werden wir unweigerlich in der Kammer quer gestellt. Der gelegte Hauptmast kracht an die linke und fast gleichzeitig, das Beiboot an die rechte Seite der Kammer. Der Masttop zersplittert, Teile fliegen umher und am Heck versucht das Dinghi der Mauer zu entkommen. Nun ächzt es und wir hören auch dort Holz krachen. Der Schleusenvorgang hat inzwischen begonnen und die "Goldfisch" ist mittlerweile komplett in der Schleuse verkeilt. Wasserdruck von unten und Schraubenwasser von vorne! Der Mast schert an der Mauer nach oben und das Beiboot ist zwischen Schiff und Wand eingequetscht.
In diesem Zustand werden wir bis nach oben geschleust. Weder drosselt die "Viking Danube" ihren Motor, noch wird der Schleusenvorgang unterbrochen.
In der Zwischenzeit hat sich der Mast in eine der Vertiefungen der Wand gepreßt. Als wir fast oben sind, bleibt er dann eben in dieser Vertiefung an dessen Oberkante hängen und das Schiff wird mit dem Bug nach unten gedrückt. Entweder wird sich nun der Mast aus seiner Befestigung an Bord reißen, oder wir werden mit dem Bug voran unter Wasser gezogen. Ich gebe Vollgas zurück um den Mast zu befreien, gleichzeitig drückt das Beiboot natürlich noch mehr gegen die andere Wand und so rutscht der Mast über die metallene Kante nach oben. Von hinten hören wir die Bordwand des Dinghis stöhnen und krachen.
Erst als wir ganz oben angelangt sind, stoppt das Fahrgastschiff seinen Motor und der Schleusenwärter kommt um zu fragen, wo wir wohl den Führerschein gewonnen hätten. Ich explodiere förmlich, fluche und schreie ihn lautstark an. Dörte wirft ihm geistesgegenwärtig die langen Festmacher zu und mit vereinten Kräften wird die "Goldfisch" endlich wieder in die richtige Position gebracht.
Zwischenzeitlich sind die vorderen Schiffe aus der Kammer gefahren und wir werden zu guter Letzt noch gehetzt, die Schleuse zu verlassen.
Ziemlich geschockt legen wir etwas weiter an einer Mauer der Promenade an. Sind entsetzt, wütend und fassungslos.
Die Schadesbegutachtung ergibt ein total zerstörtes Masttop, Windanlage und Beleuchtung sind zersplittert und die Befestigung ist verbogen. Die hölzerne Scheuerleiste an der Backbordseite ist auf einer Länge von einem Meter zerkratzt, der Klüver beschädigt. Am Beiboot sind einige Holzteile ausgerissen und an seiner Bordwand sehe ich Risse. Die Davids verbogen.

Eigentlich wollten wir einige Zeit in Frankfurt bleiben. "Mainhattan" mit den Wolkenkratzern und auch die Fachwerkbauten am Römerberg sollten besichtigt werden. Auch den Eisernen Steg und Dribbebach. Handkäs wollten wir essen und Äppelwoi trinken. Doch nach dem Erlebnis in der Schleuse werden wir weiter fahren und Frankfurt ganz schnell hinter uns lassen.
In dem fünf Kilometer entfernten Yachthafen können wir leider nicht einfahren, da die "Goldfisch" zu lang ist. So müssen wir heute noch Aschaffenburg erreichen, das vierzig Kilometer weiter liegt. Mittlerweile ist es bereits 16.00 Uhr und die Zeit drängt, wenn wir es bis zum Einbruch der Dunkelheit schaffen wollen.
Zügig kommen wir durch die nächsten zwei Schleusen, doch bei Aschaffenburg müssen wir eine Stunde auf die nächsten Frachter warten, mit denen wir mitschleusen können. Es wird langsam dunkel und als wir diese Schleuse verlassen, ist es bereits 20.00 Uhr. Noch zehn Kilometer vor uns.
Am Aschaffenburger Schloß Johannisburg angekommen, ist es stockfinster.
Langsam steuere ich in den Seitenarm, wo laut telefonischer Auskunft beim Club, genug Wassertiefe vorhanden sein soll. Doch sofort nach der ersten Tonne gräbt sich die "Goldfisch" in den Grund. Zurück und dann noch ein Mal versuchen. Nach dreimaligem Anlauf finden wir endlich eine Stelle die tief genug ist und gleiten vorsichtig an den ersten Steganlagen vorbei.
Die Anlage, bei der wir uns für diese Nacht angemeldet haben, befindet sich am Ende dieses Seitenarmes. Also weiter. Doch nun berührt das Schiff wieder den Grund und nach wenigen Metern ist kein Vorwärtskommen mehr möglich. Keine zwanzig Meter stehen uns zum Wenden zur Verfügung. Am rechten Ufer stehen einige Baumgruppen, deren Äste weit zu uns ragen. Links die Steganlagen. Nach mehrmaligen Reversieren in diesem Schlick am Grund, steht die "Goldfisch" nun wieder zur anderen Richtung. An der nächsten Steganlage sieht Dörte einen freien Kopfplatz. Nichts wie hin.
Als Dörte auf den Steg springt, habe ich das Ruder falsch belegt und das Schiff treibt wieder ab. Muß wieder ein Stück zurück in den Schlick, um das Manöver zu wiederholen. Absolute Finsternis, nirgendwo Beleuchtungen, Dörte am Steg und ich versuche das Schiff seitlich versetzend, zwischen anderen Booten zum Steg zu steuern. Irgendwann habe ich es geschafft, wir belegen die "Goldfisch".
An keinen der Stege rührt sich etwas. Dies ist der erste Club, in dem anscheinend niemand anwesend ist. Aber egal, nach diesem Chaostag sind wir froh, so schnell wie möglich in die Koje zu springen und wollen nur mehr schlafen. Mittlerweile ist es 23.00 Uhr!

Do, 18.05.2000 / 19. Tag

Nach dem gestrigen anstrengenden Tag sind wir heute völlig k.o.. In dreizehn Stunden hatten wir fünfundsiebzig Kilometer zurückgelegt. Heute werden wir kürzer treten, unsere Korrespondenz erledigen und uns Aschaffenburg ansehen. Nachdem wir uns bei den

Clubmitgliedern für zwei Nächte angemeldet haben, machen wir uns auf den Weg zum Schloß.
Vier symmetrische Gebäudeflügel gruppieren sich um einen Innenhof, in den der noch ältere Bergfried der ehemaligen gotischen Festung mit einbezogen ist. Dieser wehrhafte Block beherrschte mit seinen viereckigen Türmen vom Hochufer aus das Maintal und machte den Ort zur Bastion gegen das benachbarte Fürstbistum Würzburg. Heute beherbergt das vom Strassburger Baumeister Georg Riedinger errichtete und nach schweren Zerstörungen im zweiten Weltkrieg wieder hergestellte Schloß drei Museen sowie die staatliche Hof- und Stiftsbibliothek mit zirka 88.000 Bänden. Darunter auch wertvolle Handschriften aus dem 10. bis 15. Jahrhundert, sowie frühere Zeugnisse der Buchdruckerkunst.
Durch das Tor gehend, sehen wir an der linken Seite einen Stein mit der Aufschrift "175 Jahre bayerischer Traditionsverein Aschaffenburg". Dabei ist die ganze Gegend 1814 nur durch Napoleon an Bayern gekommen und daher ganz und gar nicht urbayerisch.
Später kommen wir in die ehemalige Altstadt, die mehr einem Einkaufszentrum gleicht.
Am Nachmittag sind wir dann wieder an Bord und widmen uns unserer Post.

Fr, 19.05.2000 / 20. Tag

Langsam tasten wir uns mit einigen Grundberührungen durch den Floßhafen in Aschaffenburg. Zurück am Main sehen wir später hügelige Landschaft und einige Wälder neben dem Ufer. Nach Klingenberg geht es langsam mit den Obst- und Weinbergen los und die Ortschaften liegen enger beisammen.

Schleusenmanöver am Main

Nach einer langgezogenen Flußkrümmung taucht auch schon Miltenberg, die oft gelobte Perle des Mains auf. Eigentlich wollten wir hier nur kurz anlegen um Diesel zu bunkern. Laut Mainhandbuch befindet sich hier hundertfünfzig Meter vom Ufer entfernt eine Tankstelle. Das ist zwar richtig, aber die Tankstelle befindet sich auf der anderen Uferseite. Dort können nur Boote mit einem maximalen Tiefgang von einem Meter anlegen.
Der Hafenmeister telefoniert mit dem Vorstand und dieser kommt dann nach dem Essen mit einem Auto und Anhänger, damit wir den Diesel nicht schleppen müssen.
Den Nachmittag verbringen wir ausschließlich damit, unser hart erspartes Geld unter den Geschäftsleuten zu verteilen, bringen bis oben hin gefüllte Einkaufstüten an Bord und aktivieren am frühen Abend endlich wieder den Grill.
Aus dem Spaziergang durch Miltenberg wird leider nichts, da wir bis 22.00 Uhr auf den Vorstand warten, um mit ihm Diesel zu besorgen. Als er relativ spät zu uns kommt, entschuldigt er sich für seine Verspätung und bietet uns an, daß wir morgen früh gemeinsam zu der Tankstelle fahren um Diesel zu holen.

Sa, 20.05.2000 / 21. Tag

Pünktlich um 10.00 Uhr ist der Clubvorstand bei uns am Schiff und hat direkt hundertvierzig Liter Diesel in seinem Auto mitgebracht. Wegen der Tankaktion legen wir erst gegen 11.30 Uhr ab, lassen Miltenberg mit den vielen Fachwerkhäusern und der am Hang thronenden Mildenburg mit dem stattlichen Bergfried hinter uns.
Nach der Schleuse Freudenberg beginnt der Spessart, Deutschlands größtes zusammenhängendes Laubwaldgebiet. An Dorfprozelten und Stadtprozelten vorbei, kommen wir rasch zum Mainhafen Wertheim, dem einzigen Industriehafen in Baden-Württemberg.Bis zum nächsten Yachthafen in Bettingen sind es noch fünfzehn Kilometer mit einer Schleuse dazwischen. Da wir nicht wissen, ob dort die Wassertiefe ausreicht, werden wir hier an der Spundwand vor dem Raiffeisengebäude die Nacht verbringen.
Wir haben heute zwar nicht viele Kilometer hinter uns gebracht, sind aber in dieser Einbuchtung des Mains vor den Berufsschiffen sicher und die Wassertiefe ist mehr als ausreichend. Also werden wir hier bleiben.
Nach einem Spaziergang über das Gelände, entdecke ich an einem der Gebäude sowohl einen Wasser-, als auch einen Stromanschluß. Schnell ist das hundert Meter lange Stromkabel ausgerollt. Eigentlich würde nur mehr ein Toilettenhäuschen fehlen, aber wir wollen doch nicht zu viele Ansprüche an diesen Industriehafen stellen.

So, 21.05.2000 / 22. Tag

Das Wetter sieht heute etwas besser aus als gestern und so fahren wir früh los um wieder ein größeres Stück zu schaffen, müssen aber bereits bei der ersten Schleuse über eine Stunde auf den nächsten Frachter warten, mit dem wir zu Berg schleusen können.
Ein Schiff zu besitzen, das die hier üblichen Sportbootmaße überschreitet, ist am Main sehr

nachteilig. In der Regel dürfen wir nur mit den Frachtern mitschleusen, in den seltensten Fällen wird nur für uns der Schleusenbetrieb durchgeführt. Kleinere Boote können bis auf Viereth, Gerlachshausen und Würzburg, überall die separaten Sportbootschleusen nützen. Wir hingegen müssen durch alle vierunddreißig Mainschleusen, die der Berufsschiffahrt zugedacht sind. Den Vorteil des größeren Raumangebot der "Goldfisch" bezahlen wir hier mit vielen, langen Wartezeiten vor den Schleusen.
Hier in dieser Kammer haben wir das gleiche Problem wie in Frankfurt. Der Steuermann des Frachters gibt Gas und die "Goldfisch" kracht mit dem Mast in die Schleusenwand. Doch im gleichen Augenblick läuft auch schon der Schleusenwärter zu dem Frachter und wir hören, wie er den Steuermann darauf hinweist, daß er mehr Rücksicht nehmen soll. Außerdem muß er daraufhin sein Schiff mit Seilen an den Pollern belegen, beziehungsweise fieren. Langsam und vorsichtig flutet der Wärter danach die Kammer.
Zwei weitere Schleusen sind wir dann mit diesem Frachter, der "Irene" im Konvoi unterwegs, doch danach können wir mit der Geschwindigkeit nicht mehr mithalten und müssen bei der Schleuse Steinbach wieder eine Stunde warten. Danach liegen zwanzig, schleusenfreie Kilometer, an denen wir uns einen Platz für die Nacht suchen.
Zuerst kommen wir an der Sportbootanlage bei der Straßenbrücke und danach an der Lände von Gemünden vorbei, beide scheinen uns aber nicht sicher. Also weiter bis zum Sportboothafen Wernfeld. Da ist die Einfahrt nicht tief genug und da wir keine Lust haben, heute noch durch die nächste Staustufe zu fahren, drehen wir und steuern sechs Kilometer zurück zum WSA-Schutzhafen, wo die "Goldfisch" an einen alten Leichter festgemacht wird und wir die Nacht neben diversen Arbeitsschiffen verbringen.

Die Würzburger Erdkrallen

Mo, 22.05.2000 / 23. Tag

Ich drehe im Hafenbecken und steuere zu einem eben eingefahrenen Arbeitsschiff. Dort angelegt, klettert Dörte an dessen Deck und geht an Land ins Hafenbüro um fünf Mark für die vergangene Nacht zu bezahlen, während ich mich mit der Besatzung des Schiffes unterhalte und Informationen über die Gegend von Würzburg einhole, da von dem Gebiet rund um diese Stadt die Seiten im Handbuch fehlen.
Wieder an Gemünden, mit den zwei einmündenden Flüssen Fränkische Saale und Mühlbach vorbei, geht es heute Richtung Würzburg. Bei der Schleuse Harrbach können wir sofort mit dem Schubverband "Stralsund" einfahren und kommen mit ihm auch schnell durch alle Schleusen des Tages.
Bei Karlstadt sehen wir viele Türme die mit einer wuchtigen Mauer die guterhaltene Altstadt umschließen. Das Wahrzeichen der Stadt, das Schwedenmännle bläst mittags und

Würzburg - mit der einzigen Schleuse ohne Stauwerk am Main

am Abend das Landknechtslied vom gotischen Rathaus, das den ältesten deutschen Rathaustyp darstellt.
Am gegenüberliegenden Mainufer die Ruine der Karlsburg. Da ragen auch die Felswände "Kalbenstein" und "Edelweiß" empor, welche als alpine Klettergärten genutzt werden. Danach kilometerlange Weingärten an beiden Seiten des Mains und tausende Schwalben die uns einige Zeit begleiten.
Schon von weitem sehen wir zahlreiche Fahrgastschiffe und Ausflugsboote vor der Friedensbrücke in Würzburg auf Kundschaft warten. Unter der alten Mainbrücke mit ihren zwölf Brückenheiligen aus Sandstein liegt die Schleusenanlage, die als Einzige ohne Stauwerk erbaut wurde. Das Tor schließt sich und wir werden unter Beobachtung der vielen Schaulustigen auf der Brücke, nach oben geschleust, wo uns ein einzigartiger Anblick empfängt.
Neben der Schleusenanlage fließt der Main schäumend über einen Steinwall in die Tiefe, um sich nach der alten Mainbrücke wieder zu beruhigen und seinen langsamen Weg fortzusetzen. Rechts oben am Berg die Festung Marienberg, die die Stadt zu beschützen scheint.
Ehe wir uns versehen wird das vordere Tor geöffnet, wir müssen ausfahren und diesen Ausblick hinter uns lassen. Kurz vor der Ludwigsbrücke wenden wir wieder, um zum Würzburger Yachtclub zu gelangen, der an der Stadtseite liegt. Durch den "Wasserfall" bedingt, der sich nun an der gegenüber liegenden Mainseite befindet, herrscht hier mehr Strömung als erwartet und so sind wir sehr froh, bald angelegt zu haben.
Wir freuen uns sehr, daß wir mal wieder in einer richtigen Marina liegen. Endlich wieder duschen und den Luxus der Zivilisation genießen! Auch werden wir uns die Zeit nehmen diese Stadt zu besichtigen, von der schon bei der Anfahrt so viel Charme ausgeht.

Di, 23.05.2000 / 24. Tag

Beim wöchentlichen Check des Motors, sehe ich am Keilriemen, daß sich an der Innenseite ein Stück des Materials abgelöst hatte. Obwohl ich vor unserer Abfahrt in Münster selbstverständlich auch den Keilriemen erneuerte, war das Material nun ermüdet. Ob es wohl an der übermäßigen Belastung auf den Rhein liegt? Auf jeden Fall ist das für mich die einzige Erklärung, haben wir doch erst 650 Kilometer hinter uns gebracht. Es ändert aber nichts, so können wir keinesfalls weiterfahren und deshalb mache ich mich daran, den Riemen auszutauschen. Hole das Reservestück hervor und versuche die Befestigungsschrauben bei der Lichtmaschine zu lösen. Doch die Schrauben sitzen fest. Hänge mit dem Kopf voran im Motorraum und beginne so langsam zu fluchen. Als ich dann auch noch feststelle, daß der Reservekeilriemen eine andere Dimension aufweist, werde ich wütend.

Als ich die beiden Keilriemen kaufte, habe ich natürlich nicht nachkontrolliert, ob die darauf gedruckten Nummern auch übereinstimmen. So sitze ich nun mit verschmutzten Händen und dem falschen Ersatzteil in den Händen im Steuerstand und überlege, wo ich denn schnell einen passenden Keilriemen besorgen könne.

Im Clubhaus der Marina wird mir sofort zugesagt, mich beim Ausbau zu unterstützen. Außerdem bietet mir später ein Mitglied an, daß er gleich morgen früh den passenden Keilriemen besorgt.

Nach dem Mittagessen wird bei strahlendem Sonnenschein das Deck wieder ein Mal gründlich geschrubbt und auf Vordermann gebracht. In der Zwischenzeit kümmert sich Dörte um das Innenleben der "Goldfisch". So nach und nach bekommt das Schiff wieder mehr Glanz. Kurze Zeit später kommt Xaver, ein Clubmitglied, an Bord und baut mit viel Anstrengung aber dem gewissen Etwas, den alten Riemen aus. Einen Neuen zu organisieren sei kein Problem, meint er. Wir müssen allerdings bis morgen Nachmittag warten, da er sich erst nach seinem Dienstschluß darum kümmern kann.

Abends sitzen wir dann gemeinsam im Clubhaus und bis spät in der Nacht tauschen wir Geschichten, Erlebnisse und Tips aus.

Mi, 24.05.2000 / 25. Tag

Xaver wollte erst nachmittags zum Schiff kommen, also machen Dörte und ich einen Ausflug durch die Stadt.

Zuerst möchte ich zur alten Mainbrücke, die nur wenige Schritte entfernt liegt. Von hier haben wir einen grandiosen Blick auf das Geschehen in der Schleuse und dem daneben liegenden Steindamm, über den die Wassermassen in die Tiefe rauschen. Gegenüberliegend die Altstadt mit ihrem emporragenden Killiansdom.

Zwischen den zwölf Brückenheiligen gehen wir von der Brücke in Richtung der Stadt. Eine lange Fußgängerzone mit vielen, wunderbar restaurierten Altbauten kommt uns entgegen. Unzählige Schaufenster ziehen uns an, um uns zum Einkaufen zu verführen. Fast alle Häuserfronten sind reich mit Stukaturen versehen. Zwischen den historischen Häusern ein

Markt mit frischen Obst und Gemüse. Natürlich auch Verkaufsstände die Souvenirs anbieten. Überall herrscht Leben und die Stadt scheint zu pulsieren.
Ich kann mir beim besten Willen nicht vorstellen, daß diese Stadt bei einem einzigen Bombenangriff im zweiten Weltkrieg zu 85% zerstört wurde. Es gab Pläne, Würzburg an einer anderen Stelle wieder zu errichten. Die Würzburger waren aber für einen originalgetreuen Wiederaufbau an der gleichen Stelle. Welch Arbeit muß da dahinter stecken, fast unglaublich.
Ganz unkulturell genehmigen wir uns zwei riesige Tüten frischer, selbstgemachter Pommes Frites. Natürlich waren die Augen größer als der Hunger, aber diese Kartoffeln sind eindeutig die Besten, die wir jemals gegessen hatten.
Mit vollem Bauch geht es zurück zur "Goldfisch". Xaver ist schon am Steg und nach kurzer Zeit hat er den neuen Keilriemen auch schon eingebaut. Probelauf. Alles hält, doch als mein Blick auf die Kontrollanzeigen der Batteriespannung fällt, stelle ich mit Entsetzen fest, daß die Kontrollanzeige für die Batterie der Bordversorgung weniger als neun Volt anzeigt. Ich lasse den Motor weiter laufen, vielleicht steigt ja die Spannung. Doch Fehlanzeige. Auch mit dem Ladegerät kommt sie nicht zu Kräften, obwohl genug Wasser in den Kammern vorhanden ist. Reiner, ein weiteres Clubmitglied, testet die Batterie mit speziellen Geräten und eröffnet uns, daß die Batterie komplett abgestürzt ist und sie auch nicht zu retten sei. Wir müssen sie in den letzten Wochen wohl irgendwie zu sehr beansprucht haben. Na toll, auch das noch!
Reiner meint, er könne Ersatz von einem Freund, der einen Autoersatzteilhandel betreibt, besorgen. Nur heute ist es zu spät, da es bereits Abend ist. Er wird sich morgen darum kümmern.
Langsam werden Dörte und ich das Gefühl nicht los, daß uns irgend etwas daran hindern will, unsere Reise fortzusetzen. Ein Pärchen, welches mit ihrem Motorboot hier Urlaub macht, meint es seien die berühmten Würzburger Erdkrallen, die sich an uns klammern. Auch ihnen passiert es laufend, daß sie von hier nicht fort kommen.
Na schön, bleiben wir eben morgen auch noch hier, hoffen aber, daß nicht noch etwas anderes unsere Weiterfahrt aufhalten wird.

Do, 25.05.2000 / 26. Tag
Gegen Mittag erscheint Reiner mit einer Batterie unter dem Arm und drückt sie mir in die Hand. Als ich ihn um den Preis frage, meint er nur, er habe sie von seinem Freund geschenkt bekommen und da er auch nichts bezahlt hatte, bräuchten wir ebenso nicht in die Brieftasche greifen. Wir hätten sowieso noch einen weiten Weg vor uns, wo so einiges geschehen kann. So etwas haben wir noch nirgends erlebt. Nicht nur, daß uns die Leute helfen, uns auch die Teile besorgen, brauchen wir diesen Dienst nicht mal bezahlen, erhalten die Batterie zum Nulltarif und den Keilriemen plus einer neuen Reserve bekamen wir gestern auch zum halben Preis. Das nenne ich wahre Hilfsbereitschaft und Kameradschaft unter Wassersportlern!

Morgennebel

Ich wünsche den Beiden, sowie den anderen Mitgliedern des Würzburger Yacht-Clubs, daß sie bei ähnlichen Problemen am Wasser genauso schnell Hilfe von anderen bekommen, wie wir bei ihnen.

Fr, 26.05.2000 / 27. Tag

Wir lassen die prächtige Stadt Würzburg mit den überaus hilfsbereiten und freundlichen Leuten des Yacht-Clubs hinter uns und steuern hinter dem Frachter "Stuttgart" wieder den Main entlang.

Einige Städtchen mit wehrhaften Mauern und vielen Fachwerkbauten liegen hier an den Ufern. Bei Sulzfeld mündet ein Fluß in den Main, dessen Lauf unter einen Torbogen des Stadtturmes führt.

Oft erblicken wir Inseln, die die dahinterliegenden Seen zu verstecken scheinen. Leider darf man mit motorbetriebenen Booten diese Landschaft mit ihren anscheinend sehr schönen Ankerplätzen nicht erkunden. Graureiher suchen am Ufer nach Futter und überall an den Berghängen Weingärten.

Nicht nur diese Landschaft fasziniert uns, auch kommen wir heute sehr gut durch die Schleusen. Bei keiner haben wir längere Wartezeiten. In einer Schleuse des heutigen Tages begleitet uns ein Schiff der Wasserschutzpolizei und so wird der Vorgang zu einem Genuß. Am davor liegenden Frachter fiert die Besatzung ganz freiwillig das Schiff an den Pollern, und auch der Wärter flutet ganz vorsichtig die Kammer. Dadurch entfällt für uns der Streß und wir schleusen fast einhändig.

Wir erreichen Marktbreit, das am südlichsten Teil des Maindreiecks liegt, auch als Weindreieck bekannt. Am Ufer ein Kran mit Holztriebwerk, der an vergangene Zeiten erinnert. An der Vorderseite das Wappen der Schwarzenberger Fürsten. Dieser ehemalige Handelsstützpunkt ist auch die Geburtsstätte des Hirnpathologen Alois Alzheimer, der durch die Entdeckung und Erforschung der gleichnamigen Krankheit zu Ruhm kam.
Nach Kitzingen, der größten Weinhandelsstadt Frankens, wieder viele See- und Auenlandschaften. Der Sportboothafen in Mainstockheim sieht dann sehr einladend aus und so versuchen wir unser Glück bei der Einfahrt dorthin. Die Tiefe reicht aus und wir legen rechts, am Gästesteg an.
Eine kleine, sehr gepflegte Anlage. Hier finden wir sofort Kontakt zu einer Gruppe Münchner, die mit ihrem zirka fünfzig Jahre alten und selbstrestaurierten Motorboot den Urlaub genießen. Wir bewundern alle jeweils das Schiff des anderen und trinken gemeinsam einige kühle Biere.
Danach melden wir uns im naheliegenden Clubhaus für die Nacht und spazieren durch das zauberhafte Mainstockheim. Dörte und ich haben überhaupt nicht das Gefühl mitten in Deutschland zu sein. Alle Häuser sind umgeben von den verschiedensten blühenden Pflanzen. Aber alles steht nicht so in Reih und Glied wie in den Vorgärten Norddeutschlands, sondern eher wie in einem italienischen, spanischen oder griechischen Dorf wo es nicht so wichtig ist was die Nachbarn denken. Hauptsache, man fühlt sich wohl inmitten seiner blühenden, farbenprächtigen Pflanzen.
Wir kaufen etwas Fleisch, welches wir später auf unserem Grill zubereiten und sehen in einen klaren Sonnenuntergang.

Sa, 27.05.2000 / 28. Tag

Nachdem wir uns von den Münchnern verabschieden, muß ich die "Goldfisch" zum ersten Mal fast vierzig Meter im Rückwärtsgang aus der Anlage manövrieren. Klappt aber hervorragend und wir schwenken in den Fluß um die heutigen fünf Schleusen bis Schweinfurt in Angriff zu nehmen.
Nach Schwarzenau auf der einen und Münsterschwarzach an der anderen Mainseite, teilt sich der Fluß. Links die Volkacher Mainschleife, die den Kreuzberg mit den berühmtesten Weinbergen der Gegend umschlingt und nach rechts der schnurgerade Gerlachshausner Schleusenkanal. Leider müssen wir wegen des Tiefganges der "Goldfisch" durch den sechs Kilometer langen und sehr langweiligen Kanal steuern, obwohl wir die Mainschleife gerne erkundet hätten. Dieser Kanal schneidet die Schleife mit ihrem Naturschutzgebiet ab und mündet bei Astheim wieder zurück in den Main. Danach wieder viele mit dem Main verbundene Seen, in die wir aber nicht einfahren dürfen.
Den ganzen Tag steuern wir hinter dem nur fünfundsechzig Meter langen Frachter "Intento", der uns zügig durch die Schleusen bringt. Bei jeder Schleuse fährt er sehr langsam ein, belegt in der Kammer und stoppt seine Maschine, um uns die Handhabung der

"Goldfisch" zu erleichtern. Somit müssen wir kein einziges Mal gegen seine Heckwellen oder sein Schraubenwasser kämpfen. Nach der Schleuse Schweinfurt verabschieden wir uns von ihm, wenden und legen an der Lände im Oberwasser an.
Dieser zentrale Platz neben der Stadt bietet genug Wassertiefe und Sog oder Schwell der Berufsschiffer ist auch nicht zu spüren, da die Frachter mit gedrosselter Geschwindigkeit bei der Schleuse manövrieren. Nur leider ziehen wir das Interesse zahlreicher Spaziergänger auf uns. Wir liegen an der niedrigen Mauer der Lände und eine neugierige Menschentraube bildet sich beim Schiff. Es ist Sonntag und dementsprechend viele Leute sind auf dieser Mainpromenade unterwegs. Irgendwann wird es uns aber zuviel und wir ziehen die Vorhänge zu, um etwas ungestört zu sein.
Gegen Abend wird es ruhiger und wir schlendern ein wenig durch die nahe Stadt. Am Rückweg empfangen uns dann hunderte Hasen auf den Grünflächen der Promenade. Überall funkeln kleine Augenpaare in der Dunkelheit. Fast schon gespenstisch.

So, 28.05.2000 / 29. Tag

Die Fahrt verläuft sehr ruhig, die "Goldfisch" gleitet langsam an vielen kleinen Städten und Dörfern vorbei.
Bei Schonungen und nach der Schleuse Knetzgau wieder viele ehemalige Kiesgruben, die der Natur zurückgegeben wurden und jetzt ein Paradies für alle Tierarten darstellt. Die Schleuse Limbach liegt in einem kurzen Kanal, der auch hier eine Mainschleife abschneidet.
Bei Viereth beginnt für uns, wie so oft, die Suche nach einer geeigneten Stelle um übernachten zu können. Im Oberwasser der Schleuse befindet sich der Bamberger Club. Gleich danach der Hafen Coburg und etwas später die Marina Trosdorf. Wir fahren alle drei ab, da wir genug Zeit haben und uns bei allen Drei die Wassertiefe nicht bekannt ist.
Der Club im Oberwasser sieht nicht sehr vertrauenerweckend aus, da er nur sehr kleine Stege und einige Bojen zum Festmachen bietet. Laut unserer Karte hätte die Einfahrt der Marina Trosdorf ausreichend Wassertiefe, doch erfahren wir dort, daß kein Platz frei sei. Also wieder zurück und unser Glück in Coburg versuchen.
An der Einfahrt links soll es nur 1,50 Meter haben, an der rechten Spundwand aber 2,0 Meter. Ein sehr großes Becken erwartet uns dort. An der Spundwand tasten wir uns langsam vor, immer das Echolot beobachtend. Ein Motorboot fährt neben uns in den Hafen und wir ersuchen die Besatzung, sich nach der Wassertiefe bei den Stegen zu erkundigen. Wir warten in der Mitte des Beckens, während die Leute des Motorbootes bei den Clubmitgliedern nachfragen. Kurz darauf sehen wir schon jemand, der uns zu der Anlage winkt. Hier hat es tatsächlich mehr als drei Meter Tiefe.
Schnell kommen wir mit den Mitgliedern des Clubs ins Gespräch und als wir nach der nächsten Dieselbunkermöglichkeit fragen, bieten sie uns sofort Hilfe an. Sie meinen, wenn wir möchten, besorgen sie morgen einige große Kanister und helfen uns mit einem Auto beim Transport. Das trifft sich ausgezeichnet, da wir sowieso das nahe Bamberg besichtigen

wollen und somit morgen auch noch hier sind. Also werden wir morgen in die Stadt fahren und danach Diesel bunkern. Gleich hinter der Anlage sollen einige Supermärkte sein, und so macht sich Dörte auf den Weg, einige frische Lebensmittel einzukaufen. Kurz nach ihrer Rückkehr beginnt es zu regnen.

Bamberg - wo bitte geht's nach Venedig?

Mo, 29.05.2000 / 30. Tag

Als wir morgens aufstehen, scheint wieder die Sonne und erwärmt uns angenehm. Nach unserem Frühstück machen sich Dörte und ich auf den Weg zur Bushaltestelle. Nach kurzer Wartezeit und zwanzigminütiger Fahrt erreichen wir Bamberg. Direkt in der Innenstadt steigen wir aus und befinden uns kurz darauf auf der Fußgängerzone, inmitten zahlreicher Läden und tausenden Menschen. Bald biegen wir in enge Gassen mit windschiefen aber reizvollen Häusern.

Unter dem alten Rathaus, das in der Mitte der Regnitz auf einen Felsen erbaut wurde und mit zwei Brücken zur Stadt verbunden ist, schießt der Fluß hindurch, wo ein Parcour für einen Kajakwettbewerb ausgesteckt ist. Das Gebäude ist, wie viele andere farbenprächtig verziert. Zwischen der Markusbrücke und dem Rathaus ist vor langer Zeit das berühmte "Klein Venedig" entstanden. Fischer haben sich hier vor langer Zeit direkt am Ufer ange-

Bamberg - "Klein Venedig"

siedelt, wo die ältesten Bauten aus dem 15. Jahrhundert stammen. Geschmückte Fachwerkbauten mit kleinen Gärten direkt an der Regnitz bieten hier einen schönen Anblick und lassen an längst vergessene Zeiten erinnern.
Wir gönnen uns den Spaß und unternehmen eine Rundfahrt mit einem Ausflugsschiff über die Regnitz, den Main und den zwei Hafenbecken. In einem der beiden Hafenbecken sehen wir die "Intento" liegen, den Frachter, der uns so angenehm durch viele Schleusen brachte. Wieder in Bamberg angelangt, bitten wir den Kapitän des Ausflugschiffes, die "Intento" über Funk anrufen zu dürfen. Tatsächlich ist dort jemand an Bord und wir bedanken uns über die angenehme Begleitung am Main.
Wieder zurück wärmen wir uns in einem hübschen, kleinen Café auf und machen uns danach auf den Rückweg zur Busstation.

Bamberg - Altes Rathaus

An Bord der "Goldfisch" angelangt, ergießt sich ein Gewitter über uns. Wir warten das Ende des Regens ab und nachdem ich mit den Leuten des Clubs Diesel organisiert habe, genießen wir unser Abendessen und bereiten uns auf den morgigen Abschnitt vor.

Der Main-Donau-Kanal

Di, 30.05.2000 / 31. Tag

Es regnet als wir erwachen und auch hat es über Nacht sehr abgekühlt. Wir hatten schon vor einigen Tagen festgestellt, daß die Dieselheizung an Bord ihren Dienst verweigert, jedoch habe ich keine Ahnung woran es liegen kann. Die elektrische Heizung, die in den Häfen mit 220 Voltversorgung zum Einsatz kommt, hatten wir heute Nacht nicht aktiviert. Und so machen wir uns frierend auf den Weg.

Nach drei Kilometern Fahrt beginnt unvermittelt der Main-Donau-Kanal. In nordöstlicher Richtung schleicht sich der "Alte Main" davon. Bei Kilometer 387 ist auch dort Schluß für Motorboote, danach bleibt der Fluß der unmotorisierten Freiheit vorbehalten. Viele Kilometer weiter wird der Main von zwei Quellflüssen gespeist. Der "Rote Main" kommt aus der fränkischen Alb und der "Weiße Main" aus dem Fichtelgebirge. Bei Mainleus vereinigen sich diese beiden dann zu einem gemeinsamen Fluß, dem Main.

Wir befinden uns jetzt auf dem "Main-Donau-Kanal" mit weiteren sechzehn Schleusen und folgen ihm 171 Kilometer bis Kelheim. Gleich bei der ersten Schleuse des heutigen Tages warten wir zwei Stunden auf den nächsten Bergfahrer. Als es dann endlich weiter geht, lernen wir wieder ein für uns neues Schleusensystem kennen.

Die "Sparschleusen"! Die Kammern werden nicht mit Pumpen oder geöffneten Toren geflutet, sondern durch natürliches Gefälle. Neben der Schleuse liegen terrassenförmig angelegte Becken, die das gespeicherte Wasser in die Schleuse leiten. Es ist zwar die schnellste und ökonomischte Art den bis zu fünfundzwanzig Meter Höhenunterschied zu überwinden, doch drücken die Wassermassen mit ungeheuerlichen Druck gegen den Kiel der "Goldfisch". Nur unter großer Kraftanstrengung schaffen es Dörte und ich das Schiff an der Wand zu halten. Die "Goldfisch" versucht andauernd auszubrechen und zur Mitte hin zu flüchten.

Als wir nach kurzer Zeit, schweißgebadet oben ankommen, fällt das Schleusentor aus und wir sind in der Bamberger Schleuse gefangen. Hektisch laufen Schleusenpersonal und Handwerker umher um den Schaden zu beheben. In der Zwischenzeit unterhalte ich mich an Land mit dem Kapitän der "Marge", einem Frachter, der vor uns in der Schleuse liegt. Nach 1,5 Stunden ist der Schaden am Tor behoben und wir können endlich ausfahren.

Da die Höchstgeschwindigkeit hier im Kanal auf dreizehn Stundenkilometer festgesetzt ist, bleiben wir den ganzen Tag hinter dem langsam fahrenden Frachter und schaffen so sechs Schleusen ohne weitere Komplikationen.

Wir überqueren einige Kanalbrücken und erreichen gegen Abend Nürnberg. Nur leider ist an der ganzen Strecke keine einzige Möglichkeit mit der "Goldfisch" über Nacht anzulegen. Es existieren zwar einige Sportboothäfen, jedoch sind alle nur für Motorboote mit geringen Tiefgang gebaut. Wir werden sehr froh sein, wenn wir auf der Donau sind, da es dort genügend Möglichkeiten, auch für die "Goldfisch", gibt.
Nach zwei Funkgesprächen mit dem Schleusenwärter, erteilt uns dieser die Genehmigung an der Spundwand eines Bauhafens festzumachen. Doch müssen wir morgen früh um spätestens 06.00 Uhr von dort verschwinden, da der Baubetrieb aufgenommen wird.
Ziemlich übermüdet und bei strömenden Regen machen wir dort fest und fallen nach dem Abendessen sofort in die Kojen.

Am höchsten Punkt der Reise

Mi, 31.05.2000 / 32. Tag

Um 05.30 Uhr läutet der Wecker, wir hassen ihn dafür. Ohne Stromversorgung ist es ziemlich kalt an Bord. Wir sind unausgeschlafen und es regnet immer noch. Dörtes Bettdecke ist durchnäßt, da der Regen seinen Weg durch eine Luke gefunden hat. In dieser feuchtkalten Umgebung macht es keinen Spaß in Ruhe zu frühstücken und so sind wir bereits um 07.00 Uhr an der Schleuse Nürnberg.
Die Welt des Wärters scheint in Ordnung und er meint über Funk, daß er es wohl verantworten kann, uns alleine zu schleusen. Leider müssen wir danach an der nur drei Kilometer entfernten Schleuse Eibach eine Stunde warten. Erst danach erscheint der Tanker "Bayernland", der uns durch die nächsten Schleusen begleitet.
Um 13.00 Uhr erreichen wir den höchst gelegenen Punkt unserer Reise, die "Europäische Hauptwasserscheide" bei 406 Meter über dem Meeresspiegel. Auf der Strecke seit Mainz, als wir den Rhein verließen und in den Main kamen, haben wir nun einen Höhenunterschied von 325 Metern überwunden. Von nun an geht es abwärts.
Schon im Jahr 793 entstand die Idee, den Rhein und Main mit der Donau zu verbinden. Karl der Große scheiterte an den Bodenverhältnissen und den technischen Voraussetzungen seiner Zeit. Tausend Jahre später versuchte sich auch der Bayernkönig Ludwig I. an diesem Projekt. Doch auch er scheiterte. Den heutigen Kanal mit seinen sechzehn Schleusen verdanken wir Franz-Josef Strauß, der mit seiner politischen Macht das 1960 begonnenen Vorhaben unterstützte und weiterbauen ließ. Am 25. September 1992 wurde dann der Main-Donau-Kanal offiziell eröffnet. Seitdem steht der Nord-Südverbindung der Schiffahrt nichts mehr im Wege. Haben sich dann irgendwann die Krisengebiete im ehemaligen Jugoslawien wieder beruhigt, wird es wieder eine durchgehende Wasserstraße von der Nordsee bis zum Schwarzen Meer geben.

Europäische Hauptwasserscheide - 406 m über dem Meeresspiegel

An der rechten Kanalseite sehen wir das Denkmal, welches an die Verkehrsfreigabe vor acht Jahren erinnern soll. Auf uns wirkt es jedoch wie ein Teil der Berliner Mauer. Ein nichtssagender Betonklotz am Ufer. Wir sehen durch den Fernstecher einen Bussard seine Kreise ziehen, die einzige schöne Abwechslung auf diesem Stück des Kanals.

Enttäuscht lassen wir dieses Bauwerk hinter uns und erreichen Berching. Nun wird es landschaftlich auch wieder interessanter. Den ganzen Tag hatten wir das Gefühl, auf dem langweiligen Mittelland-Kanal unterwegs zu sein.

Der erste von uns angesteuerte Yachthafen hat zwar genug Wassertiefe, doch verhindert eine Schwelle, die in einer Tiefe von 1,70 Meter sitzt, unsere Einfahrt. Beim Sportboothafen in Beilngries angelangt, meinen die Mitglieder am Ufer zwar, daß es keine Schwelle an der Einfahrt gibt, können sich jedoch nicht über die Tiefe im Hafenbecken einigen. Gleich nach der Einfahrt liegt an der linken Seite der Gästesteg und nach rechts breitet sich, parallel zum Kanal, der Hafen aus. Dörte meint, wir können es zumindest langsam fahrend versuchen.

An den Uferbefestigungen der Einfahrt zeigt das Echolot zwar 2 Meter an, doch erreichen wir ohne Grundberührung den Steg. Die Tiefe liegt hier bei zirka 2,10 Meter. Da wir heute bereits über zehn Stunden unterwegs waren, sind wir glücklich einen Hafen mit Versorgung erreicht zu haben.

Nachdem wir uns im Clubhaus anmelden, merken wir, daß die Berufsschiffahrt an die 40 cm Wasser aus dem Hafenbecken zieht. Die "Goldfisch" sitzt am Grund auf und neigt sich in

die gespannten Festmacher. Auch hier reicht die Wassertiefe nicht aus, wir beschließen aber trotzdem hier zu bleiben. An Backbord ist der Steg und wenn sich das Schiff auf die andere Seite neigt, wird es von den Festmachern gehalten. So sitzt das Schiff zwar öfter auf Grund, aber ansonsten liegen wir geschützt in einer sehr schönen Anlage. Wir müssen nur morgen beim Verlassen des Hafens achtgeben, daß sich kein Frachter auf dem Kanal nähert, der uns das Wasser unter dem Kiel wegzieht.
Gegen Abend kämpft sich die Sonne durch die Wolkendecke und es wird auch zunehmend wärmer. In der Nacht wird aber trotzdem die Elektroheizung aktiviert.
Wir lassen uns ein Bier auf der Terrasse des Clubs schmecken und freuen uns auf morgen. Dann werden wir endlich die Donau erreichen.

Fünf Männer und ein Motorboot

Do, 01.06.2000 / 33. Tag

Der Tag fängt prächtig an, schon morgens scheint die Sonne und der Himmel ist wolkenlos. Endlich können die T-Shirts und kurzen Hosen wieder ausgepackt werden.
Heute ist Feiertag und alle Mitglieder des Clubs treffen sich auf der Terrasse um gemeinsam zu wandern. An die sechzig Leute versammeln sich und bestaunen die "Goldfisch". Da wir aber keine Lust haben vor dem ganzen Club rückwärts aus dem Becken zu steuern, warten wir bis 10.30 Uhr als alle wieder verschwunden sind.
Ich frage bei der nächsten Schleuse nach, ob derzeit irgendwelche Berufsschiffe von oder zur Schleuse unterwegs sind, da wir den Kanal von hier nicht einsehen können. Sollten wir ablegen und sich genau in dieser Zeit ein Schiff nähert, sitzen wir mit der "Goldfisch" unweigerlich auf. Die Auskunft ist positiv, erst in zwanzig Minuten soll ein Fahrgastschiff hier vorbei kommen. Also nichts wie hinaus.
An der Schleuse Dietfurt angelangt, müssen wir erstmal auf einen nachfolgenden Talfahrer warten. Es kommt aber nicht das angekündigte Fahrgastschiff, sondern ein Tanker und dahinter ein Motorboot, dessen Besatzung uns fragt, ob sie sich in der Schleuse im "Päckchen" zu uns legen dürfen. Natürlich haben wir nichts dagegen.
Als aber dann der Tanker und wir dahinter in die Kammer einfahren, überholt uns das Motorboot und belegt den einzigen freien Poller hinter dem Tanker. Wir sind bereits in der Einfahrt zur Kammer und es ist zu spät die "Goldfisch" abzubremsen und wieder rückwärts hinaus zu manövrieren. Die fünfköpfige Männerrunde des Motorbootes "Paula" dachte, daß wir nicht mitschleusen möchten, weil wir so langsam eingefahren sind. Sie wollen unser Schiff aber neben dem ihren mit Seilen halten. Außerdem gehe es hier sowieso abwärts und ohne die einströmenden Wassermassen wie bei der Bergschleusung sei dies kein Problem.
Ich bin fürchterlich verärgert über dieses Verhalten, aber es bleibt uns nichts anderes

übrig, da sich das Schleusentor bereits hinter uns schließt. Anfangs geht noch alles gut. Doch als wir unten ankommen, startet der vor uns liegende Tanker seine Maschine und wieder einmal greift Schraubenwasser an den Kiel der "Goldfisch". Ich rufe den Leuten zu, daß sie ihr eigenes Boot halten sollen, unsere Festmacher um die Klampen ihres Bootes legen und mir danach die Enden zuwerfen sollen. Vor lauter Schreck und aus Angst vor Schäden am eigenen Boot, werfen sie aber unsere Festmacher ins Wasser. Somit treiben wir von ihnen fort und schlagen zuerst mit Mast, danach mit dem Rumpf an die andere Schleusenseite. Glücklicherweise befindet sich dort eine Leiter, an der Dörte sofort ein anderes Seil befestigt und so steht die "Goldfisch" relativ schnell wieder gerade in der Kammer.

Jetzt sehen wir auch, daß die Männerrunde der "Paula" nicht nur unsere Seile ins Wasser fallen ließen, sondern auch ihre eigenen und so trudeln sie nun im Schraubenwasser des Tankers von einer Kammerseite zur Anderen. Schlagen links und rechts an die Wände und versuchen, ich kann es nicht fassen, ihr Boot mit den Beinen von diesen Wänden abzuhalten. Allein der Gedanke daran, was so geschehen kann, läßt mich erzittern. Es kommt ihnen aber auch nicht in den Sinn, ihren Motor zu drosseln. Der Tanker verläßt die Kammer und das Motorboot folgt ihm wie eine Kugel im Flipper, immer von einer zur andern Seiten schlagend. Irgendwann sind beide draußen und erst dann fahren wir aus.

Das Motorboot beschleunigt und ohne nachzufragen, ob wir Schäden am Schiff haben, verschwindet es mit Vollgas.

Ich schäume über vor Wut und versuche den Schleusenwärter über Funk zu erreichen, da ich mich nach der Telefonnummer der Wasserschutzpolizei erkundigen möchte. Leider meldet sich niemand auf meine Funksprüche. Die letzte Station liegt zu weit zurück um umzukehren und so setzen wir unsere Fahrt mit einigen neuen Schäden an der "Goldfisch" und total verärgert fort.

Erst in der Schleife rund um den Speckelsberg beruhigen sich unsere Gemüter und langsam genießen wir wieder eine wunderschöne Landschaft.

Wir passieren die Stadt Riedenburg, die von Schlössern und Burgen eingesäumt ist und wo am Kanalufer gelegene Cafés und Restaurants mit schattigen Gastgärten zum Verweilen einladen. Danach, an der linken Seite die bayrische Ritterburg Prunn, welche auf einen steilen Kalkfelsen erbaut wurde und das Altmühltal mit seinen Bergen zu bewachen scheint.

Dörte sitzt bei herrlichen Sommerwetter an Deck, schießt ein Foto nach dem anderen und wartet sehnsüchtig auf die berühmte Spaghettibrücke. Als wir sie erreichen, bietet sich unseren Augen ein wirklich schönes Bild. An beiden Ufern bewaldete Hügellandschaft mit der so einzigartigen Brücke dazwischen.

Bald sind wir in an der letzten Schleuse des Kanals angekommen und steuern langsam an Kelheim und der Befreiungshalle vorbei.

Altmühltal mit der "berühmten" Spaghettibrücke

Die Donau - Hauptschlagader Europas

Um 17.00 Uhr erreichen wir endlich die Donau. Ich bin etwas enttäuscht, da ich mir einen richtig breiten Strom vorstellte, die Donau hier aber ziemlich schmal vor uns liegt. Sie fließt mit hoher Geschwindigkeit an uns vorbei. Zirka zehn Stundenkilometer Strom und die Marina Saal, an der rechten Flußseite, nähert sich in einem wahnsinnigen Tempo.
Wir fahren erstmal an der Einfahrt vorbei, um etwas später dann zu drehen um gegen den Strom einzusteuern. Das Wendemanöver ist leider nicht sofort durchführbar, da wir pausenlos von sonntäglichen Motorbootfahrern überholt werden.
Mittlerweile bin ich der Meinung, daß der Sportbootführerschein "Binnen" drastisch verschärft gehört. Innerhalb kürzester Zeit bekommt man diesen und darf die stärksten Motoren fahren, ohne so richtig Bescheid zu wissen und ohne die nötige Erfahrung zu haben. Es wird dann kreuz und quer gedüst. Ohne Rücksicht auf die Anderen, oder irgendwelcher Gesetze. Und mit den verursachten Wellen steigt anscheinend auch der Spaß.
Die Marina Saal ist ein wirklich sehr großer Hafen, dessen Einfahrt aber nicht durchdacht ist. Sie liegt nicht wie es üblich ist, parallel zu Strom, sondern in einem 90°-Winkel dazu. Zwischen den zwanzig Meter entfernten, steinernen Uferbegrenzungen, versuche ich die

Walhalla - an der Einmündung zur Donau

"Goldfisch" seitlich versetzend in die Einfahrt zu manövrieren. Es ist mit diesem Langkieler nicht möglich, im rechten Winkel des Stromes einzufahren, da der Wasserdruck die "Goldfisch" sofort zu einer Wende veranlassen würde. Fast mit Vollgas, aber durch den starken Strom bedingt, tasten wir uns langsam heran. Als wir in der Mitte der Einfahrt angelangt sind, läßt die Strömung abrupt nach und das Schiff macht einen Satz nach vorne, in Richtung der Uferbefestigung. Nur mit viel Mühe verhindere ich, daß das Schiff in dieses Hindernis kracht.

In dieser Zeit steht eine große Motoryacht im Strom und der Eigner erklärt uns, von der Flybridge aus wild gestikulierend, daß wir uns doch beeilen sollen. Er hätte nicht den ganzen Tag Zeit. Ich kann die Gedankengänge dieser Leute in ihren teuren Prestigeobjekten einfach nicht verstehen.

Endlich im Hafenbecken, wissen wir nicht wo wir hin sollen. Der Gästesteg ist in der hintersten Ecke und dort wollen wir eigentlich nicht hinmanövrieren, da die Zufahrt zu schmal für ein etwaiges Wendemanöver aussieht. Fünf verschiedene Leute zeigen auf fünf verschiedene Liegestellen.

Direkt nach der Einfahrt erblicken wir einen Steg mit nur zwei Yachten. Eine Frau von der ersten Yacht die dort liegt, meint, sie wollen ihr Schiff verholen, damit wir hinter ihnen anlegen können. Endlich mal wieder ein Mensch mit einer guten Idee und Hilfsbereitschaft. Nachdem das geklärt ist, liegen wir schon bald am Steg festgemacht.

Der Hafen wird von einer Firma betrieben, die am Feiertag natürlich nicht besetzt ist. Gegen eine Kaution von 50,- DM bekommen wir den Schlüssel für die Toilette von den Angestellten der Pizzeria ausgehändigt.

Fr, 02.06.2000 / 34. Tag

Keiner von uns Beiden hört den Wecker, und so verschlafen wir gründlich. Bevor wir weiterfahren, müssen wir auf jeden Fall noch Diesel bunkern. Nicht nur die Anlage ist hier sehr teuer, auch der Dieselpreis ist weit höher als wir es gewohnt sind.

Obwohl wir heute recht spät loskommen, haben aber mit den folgenden Schleuse viel Glück. Landschaftlich ist es auch hier sehr langweilig. Links und rechts plattes Land und nichts zu sehen. Die Donau wird zwar stellenweise etwas breiter, doch bleibt uns der Blick ins Landesinnere versperrt, da an den Ufern viele Baumreihen gepflanzt sind.

Als wir vor der Schleuse Bad Abbach festmachen um auf den nächsten talfahrenden Frachter zu warten, werden wir von dem Schleusenwärter über Funk gebeten, ein Rettungsboot wieder einzufangen, welches sich losgerissen hatte und nun herrenlos im Fahrwasser treibt. Natürlich sagen wir zu, legen wieder ab und machen uns auf den Weg zurück.

Als wir die uneinsehbare Biegung erreichen, an der der Schleusenvorhafen von der Donau abzweigt, kommt uns ein Frachter entgegen und so müssen wir nahe dem Ufer entlangsteuern. Das Echolot schlägt Alarm, ich steuere die "Goldfisch" weiter zu der Bordwand des Frachters und so schaffen wir es nicht zeitgerecht dieses Boot mit dem Enterhaken zu greifen. Also die Heckwellen des Frachters abwarten und dann wenden. Wir erreichen nochmals das Boot und können es dann nach einiger Anstrengung an unserer Steuerbordseite fest machen. Dieses Rettungsboot ist aus Metall und dementsprechend schwer, deshalb schleppe ich es nicht achtern mit, da ich befürchte, es könne später beim Abbremsen gegen das Heck schlagen. So erreichen wir wieder die Spundwand des Vorhafens und übergeben einem Arbeiter dieses Boot.

Diese Rettungsaktion muß wohl den Wärtern der nächsten Schleusen weiter erzählt worden sein, da wir laufend darauf angesprochen und uns die folgenden Schleusungen wesentlich erleichtert werden. Bei Geisling werden wir sogar alleine in der Kammer zu Tal geschleust. Überall wir uns über Funk viel Glück für die Reise gewünscht.

Vier Staustufen waren unser Ziel für den heutigen Tag, da wir aber nicht wissen, ob wir in den gewünschten Hafen einfahren können, fragen wir kurzerhand den Wärter der Schleuse Straubing, ob wir die Nacht im Oberwasser verbringen dürfen. Es ist mittlerweile bereits 20.30 Uhr, und zum Glück gestattet er uns hier liegen zu bleiben. Wir sollen die "Goldfisch" rechts vorne an die Mauer für die Berufsschiffahrt legen, damit noch ein oder zwei Frachter Platz haben.

Nach Einbruch der Dunkelheit kommen noch ein Frachter und eine Motoryacht aus der Schleuse und legen hinter uns an der Spundwand an. Später sehen wir den Schleusenwärter zur Yacht laufen und der Besatzung erklären, sie sollen sich weiter zu uns legen oder hinüber auf die Sportbootseite, da noch ein weiterer Frachter angemeldet ist, der hier übernachten möchte und sie ihm den Platz wegnehmen. Die machen vielleicht ein Palaver daraus, da sie partout nicht von ihrem Platz weg wollen und meinen, wenn wir hier liegen dürfen, dann auch sie. Der Schleusenwärter erklärt, daß wir bereits vorher darum gebeten hatten, sie jedoch ohne zu fragen hier angelegt haben.

In der Zwischenzeit kommt auch schon ein Schubverband und ein Frachter aus der Schleuse. Als der Schubverband vorbei ist, sehen wir auch schon, daß der andere Frachter

mit stotternden Motor auf uns zu steuert. Da ich weder Lust habe mit der Besatzung der Motoryacht zu streiten, noch das Risiko einer Karambolage mit dem herankommenden, stotternden Frachter eingehen möchte, entscheide ich mich die Flußseite zu wechseln. Wir legen schnell ab, wenden und steuern das Schiff in einer großen Achterschleife vorbei an dem Frachter und dem Schubverband auf die andere Seite. Nachdem die "Goldfisch" sicher vertäut an einem kleinem Ponton, bei 2,50 Meter Wassertiefe liegt, wir an Land gehen und eine Zigarette rauchen, hat es die andere, fünfköpfige Crew endlich geschafft, ihr Boot um ganze zehn Meter zu verholen.
Da heute das Wetter den ganzen Tag nur schön war, ist es auch kein Problem ohne Versorgung an dem kleinen Ponton zu liegen. Bis spät abends gehen wir nur mit T-Shirts und kurzen Hosen bekleidet, die Gegend erkunden und entdecken einen hübschen See in der Nähe der Schleuse.
Die Besatzung des Motorbootes hat eine sehr unruhige Nacht, da der eine Frachter seinen Motor die ganze Zeit laufen läßt, wir hingegen verbringen eine angenehme, ruhige und vor der Berufsschiffahrt sichere Nacht.

Unerwartete Begegnung

Sa, 03.06.2000 / 35. Tag
Stehen um 6.00 Uhr auf, da wir um 7.00 Uhr schleusen wollen. Leider macht uns der Schleusenwärter einen Strich durch die Rechnung. Geschleust wird erst ab 8.30 Uhr. Dafür scheint wieder die Sonne und die Landschaft wirkt auch wieder hübscher.
Der Vormittag vergeht angenehm und wir gleiten langsam die Donau stromabwärts. In Gaishofen, einem Dorf in der Nähe von Passau angelangt, kommt uns Toni Müller in seinem Kanadier entgegen gerudert. Er kommt längsseits, klettert an Bord und nach einer überschwenglichen Begrüßung zeigt er uns einen Ankerplatz am linken Ufer. In der Nähe eines kleinen, einmündenden Baches, werfen wir den Anker. Endlich unser erstes Ankermanöver auf dieser Reise. In den Kanälen ist es verboten, am Rhein zu gefährlich und die letzten Tage auf der Donau hatten wir keine Möglichkeit dafür.
Nachdem eine Landleine ausgebracht ist und das Boot sicher vor Anker liegt, erscheinen immer mehr Menschen, die Toni eingeladen hatte. Es stellt sich heraus, daß es alles Segler sind, welche die Donau teilweise, oder auf ihrer ganzen Länge befahren hatten. Toni hatte für dieses Wochenende alle zum Erfahrungsaustausch und zum Feiern zusammengetrommelt. Es sind auch Weltumsegler und Bootsbauer dabei, sogar Australier, die gerade in Deutschland ihren Urlaub verbringen. Wir kennen zwar keinen Einzigen, sind aber sofort freundschaftlich aufgenommen. Abends gibt es ein großes Lagerfeuer und eine Party, die bis in die frühen Morgenstunden dauert. Es macht unheimlich viel Spaß, sich mit den

Gaishofen - erster Ankerplatz der Goldfisch

Seglern zu unterhalten und zu feiern. Dazu muß gesagt sein, daß wir Toni nur von einigen wenigen Telefonaten kennen. Im letzten Herbst bekamen wir seine Telefonnummer von einer Segelzeitschrift, für die wir von unserer "Euro-Tour" berichten. Er schickte uns ein Buch, welches er über die Donau schrieb, nachdem er sie mit seinem Boot bereist hatte. Kurz vor unserer Abfahrt aus Münster und vielleicht zweimal von der Donau hatten wir telefoniert. Und was tat er? Toni trommelte all diese Leute zusammen und organisierte diesen tollen Empfang mit anschließender Riesenparty. Lagerfeuer, Grill, Bier und all diese wunderbaren Dinge.

So, 04.06.2000 / 36. Tag

Ausgeschlafen und ausgenüchtert. Gestern hatten wir bereits nach dem Ankermanöver mit dem Biertrinken angefangen, bei etwa 30°C Temperatur. Auch heute ist das Wetter wieder wunderbar.

Am frühen mittag kommen Toni und Fritz vorbei. Auch Fritz hat die Donau bereits bereist, aber nicht mit einem Segel- oder Motorboot, sondern mit einer Zille. Über 2000 Kilometer von Passau bis nach Sulina am Schwarzen Meer, in einem kleinen, offenen Fischerboot!

Zusammen frühstücken wir in den nahen liegenden "Fischerstuben", einem Restaurant an der Donau, wo man erstklassigen, frischen Fisch bekommt. Hier können übrigens auch Boote mit weniger Tiefgang an dem Steg vor dem Lokal festmachen.

Nachmittags erscheinen wieder eingeladene Gäste von Toni, um uns kennenzulernen. Auch Katharina, die Freundin von Dörtes Bruder, kommt extra aus Regensburg vorbei. Sie hatte das Schiff vorher noch gar nicht gesehen, ist nun davon begeistert und beglückwünscht uns zur "Goldfisch". So machen wir uns mit vielen Leuten einen gemütlichen, sonnigen Sonntag an Deck der "Goldfisch". Abends wird dann in kleiner Runde wieder gegrillt.

Mo, 05.06.2000 / 37. Tag

Schon wieder ausgeschlafen. Wobei ausgeschlafen heißt, daß wir so gegen 9.00 Uhr wach werden. Bedingt auch dadurch, daß die vorbeifahrenden Fahrgastschiffe unsere "Goldfisch" ganz schön schaukeln lassen, aber weit genug davon vorbei fahren. Morgens um 11.00 Uhr messen wir auf dem Schiff 34°C, seit Samstag haben wir konstant schönes und warmes Sommerwetter. Gestern sind aber in Bayern mehrere schwere Gewitter niedergegangen, zum Glück haben sie unsere Ecke ausgelassen.

Dörte wagt es, bei diesen Temperaturen nach Schalding zu laufen, da wir unbedingt frisches Brot brauchen. In der Zwischenzeit reinige ich das Deck und als Dörte wieder zurückkehrt, ist ihr so heiß, daß sie tatsächlich zum Boot schwimmen will. Ich fahre mit dem Dinghi an Land, übernehme den Einkauf, warte aber, ob es Dörte wirklich wagt, bis zum Schiff zu schwimmen. Da die Wassertemperatur zu wünschen übrig läßt, erfrischt sie sich nur kurz und wir kehren gemeinsam mit dem Beiboot zurück. Aus Spaß an der Freud fahren wir dann eine gute Stunde mit dem Dinghi die Donau hoch und runter. Wie Kinder in einem Karussell, haben wir Spaß, durch die Wellen der Frachter oder Fahrgastschiffe zu schaukeln und von den über Bord kommenden Wellen angenehm erfrischt zu werden.

Insgesamt war dieses Wochenende wunderschön. Wir haben viele sehr nette Segler kennengelernt und werden garantiert noch einmal in diese Ecke kommen. Auch die Tatsache, daß Toni Müller alles organisiert hat, wobei wir uns erst hier kennen lernten, war grandios. Wenn wir nicht schon im Urlaub wären, würden wir sagen, dieses Wochenende war Erholung und Urlaub pur.

Di, 06.06.2000 / 38. Tag

Schweren Herzens verlassen wir diesen Ankerplatz. Das Boot lag in einer so angenehmen Umgebung und wir haben uns so wohl gefühlt, daß wir eigentlich gar nicht weiter wollen. Noch einmal vielen, vielen Dank an Toni, Fritz, Hermann, Klaus, Rupert und alle anderen, die uns besucht haben und uns zu einem unvergeßlichen Wochenende verhalfen.

Bis wir loskommen, dauert es noch eine Weile. Erst muß das Landseil eingeholt werden, dann das Beiboot wieder an die Davids gehängt, hochgezogen und verzurrt werden. Um 9.30 Uhr ist alles erledigt und weiter geht es.

Nach kurzer Zeit treffen wir auf die erste Schleuse, dürfen recht schnell alleine schleusen, und ohne anzuhalten fahren wir an Passau vorbei, da die Stadt anscheinend keine Sportbootfahrer mag. Es gibt keine Anleger, sondern nur eine Befestigungsmauer mit einigen wenigen Pollern, die sich direkt am Strom befindet und somit ist jeder dem Sog und Schwell der vorbeifahrenden Schiffahrt gnadenlos ausgesetzt.

Kurz hinter Passau liegt dann bereits Österreich am rechten Ufer. Das Gebäude für die Revision ist schon seit längeren nicht mehr besetzt, die Zollstationen sind aufgelöst.
Hinter der Schleuse Jochenstein sind wir nun ganz in Österreich. Der Fluß schlängelt sich durch eine sagenhafte Landschaft. Glücklicherweise können wir diese Landschaft noch bei Sonne genießen, denn als wir bei der letzten Schleuse des heutigen Tages auf die Schleusung warten, beginnt es zu regnen. Es hört erst gegen 20.00 Uhr so langsam auf.
Während des Anlegens im "Motor-Yacht-Club Kachlet" gießt es wie aus Eimern. Beide werden wir bis auf die Haut durchnäßt.
Der Hafen wirkt nicht nur unfreundlich, auch der Hafenmeister ist es. Sobald er die deutsche Flagge am Heck sieht, verzieht er das Gesicht zu einer Grimasse. Ich gebe mich wütend als Österreicher zu erkennen, so spricht der Hafenmeister wenigstens mit mir. Dörte wird dagegen völlig ignoriert, da sie die österreichische Sprache ja nicht versteht!
Es wirkt wie im Cartoon. Der ziemlich beleibte Hafenmeister steht bei strömenden Regen im Schlafmantel und Schirm an einem Steg und versucht uns widerwillig und ungeduldig einzuweisen und zu hetzen. Segelschiffe kennt er wahrscheinlich nur aus dem Fernsehen und ist verwundert, daß die "Goldfisch" kein Bugstrahlruder hat und ganze zwei Meter Wassertiefe benötigt. "So einen Tiefgang hat doch kein Boot!..." Nachdem ich zornig die fehlenden Klampen am Steg bemängle, verschwindet er wortlos.
Da wir keine Zeit haben, die Regenjacken überzuziehen, fädeln wir naß und frierend die Festmacher durch die losen Bodenbretter des Steges, sind stinksauer. An der Landseite des Steges befinden sich die Mülltonnen, zu welchen der Hafenmeister heute noch viele Male kommt und jedesmal versucht ins Innere der "Goldfisch" zu spähen.
Wer nicht muß, sollte diesen Hafen meiden und bis Linz weiterfahren.

Im Strudengang

Mi, 07.06.2000 / 39. Tag

Gegen Mittag sehen wir den ersten Ukrainer Schleppverband auf der Donau bergauf steuern. Ziemlich verrostet und stotternd kämpft er sich durch. Es muß also doch ein Durchkommen in Jugoslawien geben. Bleibt die Frage, wie es dieser Verband schaffte. Mir scheint, daß er zu große Abmessungen für den Bogojevo-Kanal aufweist, über den man die zerstörten Brücken in Novi Sad umfahren kann. Leider antwortet die Besatzung nicht auf meine Funksprüche.
Die Begegnung findet wieder einmal an Steuerbord statt, wobei hier zu erwähnen ist, daß die Frachter auf der Donau keine Blaue Tafel setzen, sondern nur ein weißes Blinklicht aktivieren um auf dieses Manöver hinzuweisen. In Wallsee werden wir zum zweiten Mal mit dem Fahrgastschiff "Amadeus" geschleust.

Einfahrt in die Wachau

Ein absoluter Höhepunkt der heutigen Fahrt ist das Flusstück zwischen Dornach (Donau-km 2084) , über Struden (Donau-km 2076), St.Nikola (Donau-km 2074) und Sarmingstein (Donau-km 2072). Hier befindet sich ein Engstück mit Stromgeschwindigkeiten bis cirka fünfzehn Stundenkilometer.

Bei Dornach halten wir uns am rechten Flußufer. Aus der Einmündung Altaubach, die sehr schlecht einzusehen ist, kommt plötzlich ein Fahrgastschiff rückwärts heraus, um dann stromaufwärts zu fahren. Somit müssen wir nach Backbord ausweichen, doch auch hier bekommen wir Gegenverkehr von einem Fahrgastschiff. Also zwischen den beiden Bergfahrern durch, um danach wieder am rechten Flußufer weiter zu steuern.

Doch hier in dieser Außenkurve beginnen die Stromschnellen. Die "Goldfisch" tanzt wie verrückt von einer Welle zur anderen. Wir erreichen ein Höllentempo und der Klüver kommt pausenlos unter die Wasseroberfläche. Tonnenweise ergießt sich Wasser über das Schiff. Da wir bergab fahren und kein Verkehr in Sicht kommt, ist es bis zu einem gewissen Grad eigentlich sehr lustig. Doch irgendwann muß jeder Spaß aufhören um nicht gefährlich zu werden. Also weg von der Strömung und in die Innenkurve. Hier ist die Strömung zwar auch noch sehr stark, aber ohne Stromschnellen.

Landschaftlich ein Traum. Die Donau schlängelt sich hier zwischen den hohen Bergen durch. Bei km 2077 bis km 2076 teil sich die Donau in den Strudenkanal und den Hößgang.

Wobei wir als Talfahrer durch den Hößgang steuern müssen. Die Ansteuerung ist etwas schwierig, da die Strömung in den Strudenkanal drückt, wir aber aus dieser Hauptströmung steuerbord ausfahren müssen. Bei dem verträumten St.Nikola beruhigt sich dann das Tempo. Auch so die Landschaft.
Abends treffen wir in Pöchlarn noch ein Mal Fritz, der extra von hier aus Österreich, zu unserem Empfang nach Gaishofen zu Tonis Party gekommen war. Machen uns dann einen schönen Bierabend mit original Wiener Burenwurst!
Da der Anleger des Bootsclub so einladend und auch niemand zugegen war, haben wir da einfach angelegt, sind über die Absperrung geklettert und mit Fritz in die nächste Kneipe gegangen. Nachts, leicht betrunken wieder über die Absperrung zurück, welche in der Zwischenzeit um einiges höher geworden sein muß.

Do, 08.06.2000 / 40. Tag

Den ganzen Tag nur sonniges Wetter mit wolkenlosem Himmel und Wien rückt immer näher. Bei den letzten beiden Schleusen vor Wien warten wir freiwillig länger auf die Schleusung, denn wir sollen jedes Mal mit extrem langen und doppelten Schubverbänden einfahren. Nach der Erklärung an den Schleusenmeister, warum wir lieber warten möchten, können wir dann bei beiden alleine schleusen.
Zwischen diesen beiden Staustufen erreichen wir bei Krems den Donaukilometer 2000. Eigentlich eine schöne runde Zahl, doch haben wir erst etwa 1500 Kilometer hinter uns gebracht, weniger als ein Drittel der gesamten Strecke. Also noch nicht unbedingt ein Grund um zu feiern.
Bei der letzten Staustufe, kurz vor Greifenstein, während wir auf die Schleusung warten, werden wir plötzlich in englisch angesprochen. Vor uns stehen zwei Radfahrer mit Anhänger. Nach einem kurzen Schwatz stellt sich heraus, daß dieses Ehepaar aus dem Norden Englands kommt und auf dem Weg nach Wien war. Sie sind in New Castle mit dem Rad losgefahren und wollen noch nach Budapest, Prag, Berlin, Hamburg und Amsterdam, bevor es zurück auf die Insel geht. Radelten neben dem Rhein, Main, dem Kanal und der Donau genau unsere Strecke. Wir laden sie zu uns aufs Boot nach Kuchelau, das nicht weit hinter dieser Schleuse liegt ein, doch leider werden wir sie nicht wieder sehen.
Obwohl wir für den Hafen Kuchelau angemeldet waren, dauert es eine Stunde bis wir einen Liegeplatz, dann jedoch im nächsten Hafenbecken, erhalten. Wo wir festmachen wollten dürfen wir nicht, also müssen wir in den kleinen Hafen ausweichen und liegen jetzt dort direkt in der Einfahrt im Strom und werden ständig hin und her geschüttelt.
Wenn die Wellen kommen, quietscht und knarrt der Steg, so daß wir immer das Gefühl haben, gleich reißen die Ringe am Steg aus und das Boot treibt ab. So wie auf den meisten Donauabschnitten, nimmt auch hier keiner der Motorbootfahrer Rücksicht. Ungebremst fahren alle in den Hafen und auch diejenigen, die den Hafen verlassen, geben schon hier drinnen Vollgas.

Unsere Freundin Eva ist unser Empfangskomitee hier in Wien. Nach dem Anlegen gönnen wir uns in dem Hafenrestaurant noch ein Bier und während wir dort sitzen und Neuigkeiten austauschen, sehen wir mal wieder die "Amadeus" vorbeifahren.

Wien - meine Geburtsstadt

Fr, 09.06.2000 / 41. Tag

Die Sonne brennt mit unglaublicher Kraft vom Himmel. Gegen Mittag kommt mein Freund Michael mit seiner Lebensgefährtin, um sich das Schiff anzusehen. Nach einem ausführlichen stundenlangen Plausch fahren wir dann mit den Beiden nach Wien. Leider sind sie heute etwas unter Zeitdruck, da sie sich am Abend auf den Weg in den Urlaub machen und noch so einiges vorbereiten müssen. Wir besuchen Eva und lassen uns von ihr kulinarisch verwöhnen.

Zurück im Hafen, stellen wir fest, daß die "Amadeus" nur zweihundert Meter entfernt, am Ufer der Donau festgemacht hat. Nichts wie hin, um uns beim Kapitän für die angenehmen Schleusungen zu bedanken. Leider ist er nicht an Bord, jedoch erfahren wir, daß wir ihn beim Heurigen im Kahlenbergerdorf finden können. Das sind nur knappe fünf Minuten zu Fuß.

Wir also in den "Heurigen" und dort finden wir tatsächlich Hermann, den Kapitän der "Amadeus". Den ganzen Abend unterhalten wir uns bei jeder Menge Wein. Es macht richtig Spaß, sich mit einem Kapitän zu unterhalten, für den es normal ist, sich Sportbooten gegenüber nett und freundlich zu verhalten.

Auf dem Weg zurück zur "Goldfisch", stürzt Dörte ziemlich hart auf den Asphalt. Als Folge des Weingenusses, und weil sie die Bordsteinkante nicht sieht, die ihr entgegen springt. Das Knie leicht aufgeschlagen und den Sturz mit der linken Hand abgefangen. Wir kugeln uns vor Lachen. Nach dem Sturz fühlt sie sich wieder nüchtern, während ich mich auf den plötzlich so aggressiv schwankenden Stegen zum Schiff vortaste.

Sa, 10.06.2000 / 42. Tag

Nach dem gestrigen Weingenuß ist es heute nicht ganz einfach aus der Koje zu kommen. Doch wir möchten auf jeden Fall zum Naschmarkt fahren, dieser fast einzigartigen Kombination aus Markt und Flohmarkt mitten in Wien. Da wir von hier eine optimale Verbindung in die Stadt haben, sind wir schnell mitten im Menschengewühl des Marktlebens.

Der Naschmarkt, eine Wiener Institution, liegt zentrumsnah und erstreckt sich mehrere Kilometer vom Schwarzenbergplatz über die Wienzeile. Hunderte Verkaufsstände bieten alle Köstlichkeiten der Welt. Die üblichen Lebensmittel, aber auch exotische Früchte, Gewürze,

Fleisch, Fisch und vieles mehr wird hier wie im Orient, lautstark angeboten. Zwischen den Ständen kleine Restaurants und Cafés. Französische, indische, chinesische, afrikanische, türkische, holländische, japanische, spanische und natürlich Wiener Spezialitäten lassen diesen Vormittag zu einem kulinarischen Fest werden.
Hinter dem Markt beginnt der Flohmarkt, wo bereits hunderte, wenn nicht tausende Menschen das Eine oder Andere an- und verkaufen. Mit einem Döner in der Hand zwängen wir uns durch die engen Gänge und sehen so einiges, das uns gefallen würde.
Die Temperatur steigt aber rapid an und so wird es mit der Zeit ziemlich anstrengend. Dazu kommt noch, daß Dörte ihre linke Hand nicht bewegen kann. Sie ist so geschwollen, daß sie nicht einmal ihre Ringe von den Fingern ziehen kann. Also beenden wir unseren Ausflug und kehren mit vielen, vollgefüllten Tüten zum Schiff zurück.
Wieder an der "Goldfisch" angekommen, klagt Dörte über größer werdende Schmerzen in ihrer Hand und so fahren wir nochmals zurück in die Stadt um sie im AKH untersuchen zu lassen. Dort wird die Hand geröntgt. Zum Glück ist sie aber nur geprellt und nichts gebrochen. Die Hand bekommt einen Verband und muß nun eine Woche ruhig gestellt und gekühlt werden.
Das AKH (Allgemeines Krankenhaus) ist das größte Krankenhaus in Wien und auch schon von weit außerhalb zu sehen. Zwei riesige Bettentürme ragen von hier in den Himmel.
Nachdem man das Haus betritt, hat man das Gefühl in einem Einkaufszentrum zu sein. Einige Supermärkte, Frisör, Kiosk, Bäcker u.s.w.. Man erkennt das Krankenhausleben erst, nachdem im Supermarkt die ersten Einkäufer in Schlafmänteln erscheinen.
Am Abend kommt Hermann, der Kapitän der "Amadeus" zu Besuch an Bord. Er möchte sich das Schiff ansehen, gibt uns dann noch Tips für die Reise auf der Donau und verbessert unser Kartenmaterial. Wir lassen es uns bei griechischen Spezialitäten vom Naschmarkt gut gehen und hören viele Geschichten über den Fluß.
Die "Amadeus" wird heute nacht ablegen und fährt nach Budapest. Mittwoch nacht ist sie wieder zurück, und dann sind wir eingeladen, uns dieses Schiff anzusehen.

So, 11.06.2000 / 43. Tag

Es ist unglaublich, morgens um 8.00 Uhr messen wir auch heute wieder mehr als 25°C. Es ist kaum auszuhalten an Bord, an Schlaf ist gar nicht zu denken. Nach dem Frühstück tun wir das, was man eben bei schönem Wetter so macht. In der Sonne liegen und lesen.
Später fahren wir nach Kagran an die "Copa Cagrana". Hier im Stadtteil "Kagran", gibt es an der neuen Donau und der Donauinsel viele Restaurants, Bars, Würstelbuden und Diskotheken. Alles was man braucht, um zu denken, man ist auf einer Hafenpromenade irgendwo weit im Süden.
Die neue Donau ist ein Zweitarm des Stromes und soll die Stadt vor Hochwasser schützen. Im Laufe der Zeit entwickelte sich hier ein wahres Freizeitparadies für die Bevölkerung und durch das schöne Wetter bedingt, ist heute natürlich halb Wien hier versammelt. Eine

unglaubliche Menschenmenge. Es tummeln sich Radfahrer, Inline-Skater und Fußgänger auf den Wegen und den Liegeflächen zur Donau hin.
Natürlich haben wir keine Badeutensilien dabei, um es den vielen Menschen nachzumachen und uns ins kühle Naß zu stürzen.
Nach vier Kilometer Fußmarsch lassen wir uns bei einem italienischen Lokal nieder, stillen unseren Durst und beobachten das Geschehen rund um uns. In einiger Entfernung sehen wir die Wahrzeichen Wiens, den Stephansdom, das Riesenrad und die Karlskirche.

Mo, 12.06.2000 / 44. Tag

Die Sonne scheint immer noch und die Temperaturen ändern sich nicht. Es ist immer noch zu warm um richtiges Sightseeing zu betreiben. Ist aber nicht schlimm, da wir beide Wien sehr gut kennen und dieser Aufenthalt fast ausschließlich unseren Freunden gilt. Nichts tun und sonnenbaden steht auf unserem Programm.
Langsam geht es mit Dörtes Hand auch wieder besser. Sie kann sie wieder bewegen und auch ist die Hand nicht mehr so stark geschwollen. Alles funktioniert zwar noch nicht wieder, Dörte ist aber auch nicht mehr so hilflos wie an den vergangenen Tagen.

Wien - Yachthafen Kuchelau, Wiedersehen mit Freunden

Nachmittags kommen dann Freunde aus Wien zur "Goldfisch" um sie zu bestaunen und uns wiederzusehen. Thomas, seine Frau Isabella und ihr gemeinsamer Sohn Sebastian. Eva, Annemarie, die "kleine" Annemarie, Freddy, Sandra, Monika und ihr Freund Hermann. Nachdem sich alle das Schiff ansehen, gehen wir gemeinsam zum Heurigen im Kahlenbergerdorf. Natürlich ist viel zu erzählen und bei ausgezeichneten Wein wird reichlich gefeiert. Es ist richtig toll, alle Freunde wieder zu treffen und gemeinsam mit ihnen an einem Tisch zu sitzen. Ein wunderschöner Tag, nicht nur vom Wetter her.

Di, 13.06.2000 / 45. Tag - Do, 15.06.2000 47. Tag

Wir haben in den letzten Tagen ganz schön geschludert und überhaupt nicht an unser Tagebuch gedacht. Heute ist der 15.06.2000 und ich weiß schon fast gar nicht mehr, was wir wann gemacht haben. Deshalb wird hier jetzt alles zusammengefaßt.

Wir haben uns noch oft mit dem Kapitän der "Amadeus" getroffen und auch dieses Prachtschiff besichtigt. Hermann zeigte uns natürlich zuerst die Kommandozentrale. Dieses kleine Schaltzentrum ist vielleicht gerade mal acht Quadratmeter groß. Von hier wird das Schiff gesteuert und alles kontrolliert. Der absolute Wahnsinn, wir auf dem kleinen Boot mit einem riesen Steuerrad und auf der großen "Amadeus" funktioniert alles per Joystick. Außerdem gab es eine Führung durch die offiziellen Räume. Nach der Bar und dem Restaurant kamen wir weiter in den Maschinenraum, die Küche, die Offiziersmesse und die Kabine des Kapitäns. Dort verkosteten wir einen sehr schmackhaften Schnaps, den Hermann von einer seiner vielen Reisen mitbrachte.

Desweiteren haben wir einen absoluten Freßtag in Wien veranstaltet. An einem Nachmittag fuhren wir in den Prater. Vorbei am Riesenrad und zahlreichen Achterbahnen, gab es hier gleich zu Beginn einen Langos. Aus Hefeteig hergestellt, fritiert, und mit Knoblauch bestrichen. Lecker! Dann ging es weiter zum "Schweizer Haus", einem Muß für jeden Wienbesucher. Rohscheiben (frische, hausgemachte Chips), Krautsalat mit viel Kümmel und frisch gezapftes Budweiser genossen wir in dem großen, schattigen Gastgarten. Später kam Eva dazu und wir aßen Reibeplätzchen, hier heißen sie Kartoffelpuffer. Danach mußte Dörte, am anderen Ende Wiens eine weitere Wiener Spezialität probieren: Tichy´s Eismarillenknödel. Doch nach dem ganzen süßen Zeugs brauchten wir noch etwas Herzhaftes. Also weiter und ab zum Heurigen. Ein Familienangehöriger von Eva betreibt einen solchen in Favoriten, am südlichen Stadtrand von Wien, den wir natürlich besuchen mußten. Dort angelangt, bekamen wir Grammlknödel mit Sauerkraut und haben logischerweise Wein aus der hauseigenen Produktion getrunken. Danach waren wir so voll gegessen, daß wir uns kaum bewegen konnten. Um 23.00 Uhr setzte uns dann Eva an der nächsten U-Bahn ab und da der letzte Zug gerade abgefahren war, sind wir in den nächsten Bus gestiegen, der nach Kuchelau fährt. Wir wußten zwar, daß er in die richtige Richtung fährt, aber nicht wo wir aussteigen sollten. Als wir dann an der "Amadeus" vorbeifuhren, haben wir auf den Halteknopf gedrückt, nur leider zu früh! Und so konnten wir dann noch gut zwei Kilometer durch die Dunkelheit laufen, bis wir an Bord waren. Wir hatten nicht berücksichtigt, daß die Straße etwas anders verläuft als die Donau. Aber nach der ganzen Völlerei war das in Ordnung.

In den nächsten Tagen haben wir das Schiff klar zum Auslaufen gemacht, denn wir wollten langsam mal wieder weiter fahren. Freddy besorgte uns noch einige Kanister um Diesel und Trinkwasser zu bunkern.

Den letzten Abend verbrachten wir noch ein Mal beim Heurigen in Kahlenbergerdorf. Dort verabschiedeten wir uns von den Kapitänen der "Amadeus" und "Amadeus II".

Auch wenn hier die Tage nicht detailliert aufgelistet sind, wir haben Wien genossen. Und es war schön, wieder mal hier zu sein und vor allen Dingen, unsere Freunde wieder zu sehen. Wer nach Wien fährt, sollte viel Zeit und viel Geld mitnehmen. Wien ist sehr interessant, doch auf die Dauer auch sehr teuer.

Richtung Osten

Fr, 16.06.2000 / 48. Tag

Wir wollen früh los, aber irgendwie klappt es nicht so ganz. Wir haben noch dringende Telefongespräche zu führen, müssen aber bis 8.30 Uhr warten, denn vorher hat keine der Behörden geöffnet. Erst gegen Mittag ist alles erledigt und wir können ablegen. Unter anderem haben wir uns wegen der Ausgangsrevision erkundigt. In Hainburg wäre es ziemlich schwierig, da die dortige Strömungen und das Kehrwasser für die "Goldfisch" eindeutig zu gefährlich ist. Nachdem wir den Beamten das Problem mit dem Langkiel erklären, geben sie uns die Genehmigung, die Grenzformalitäten noch in Wien bei der Reichsbrücke zu erledigen, wobei dort normalerweise nur Berufsschiffe abgefertigt werden. Der erste Anlegeversuch muß abgebrochen werden, da sich ein Passagierschiff nähert, welches diesen Platz für sich beansprucht. Drei Beamte stehen bereits am Kai, erwarten uns und nachdem wir angelegt haben, kommen sie an Bord, sehen sich nur kurz unsere Papiere an und stempeln alles ab. Damit hat sich die ganze Sache.
Bei prächtigen Reisewetter geht es dann wieder weiter. Die Schleuse Freudenau ist schnell genommen und die Donau wird langsam breiter. Die Bäume stehen im Wasser, einige einsame Inseln sind links und rechts zu sehen. Eine schöne Strecke kommt uns entgegen. Die Zollstation zum Einklarieren in die Slowakei ist schwer zu finden, wir fahren fast daran vorbei, wenden und müssen gegen die starke Strömung kämpfen. Eine kleine Baracke, ein kleines Zollschild und ein kleiner Ponton. Wegen der extrem starken Strömung haben wir ziemliche Probleme dort anzulegen. Aber beim zweiten Versuch funktioniert es. Ich gehe mit allen Papieren zur Baracke und nach nichtmal fünf Minuten bin ich zurück an Bord. Ohne Dörte persönlich gesehen zu haben, wurde ihr Paß abgestempelt. Danach brauchen wir nur noch eine halbe Stunde zu fahren und erreichen dann Bratislava.
Wir manövrieren uns in die backbord liegende Hafeneinfahrt und sind dann ein wenig geschockt von den zahlreichen Steganlagen. Wir hatten in Wien den Tip bekommen, bei "Milan" anzulegen, sehen aber zu viele Möglichkeiten. Und nirgends irgendwelche Hinweisschilder. Also langsam durch das Hafenbecken.

Abseits der Donau

Kurz vor dem Ende des Beckens stehen Leute, die uns heranwinken. Eine Anlage an der rechten Seite mit einem langen Gästesteg. Doch als wir darauf zusteuern, ruft uns von der anderen Seite ein Wiener zu, daß der Steg Milans dort wäre, wo er jetzt steht. In letzter Minute wenden, um dann dort, vor dem Restaurant anzulegen.

Das Schild hatten wir nicht gesehen, da genau an dieser Stelle eine große Motoryacht festgemacht hat. Und die Leute von der anderen Anlage wollten mit uns nur neue Kundschaft gewinnen. Der Steg, an dem wir anlegen, ist eindeutig zu kurz für die "Goldfisch". Doch nachdem wir den liegenden Mast ins Restaurant ragen lassen, und die "Goldfisch" mit zahlreichen Leinen gesichert ist, werden wir richtig familiär aufgenommen. Ein entzückendes, kleines, schwimmendes Restaurant mit einigen Stegen für Gäste.

Abends bekommen wir Besuch von Vladimir, einem alten Freund, der hier in Bratislava lebt. Leider hat er nur kurz Zeit, aber er kommt morgen noch mal vorbei um mit uns einkaufen zu fahren.

Sa, 17.06.2000 / 49. Tag

Vladimir kommt am späten Vormittag und auf geht es in die Stadt zum Baumarkt und den Supermärkten. Bratislava hat alle Güter des Westens aber nicht unbedingt die Preise. Doch sind die westlichen Produkte für die Slowaken immer noch verhältnismäßig teuer. Wesentlich günstiger die Dinge für das tägliche Leben, woraufhin wir erstmal wieder

ordentlich bunkern, damit wir mit den Grundnahrungsmitteln bis zum Schwarzen Meer kommen. Auch besorgen wir uns zehn Stangen Zigaretten, die uns als Tauschmittel für die Strecke von Jugoslawien bis zum Meer dienen sollen.
Nach der Einkauferei, als wir wieder am Schiff sind, genießen wir alle zusammen die gute Küche Milan's. Die Einkaufstüten hatten wir vorher nur auf das Deck der "Goldfisch" gestellt.
Als wir dann später die Tüten unter Deck auspacken wollen, stellen wir mit großen Schrecken fest, daß in der Pantry, der Vorderkabine und der Toilette Wasser steht. Mehr als fünf Zentimeter hoch steht das Wasser. Ich reiße sofort die Klappe des Motorraumes hoch und sehe glücklicherweise sofort, daß ein Schlauch am Seeventil defekt ist. Dort sprudelt das Wasser heraus und hinein ins Bootsinnere. Dabei stelle ich auch fest, daß wir vergessen hatten das Seeventil zu schließen.
Sofort eilt uns Milan mit einer elektrischen Feuerwehrpumpe zu Hilfe. Gute 1,5 Stunden läuft diese Pumpe bis das Boot wieder leer ist. Schätzungsweise 15.000 Liter Wasser waren in das Schiff gelangt. Nachdem das Wasser endlich abgepumpt ist, hebt sich das Schiff nun um zehn Zentimeter aus dem Wasser, so tief hat es schon gelegen. Ein absoluter Wahnsinn, denn die Wassertiefe beträgt hier im Hafenbecken fünf Meter. Das Schiff hätte ohne Weiteres sinken können. Glücklicherweise spielt auch das Wetter mit, so daß das ganze Holz inzwischen wieder trocken ist.
Nach der ersten Schrecksekunde, können wir jetzt schon beide über die ganze Sache lachen. Und vielen Dank an Milan, der uns seine elektrische Pumpe geliehen hat. Hätten wir mit der Hand pumpen müssen, wäre es eine lange Nacht geworden.

So, 18.06.2000 / 50. Tag

Da ich keinen Reserveschlauch mitführe, kürze ich den defekten und organisiere danach Diesel. Kaum zu glauben - im Wasserschlauch war kurz nach dem Ventil ein Riß von nur knappen fünf Millimeter Länge. Durch diesen Riß drangen in sieben Stunden fast 15.000 Liter Wasser. Ich möchte nicht wissen, was passiert wäre, wenn dieser Schlauch "richtig" geplatzt wäre!
Heute haben wir durchgerechnet, wie lange Dörte noch Urlaub hat und wie lange es dauert, bis wir in die Nähe von Bukarest kommen, der ersten Abflugmöglichkeit nach Jugoslawien. Dabei stellen wir mit Erschrecken fest, daß die Zeit schon viel zu schnell vergangen ist. Wenn nicht alles glatt läuft und wir unseren Schnitt von hundert Kilometer pro Tag nicht schaffen, erreichen wir nicht rechtzeitig diesen Flughafen. Und in Jugoslawien an Land gehen, nein danke! Auf dieser ersten Etappe hat Dörte "nur" 2,5 Monate Urlaub. Nach langem Überlegen, Rechnen und diversen Anrufen sieht es nun folgendermaßen aus: Dörte wird am 23.Juni mit dem Zug von Bratislava über Wien nach Münster zurückkehren. Fliegen ist zu teuer. Am 05.07.2000 kommt mein Freund Kagan mit Dörtes Rückfahrticket statt wie geplant von Münster nach Bukarest, sondern hierher nach Bratislava.

Ich habe mit Milan einen guten Preis für den Liegeplatz ausgehandelt, so daß ich hier in Ruhe auf die Ablösung warten kann.
Ich kann noch gar nicht glauben, daß unsere gemeinsame Reise dann zu Ende geht. Es war schön, aufregend, interessant und obwohl wir nicht wußten, worauf wir uns einlassen, haben wir alle Probleme gemeistert und sind ohne größere Schäden bis hierher in die Slowakei gekommen. Haben uns gegen die Strömung des Rheins hochgekämpft, weit über 50 Schleusen geschafft und einen langen Teil der Donau bereist. Haben viele Ortschaften gesehen und neue Freunde gewonnen, uns in der Sonne geaalt und uns über die Motorbootfahrer oder den Regen geärgert. Viele gemeinsame Erlebnisse prägen unsere Fahrt bis hierher nach Bratislava. Wunderbare Erinnerungen nehmen wir davon mit und freuen uns auch schon auf unseren nächsten, gemeinsamen Abschnitt. Danach lassen wir es gemütlich angehen und genießen den Tag.

Mo, 19.06.2000 / 51. Tag

Heute ist den ganzen Tag nur durchhängen und faulenzen angesagt. Für alles andere ist es einfach zu heiß. So wie in den letzten Tagen haben wir auch heute Vormittag bereits 36°C im Schatten!!! Wir legen einfach einen "Urlaubstag" ein und genießen das Nichtstun. Lesen, essen, trinken, schlafen und sonst gar nichts.

Slowakische Wochenendhäuser

Di, 20.06.2000 / 52. Tag

Eigentlich wollten wir den heutigen Tag genauso gestalten wie den Gestrigen. Aber als wir es uns bei Milan mit einer Cola bequem machen, werden wir von einem Ehepaar aus Wien zu einem Ausflug mit ihrem Motorboot eingeladen.

Wir hatten Brigitte und Peter gestern kennen gelernt. Wie viele Andere, erzählten auch sie von einem naturbelassenen See, der nur einige Kilometer stromab liegt und durch eine schmale Einfahrt von der Donau zu erreichen ist. Aber da die Einfahrt zu diesem See weniger als zwei Meter Wassertiefe hat, ist er für die "Goldfisch" uninteressant. Natürlich nehmen wir diese Einladung mit Freude an.

Urlaub im Urlaub

Nach neun Kilometern liegt die Einfahrt an der rechten Flußseite so sehr versteckt, daß wenn ich sie suchen müßte, würde ich glatt daran vorbei fahren. Zwischen Hunderten aus dem Wasser ragenden Baumstämmen navigiert sich Peter durch diesen Dschungel, der buchstäblich im Wasser steht. Ein unbeschreibliches Gefühl. Auenlandschaft soweit das Auge reicht. Wie in einer anderen Welt. Nach einigen hundert Metern Fahrt, kreuz und quer vorbei an den Hindernissen, liegen dann verträumte Hausboote am linken Ufer eines natürlichen Kanals, von dem sich dann nach rechts ein großer See ausbreitet. Vor dessen Einfahrt liegen ein uralter Frachter und zwei ebenso alte Schaufelraddampfer vor Anker. Keine Ahnung wie die dahin kamen. Auf jeden Fall vor langer Zeit, da es mittlerweile keine Einfahrt mehr gibt, die breit und tief genug wäre. Faszinierend!

Der See selbst gleicht einem wahren Paradies. Glasklares Wasser in dem wir die Fische am Grund schwimmen sehen, umsäumt von Schilf und Wäldern. Die Wassertemperatur beträgt 24°C. In dieser zauberhaften Umgebung verstreicht der Tag ungemein schnell. Kurz vor Sonnenuntergang verlassen wir schweren Herzens diesen wunderschönen Ort, um in den Hafen zurück zufahren. Auf dem Weg dorthin sehen wir noch ungefähr 30 Frachter, wie auf einer Leine aufgefädelt, vor Anker liegen.
Als wir im Hafen ankommen wird zuerst die "Goldfisch" verlegt. Da die Stege bei Milan für Motorboote gebaut wurden, die eigentlich alle kürzer sind als die "Goldfisch", bin ich nicht besonders glücklich darüber, daß der Steg nicht einmal bis zur Schiffsmitte reicht. Wir mußten jedes Mal vom Steg aus über die Reling auf den Bug klettern, um an Bord zu gelangen. Außerdem ragt das Schiff mit dem Steuerstand, dem gesamten Heck und dem Beiboot hinaus in die Einfahrt. An der Seite des Buges beginnt sofort Milans Terrasse, von der aus wir andauernd von Gästen beobachtet und angesprochen werden. Und ich habe keine Lust, unsere Reise zigmal am Tag zu erzählen und von den Gästen pausenlos beobachtet zu werden.
Aus diesen Gründen wird nun die "Goldfisch" zum Nachbarponton verlegt, welcher auch zu Milans Treff gehört. Hier liegen jedoch keine Boote, da alle direkt vor der Terrasse des Restaurants festmachen. Die drei Stege sind hier länger und der Ponton gleicht einer riesigen Terrasse. Strom und Wasser ist hier aber ebenso vorhanden, nur der Weg zur Dusche und Toilette ist etwas länger, da man über den Landweg rundherum zu Milan gehen muß. Aber das stört uns überhaupt nicht, da wir hier ruhig, allein und ungestört liegen. Außerdem gibt es einen eigenen Zugang, den ich absperren kann. Eigentlich der beste Liegeplatz, den wir auf unserer ganzen Reise bisher hatten. Am Abend kommen dann Peter und Brigitte mit zwei Flaschen Sekt zu uns an Bord. Gegen 01.00 Früh sinken wir dann etwas betrunken in die Koje.

Mi, 21.06.2000 / 53. Tag

Auch heute sind wir wieder mit Brigitte und Peter auf dem See. Dieses Mal gehe auch ich schwimmen. Die Temperatur im Schatten beträgt 38°C! Die Beiden bieten Dörte an, sie mit dem Boot morgen bis Wien mitzunehmen. Somit würde sie sich die anstrengende Zugfahrt bei dieser Hitze ersparen und hätte auch angenehme Begleitung. Natürlich sagt Dörte zu. Am Abend gibt es wieder Sekt an Bord, zum Abschied.

Allein

Do, 22.06.2000 / 54. Tag

Tag des Abschiednehmens. Am Morgen packt Dörte die Dinge, die sie von Bord nach Münster mitnehmen will. Die Stunden danach gestalten sich natürlich ziemlich traurig, da unsere gemeinsame Zeit an Bord der "Goldfisch" vorerst beendet ist. Nach fast acht Wochen gemeinsamen Erlebnissen und Abenteuern auf 1600 Kilometern endet somit der erste gemeinsame Abschnitt unserer Euro-Tour in Bratislava. Eine Zeit gefüllt mit Ängsten, Überwindungen, Pannen, Reparaturen, aber auch geprägt durch wunderschöne Landschaften, zahlreichen Bekanntschaften, Partys, und ausgelassener oder romantischer Stimmung zu zweit an Bord.

Acht intensive Wochen, von denen ich behaupten kann, die schönsten in meinem Leben zu sein. Es werden bestimmt noch viele schöne, interessante und angenehme dazu kommen, jedoch war diese Zeit etwas ganz Besonderes, da es der Anfang eines Traumes war, den ich mein ganzes Leben träumte. Dörte, ich danke dir dafür. Und auch dafür, daß du diesen - meinen Traum nicht nur akzeptiertest, sondern auch mitgeträumt und mitgelebt hast. Von dem Augenblick an, als ich die "Goldfisch" kaufte, bei der Renovierung, bis hierher in die Slowakei.

Aber es ist nur ein Abschied für kurze Zeit. Kagan kommt als Ablösung bis spätesten fünften Juli nach Bratislava. Mit ihm und Attila, der in Rumänien zusteigt, geht die Reise Richtung Griechenland. Dort bleibt die "Goldfisch" zur Winterruhe und ich fliege nach Deutschland zurück, um die Vorbereitungen für den zweiten Teil der Reise zu treffen. Ab April 2001 sind dann Dörte und ich wieder gemeinsam unterwegs um neue Länder, Kulturen und Menschen kennen zu lernen. Und um neue Abenteuer zu bestehen.

Gegen Mittag sitzen wir dann noch zu viert bei Milan um unseren Durst zu stillen. Danach heißt es dann Abschied nehmen. Irgendwann ist es dann soweit, und als das Motorboot mit Dörte, Brigitte und Peter langsam aus dem Hafen in die Donau verschwindet, verspüre ich ein sehr seltsames Gefühl in der Magengegend.

Jetzt muß ich die nächsten zwei Wochen irgendwie überbrücken. Ich werde einfach all die Arbeiten erledigen, für die ich bisher keine Zeit hatte, oder mir nicht nahm. An diesem Tag konnte ich jedoch nichts Vernünftiges tun. Sitze nur so herum und erinnere mich an vieles was wir erlebt haben. Das aufzuzählen wäre sinnlos, da ich mich nur wiederholen würde. All unsere Erlebnisse habe ich schon auf den vorhergehenden Seiten verewigt.

Fr, 23.06.2000 / 55. Tag

Ein sehr seltsames Gefühl, allein aufzuwachen und Kaffee zu trinken. Obwohl ich ein absoluter Morgenmuffel bin, der erst nach der dritten Tasse Kaffee seinen Mund zum Gutenmorgengruß öffnet, ist es ein sehr dummes Gefühl, plötzlich so allein mit sich selbst zu sein. In den letzten acht Wochen waren Dörte und ich doch jeden Tag 24 Stunden zusammen. Waren ein eingespieltes Team. Und jetzt dieses Loch!

Ich beschließe, mich zu beschäftigen. Als erstes werde ich mir alle möglichen Ankerplätze auf der Donau aus den Karten suchen und notieren.

Doch als ich die Donauhandbücher herauskramen möchte, stelle ich mit Schreck fest, daß wir, nachdem das Boot unter Wasser stand, alles trocken gelegt und gereinigt hatten, außer

Bratislava - Milan's Treff, ein Muss für jeden Donau-Reisenden

den Schrank mit den Segelzeitschriften, diversen Ersatzteilkatalogen und dem gesamten Kartenmaterial von der Donau. Alles ist feucht und zusammengeklebt. Zuerst mal alles raus. Versuche die zusammengeklebten Seiten der Bücher und Zeitschriften zu trennen und breite dann alles auf den Stegen zum Trocknen aus.

Am Nachmittag legen zwei Boote aus Österreich an den Nachbarstegen an. Irgendwann kommt dann ein Mitglied der Besatzung zu mir und fragt, wieviel wohl diese Zeitschriften kosten würden. Der dachte doch tatsächlich, das wäre ein slowakischer Verkaufsstand. Zuerst denke ich, er will mich veräppeln. Aber er meint es ernst. Nachdem ich ihm erkläre warum alles am Steg liegt, wird er hochrot im Gesicht und verschwindet.
Später beginne ich Moskitonetze bei den Türen und Luken anzubringen und reinige danach das Deck. Doch es kommt plötzlich Sturm auf und ich muß schnellstens alles vom Steg ins Boot räumen, damit nichts vom Wind ins Hafenbecken befördert wird. Und das war gut so, denn innerhalb einer Stunde verdunkelt sich der Himmel und es beginnt zu regnen. Das hätte mir noch gefehlt. Alles einigermaßen trocken und dann wieder klatschnaß. Doch ich schaffe es zeitgerecht. Ich montiere noch eine provisorische Antenne für das Radio und lasse dann den Tag bei Milan ausklingen.

Sa, 24.06.2000 / 56. Tag

In der Nacht hatte es ziemlich abgekühlt. Am Morgen scheint zwar für kurze Zeit die Sonne, verschwindet dann aber wieder hinter den Wolken und Mittag ist die Temperatur bei 22°C angelangt. Ziemlicher Temperatursturz seit Vorgestern. Nach der Hitze der vergangenen Tage empfinde ich diese Temperatur als ziemlich kalt und friere sogar.

Beginne Klarschiff zu machen. Als ich mit dieser Gesamtreinigung fertig bin und zu Milan gehen will, werde ich vom nächsten Ponton aus in gebrochenen Deutsch angesprochen. Von Josef und Sonja, die ihren Urlaub auf diesen, ihrem "Hausboot" verbringen. Nach kurzem Small Talk von einem Ponton zum anderen, meint Josef, ich solle doch hinüber kommen. Über den wackeligen Steg dort angelangt, bekomme ich sofort selbstgemachten Wein zu trinken und unser Gespräch vertieft sich.

Die Beiden verbringen jeden freien Tag und ihren Urlaub hier an Bord. Dieses Hausboot hatte Josef vor über zehn Jahren selbst gebaut und seitdem genießen sie hier die Ruhe. Josef bereitet mit voller Hingebung Kesselgulasch vor, und mein Glas wird pausenlos aufgefüllt. Nach dem fünften Glas Wein, und das zu Mittag, bin ich dann ziemlich benebelt und verabschiede mich um mich aufs Ohr zu legen.

Nach ein paar Stunden höre Josef wieder rufen, ich solle doch zum Essen kommen. Also, dieses Kesselgulasch ist ein Traum. Nicht nur da es herrlich schmeckt, es bringt mich auch wieder auf Vordermann. Dazu trinken wir Raki, den ich von Bord der "Goldfisch" mitbrachte. Wir verständigen uns mit Händen und Füßen. Josef zeigt mir voller Stolz das Innere seines Hausbootes, seine Zille - mit der er zum Fischen hinausfährt und den Fisch den er gestern gefangen hat. Eine Barbe, die jetzt in einer Waschmaschinentrommel unter Wasser drauf wartet verspeist zu werden. Ein großes Netz hängt an der Querseite unter dem Dach, um auch hier unter dem Haus zu fischen. Ein wunderbarer Spätnachmittag.

Mit vollem Magen und wieder etwas beschwipst stolpere ich an Bord der "Goldfisch" und gehe sofort wieder schlafen. Nachdem ich dann später mit Dörte telefoniere, bin ich noch kurze Zeit bei Milan.

Auf der anderen Hafenseite wird an einer Steganlage gefeiert. Eine Band spielt Hits aus den Siebzigern und danach wird ein Feuerwerk gezündet, welches den gesamten Hafen in allen Farben wunderbar beleuchtet.

So, 25.06.2000 / 57. Tag

Regen weckt mich aus meinen Träumen. Der Himmel ist bedeckt und es gießt wie aus Eimern. 12°C, sofort die Heizung aktivieren. Von einer Dachluke tropft es auf den Eßtisch, habe ich ganz vergessen abzudichten. Wenn sich das Wetter wieder bessert, muß ich das sofort nachholen.

Nachdem der Wasserstand der Donau in den letzten Tagen um mehr als einen Meter gefallen ist, zeigt das Echolot nun wieder eine akzeptable Tiefe. Ich hatte mir schon Gedanken darüber gemacht, ob eine Weiterreise überhaupt möglich ist, wenn der Wasserstand weiter fällt. Aber aus den Nachrichten entnehme ich, daß es überall oberhalb an der Donau genug geregnet hat.

Nachdem die Donaukarten vorgestern getrocknet waren, kann ich mich heute ausführlich damit beschäftigen und zeichne mehrere mögliche Ankerplätze für die nächsten Reiseabschnitte ein. Für den Rest des Tages ist lesen, faulenzen und schlafen angesagt, da das Wetter nichts anderes zuläßt.

Am späten Nachmittag klopft es an der Kajüte und Igor kommt zu Besuch. Er ist der Besitzer eines 60 Jahre alten Motorbootes, welches an der anderen Hafenseite liegt. Er bewunderte schon seit einigen Tagen die "Goldfisch" und möchte sie sich einmal aus der Nähe ansehen. Natürlich zeige ich ihm das ganze Schiff und beantworte ihm all seine Fragen. Wir unterhalten uns in einer Mischung aus drei Sprachen und später darf ich mir dann natürlich auch sein Schiff ansehen. Ein wahrer Traum aus Mahagoni und Messing. Jedes kleine Detail ein Original. Und so wie ich, hat auch er alles selbst restauriert.

Langsam habe ich das Gefühl, hier wesentlich besser akzeptiert zu werden, als all die anderen westlichen Motorbootfahrer mit ihren weißen, neuen, schnellen und teuren Flitzern.

Mo, 26.6.2000 / 58. Tag

Erwache schon um 05.30 Uhr, und beschließe deshalb in die Stadt zu fahren. Nach dem typischen Morgenritual des eimerweisen Kaffeetrinkens mache ich mich auf den Weg der Bus-Suche.

Nach vier Kilometern, vorbei an dem Hafen mit seinen mächtigen Industrieanlagen finde ich dann auch den Busbahnhof in der Nähe einer Arbeitersiedlung. Glücklicherweise heißt Zentrum in fast jeder Sprache ebenso Zentrum, und so finde ich nach einiger Zeit auch die richtige von ungefähr 15 Linien die von hier abfahren. Die Tickets muß man vor Antritt der Reise kaufen. Bei einem Zigarettenladen oder am Automat. Sechzig Kronen kostet die zwanzig minütige Fahrt bis in die Stadt(60 Kronen = 30 Pfennig).

Anscheinend habe ich die rush-hour erwischt, denn ich stehe verkrampft in einem eindeutig überfüllten Bus und schnappe nach Luft. Die Straßen sind in einem sehr schlechten Zustand, und so holpert der Bus durch die Gegend. Möchte jemand aussteigen, müssen viele Leute nach draußen um Platz zu machen.

Der Bus hält nach dieser abenteuerlichen Fahrt an einer Stelle, die gar nicht an Zentrum erinnert. Aber nach ein paar Straßenzügen und oftmaligem Nachfragen, komme ich an die gleiche Stelle wie vor einigen Tagen mit Dörte und Vladimir.

Zuerst genehmige ich mir ein Frühstück und danach mache ich mich auf die Suche nach Kultur und Geschichte. Und die finde ich hier auch im Übermaß.

Wenn man sich ein wenig orientiert hat, findet man sich dann sehr einfach zurecht. Durch zahlreiche enge, immer verwinkelter werdende Straßen laufe ich durch die ganze Stadt. Viele hübsche Häuser und alte, gepflegte Hofanlagen entdecke ich auf meinem Weg. Einige Male gelange ich an Stellen, an denen ich schon vorher einmal war. Aber das entmutigt

Kunst und Humor in Bratislava

mich überhaupt nicht, sondern läßt mich immer wieder aufs Neue neugierig werden, wo ich denn als nächstes hinkomme. Diese alten Häuser sind alle wunderschön renoviert und strahlen in altem Glanz. Zeitweise habe ich das Gefühl, um hunderte Jahre zurück versetzt zu sein. Die Realität holt mich nur in Form der zahlreichen Läden ein.
Vorbei an der alten Stadtmauer und vielen Kirchen komme ich später in ein Kneipenviertel, wo überall blumengeschmückte Gastgärten zur Pause verführen. Da es mittlerweile bereits Mittag ist und es ziemlich warm wird, beschließe ich, mir ein Bier zu genehmigen. Obwohl es überall ausländisches Bier gibt, sollte man trotzdem das Slowakische probieren. Echt lecker.
Später genieße ich noch, man höre und staune, heiße Maroni. Mitten im Sommer. Eine Riesentüte für umgerechnet zehn Pfennig.
Irgendwo komme ich an einem geöffneten Kanaldeckel vorbei, aus dem ein metallener Arbeiter mit Helm heraus schaut. Das wirkt so echt, daß ich erst beim zweiten Hinsehen bemerke, es handelt sich hierbei um ein Stück Kunst aus Bronze. Sehenswert, doch leider habe ich keine Fotos mehr übrig, um das zu fotografieren. Und nirgends entdecke ich einen Laden der "Advantix"-Filme führt. Echt schade.
Gehe dann noch ins Stadtmuseum, welches ebenfalls sehenswert ist, und nach nochmaligen Essen und Einkaufen mache ich mich auf den Rückweg, da es mittlerweile schon 17.00 Uhr ist.
Der Weg vom Busbahnhof zum Hafen wird immer länger und als ich endlich an Bord bin, habe ich an beiden Füßen Blasen von dem heutigen Marsch.

Di, 27.06.2000 / 59. Tag

Da mir der gestrige Tag so sehr gefiel, mußte ich heute noch einmal in die Stadt. Hätte ich aber lieber bleiben lassen sollen, denn die Blasen an den Fersen reißen auf und brennen wie verrückt. Deswegen ist das "Sightseeing" heute nicht so richtig angenehm. Ich besorge mir noch Angelzubehör für die Donau und mache mich barfuß auf den Rückweg. In meine geöffneten Blasen kommt natürlich ziemlich viel Schmutz, den ich dann an Bord mühsam entfernen muß.

Gegen Abend kommt noch einmal Igor mit seiner Tochter zu mir an Bord, um auch ihr die "Goldfisch" zu zeigen. Wir trinken Kaffee und philosophieren über die Donau. Er erzählt auch, daß er gerne die Strecke, die ich hinter mir habe, und dann weiter bis nach Berlin, fahren möchte. Und als ich ihm anbiete, er könne sich mein gesamtes Kartenmaterial bis hoch nach Münster kopieren, weiter habe ich es selbst nicht, verfällt er in einen absoluten Freudenrausch. Hier ist dieses Kartenmaterial sehr schwer zu bekommen und wenn überhaupt, dann ziemlich teuer.

Wir verabreden uns für Samstag. Dann machen wir dann zusammen einen Ausflug mit seinem wunderschönen Motorboot. Und darauf freue ich mich ganz besonders.

Mi, 28.06.2000 / 60. Tag

Die Sonne scheint wieder den ganzen Tag. Eine gute Gelegenheit um einige Arbeiten durchzuführen. Zuerst zerlege ich am Steg die defekten Bilgenpumpen, reinige und prüfe sie, um nach dem Wiedereinbau festzustellen, daß sie noch immer defekt sind. Von oben bis unten verschmutzt, sehe ich, daß diese Arbeit völlig sinnlos war. Also das Nächste. Das Steuerrad ist ziemlich verschmutzt, da es falsch lackiert war und muß gereinigt werden. Habe ich mir auch einfacher vorgestellt. Fast fünf Stunden benötige ich für diese Arbeit, aber dafür sieht es jetzt wie neu aus.

Als Abendessen lasse ich mir heute etwas ganz "Besonderes" einfallen. Gekochte Kartoffel mit Kümmel und Salz. Habe einfach keine Lust auch noch in der Küche zu arbeiten.

Do, 29.06.2000 / 61. Tag

Tja, es kommt immer anders als man denkt. Als ich mich morgens duschen will, kommt Stephan, ein Freund von Milan, um an die Wasserleitung des Pontons einen Anschluß für meinen Wasserschlauch zu montieren. Das dauert natürlich, da keines seiner Werkzeuge funktioniert und ich ihm meines überlasse.

Danach "muß" ich mit ihm mitfahren, damit er mich mit noch jemand anderen bekannt macht. Eigentlich hätten wir auch gehen können, da wir nur auf die andere Hafenseite fahren, um dann dort das Auto zu parken. Wir gehen zur "ISABELLA". Das ist ein über 20 Meter langes, uraltes Motorschiff, welches ich schon am Tag unserer Ankunft hier im Hafen bewunderte. Ein Stahlschiff mit einem riesigen Schornstein. Äußerlich stark renovierungsbedürftig, aber mit dem gewissen Charme, der mich bei vielen alten Dingen anzieht.

Und der Besitzer heißt auch Stephan. Sofort ist das erste Bier am Tisch und bald folgt das Zweite und Dritte. Dazu Cognac! Und das alles am Vormittag. Stephan zeigt mir dann auch selbstverständlich sein Schiff, worauf er sichtlich stolz ist. Aus gutem Grund. Platz wie auf einem Ausflugsdampfer. Einfach unglaublich. Der Salon ist bereits so groß wie die ganze "Goldfisch". Dann eine riesige Pantry mit Durchreiche ans Deck. Eine Kapitänskabine, in der man tanzen könnte. Dazu Kabinen für zehn Personen. Und hier unter Deck ist alles liebevoll mit Holz ausgebaut. Beim Anblick dieses Schiffes kommt jeder ins träumen.
Da ich es einfach nicht gewohnt bin, vormittags zu trinken und mein Gleichgewichtssinn langsam verschwindet, verabschiede ich mich, um schlafen zu gehen. Vorher bekomme ich noch einen Weltempfänger von Stephan geschenkt, den er aus seiner Werkstatt herauskramt, da er von Milan wußte, daß ich keinen besitze. Auch alles andere über mich, die "Goldfisch" und meine Reise wußte er schon bevor ich zu Besuch kam. Die Leute hier sind einfach unglaublich.
Nachdem ich dann den Nachmittag verschlafe, bin ich noch kurz bei Milan, gehe aber bald wieder, um nach diesem "anstrengenden" Tag ins Bett zu kommen.

Fr, 30.06.2000 / 62. Tag

Gehe mal wieder kreuz und quer durch die Altstadt von Bratislava. Irgendwie gelange ich an eine kopfsteingepflasterte Straße die bergauf führt und von einer Art Stadtmauer begrenzt ist. Am Ende finde ich dann die Burg von Bratislava. Riesig und wunderschön. Mit unzähligen Treppen und Toren scheint es verwirrend zu sein, aber ich gehe davon aus, daß das früher alles seinen Sinn hatte. Von dort oben habe ich einen wunderbaren Blick über die Altstadt, die Donau und über "Neu-Bratislava", von wo aus viele Betonriesen in den Himmel steigen. Fürchterlich, wenn man daran denkt, dort wohnen zu müssen.
Am Spätnachmittag probiere ich mein neu erworbenes Angelset aus, welches im wesentlichen aus einer Nylonleine und ein paar Haken besteht. Wahrscheinlich hatte ich Anfängerglück, denn nach fast zwei Stunden habe ich damit drei Fische gefangen, von denen ich aber einen zurück zu seinen Eltern schicke, da er zu klein war. Die beiden anderen landen am Abend auf meinen Grill.

Sohn eines Staatsoberhauptes

Sa, 01.07.2000 / 63. Tag

Den Vormittag verbringe ich damit im Boot so einiges hin und her zu räumen, um für Kagans Gepäck Platz zu schaffen, wenn er ankommt.
Danach werde ich schon wieder eingeladen. Von Josef, der am Nachbarponton, dem Hausboot, seine Ferien verbringt. Es gibt gebackenen Fisch und danach eine köstliche

Gemütliches Abendessen mit Peter Dubcek

Fischsuppe. Genau in dieser Reihenfolge. Total lecker. Dazu natürlich Wein und zum Abschluß Kaffee. Wenn das hier so weiter geht, kann man mich bald rollen. Da es heute wieder über 30°C hat, verkrieche ich mich bis zum Spätnachmittag in der Achterkabine der "Goldfisch", da es dort doch wesentlich kühler ist.
Der absolute Höhepunkt des heutigen Tages ist die Bekanntschaft mit Peter Dubcek, einem der drei Söhne von Alexander Dubcek!!!
Ich bin bei Stephan an Bord der Isabella, um mich noch einmal für das gestrige Besäufnis und den Weltempfänger zu bedanken. Wir sitzen am Vordeck, schauen uns von da den wundervollen Sonnenuntergang an und sprechen über das Segeln und allem was damit zu tun hat. Irgendwann kommt dann ein Freund von Stephan zu Besuch. Stephan stellt uns vor, und mir bleibt der Atem weg. Alexander Dubcek ist ein Teil der Geschichte von der Tschechoslowakei, bevor die Teilung erfolgte. Und wir sitzen zusammen mit seinem Sohn an Bord der Isabella und lassen uns Stephans Abendessen schmecken.
Ich erfahre vieles aus der Geschichte von der Tschechischen Republik und der Slowakei, was sein Vater alles für das Volk wollte und unter welchen mysteriösen Umständen er zu Tode kam. Mit welchen Problemen die Söhne, nach seinem Tod zu kämpfen haben und welch großartiges Ansehen die Familie Dubcek noch heute in der Slowakei hat. Auch, daß Peter seit dem Tod seines Vaters keinen Tropfen Alkohol trinkt. Er sagt zwar, er trinke nicht, da er mit dem Auto unterwegs ist und nicht belangt werden will. Stephan erzählt mir aber

später, daß wenn sie in eine Polizeikontrolle kommen und der Polizist die Papiere von Peter sieht, sofort salutiert und gute Weiterfahrt wünscht. Also kann es nicht die Angst um den Führerschein sein.
Peter Dubcek - ein sehr ruhiger, gebildeter Mann, an dessen Bekanntschaft ich mich immer erinnern werde. Wie oft lernt man schon den Sohn eines so berühmten Mannes kennen?

So, 02.07.2000 / 64. Tag

Zuerst muß ich mich bei Igor entschuldigen, da ich unsere gestrige Verabredung zum Ausflug mit seinem Motorboot ganz vergessen hatte. Aber gestern hatte ich diese einzigartige Begegnung mit Peter Dubcek und deswegen auch alles Andere vergessen.
Später zeigt mir Josef heute sein Gartenhaus, das in der Nähe von "Neu"Bratislava liegt. Ein ziemlich verwildertes Grundstück, aber mit allem was man so braucht. Garage, Werkstatt, Treibhaus und Garten. Aber alles heruntergekommen. Für uns Westmenschen zumindest.
Am Rückweg besorge ich mir noch Benzin und Öl für das Dinghi. Natürlich bin ich dann den ganzen Tag mit dem "kleinen Fisch" unterwegs. Das richtige Badewetter. Hitze.
Stephan lud mich gestern ein, heute abend das Finale der Europameisterschaft mit ihm gemeinsam im Fernsehen zu sehen. Da ich jedes Mal, wenn ich zu ihm kam, zum Essen eingeladen wurde, entschloß ich mich heute etwas mitzubringen. Ich habe Fisch gebraten und zum fernsehen mitgenommen. War auch gut so, denn Stephan freute sich sehr über diese Geste.
Später kommt auch noch Frantischek, um ebenfalls Fußball zu schauen. Er lebt auch hier, arbeitet aber in Wien als Messner in der Karlskirche. Auch er bringt etwas zu Essen mit. Selbstgemachte Fleischlaberl. Das ist so etwas ähnliches wie Frikadellen, nur um ein vielfaches besser.
Und so sehen wir uns das Finale der Europameisterschaft an. 2:1 für Frankreich. Aber meiner Meinung nach, spielten die Italiener besser Fußball. Aber so ist das Leben. Und wir haben Spaß daran. All das spielt sich in Stephans Werkstatt ab, die auf einem Nachbarponton erbaut ist und an der "Isabella" festgemacht ist.
Nach dem Spiel fahre ich mit meinem Beiboot wieder zurück zur "Goldfisch". Diese ungefähr fünfzehn Minuten lange Fahrt ist wunderschön. Es ist mittlerweile Mitternacht, alle schlafen und der Hafen gleicht einem einsamen, spiegelglatten See. Nur hin und wieder sehe ich in der Ferne einen schwachen Lichtschein.
So wie die Abende davor, unterhalte ich mich noch ein wenig mit Walter und Gabi, einem Wiener Ehepaar, das hier bei Milan Urlaub machen.

Mo, 03.07.2000 / 65. Tag

Heute wird die "Goldfisch" wieder ein Mal auf Vordermann gebracht und gereinigt. Bei 35°C im Schatten! Soll aber auch glänzen, wenn Kagan morgen kommt!

Gegen Abend bekomme ich Besuch von Vladimir in Begleitung seiner zukünftigen Frau, um sich von mir zu verabschieden. Obwohl er hier in Bratislava lebt, konnte er seit seinen Besuch vor fast drei Wochen, bis jetzt nicht mehr vorbei kommen, da er einen Wasserschaden im Haus hatte und die Handwerker beaufsichtigen mußte. Am 22.Juli heiraten die Beiden. Schade, daß ich dann nicht mehr hier bin. Im Dezember kommt dann ihr Baby zur Welt. Wer weiß wann wir uns das nächste Mal wieder sehen.
In der Nacht gibt es noch ein extrem starkes Gewitter. Und noch immer habe ich die undichten Stellen nicht repariert. Somit stehen wieder überall in der "Goldfisch" Töpfe und Pfannen verteilt, um das herabtropfende Wasser aufzufangen. Irgendwie sieht das aber witzig aus und erinnere mich an die Regentage mit Dörte hier an Bord.

Di, 04.07.2000 / 66. Tag

Es scheint wieder die Sonne. Die Töpfe, die überall herum standen, waren bereits halb voll mit Regenwasser.
Kagan mailt, daß er erst gegen 14.00 Uhr ankommt. Er stieg in Frankfurt aus dem Zug um seine Schwester zu besuchen, die im Kreißsaal auf die Entbindung ihres Babys wartet. Und da möchte er dabei sein.
Ich hoffe, wir schaffen es dann noch zum Zoll zu fahren um Kagan einzuklarieren. Denn ich muß spätestens morgen früh ablegen, um noch am Freitag in Budapest auf die Botschaft zu gehen und mir das Visum für Jugoslawien holen. Wenn ich bis Montag warten muß, schaffen wir es nicht, bis zum 15.Juli in Novi Sad zu sein. An diesem Tag wird für den wartenden Schiffsverkehr eine Pontonbrücke, die dort in der Donau liegt, zur Seite gefahren und zwölf Stunden später wieder geschlossen. Und ich möchte auf jeden Fall dort mit den Frachtern durchfahren.
Zuerst hatte ich geplant über den Bogojevo-Kanal die zerstörten Brücken zu umfahren. Doch ist es wesentlich interessanter die Donau komplett zu bereisen. Somit wäre die "Goldfisch" nicht nur das erste ausländische private Schiff, das nach dem NATO-Angriff durch Jugoslawien fährt, sondern auch über die zerstörten Brücken in Novi Sad, die dort in der Donau liegen!
Natürlich ist es ein Risiko, aber ein kalkulierbares. Und deshalb möchte ich morgen sehr früh ablegen, um dieses Abenteuer zu erleben.
Ich habe am Vormittag noch so einiges an der "Goldfisch" zu tun und gegen Mittag mache ich mich dann auf den Weg um den Bahnhof zu suchen. Kurz nachdem ich unterwegs bin, ruft mich Kagan an um mir zu sagen, daß der Zug erst um 16.30 Uhr in Bratislava ankommt. Also gehe ich bis dahin in die Stadt. Über Telefon erfahre ich von der zuständigen Zollstelle in Bratislava, daß es ausreicht, Kagan an der Grenze in Mohacs in der Crewliste eintragen zu lassen. Somit erspare ich mir morgen diesen Behördengang.
Als Kagan dann eintrifft, ist die Wiedersehensfreude natürlich riesengroß. Aber es beginnt wieder zu regnen und innerhalb von Minuten bricht ein Gewitter mit Windstärken bis zu

130 Stundenkilometer aus. Zurück am Schiff müssen wir zuerst etliche Äste und anderen Müll von Bord entfernen, um unter Deck zu gelangen. Der Sturm hat hier im Hafen eine ziemliche Verwüstung hinterlassen.
Nach dem Abendessen, Gulasch nach dem Rezept von Josef, beginnt die Verabschiedungsrunde hier im Hafen. Josef und Sonja, Igor, Stephan, Frantischek und all die anderen lassen uns natürlich nicht gehen, ohne uns noch gute Ratschläge für die Donau mitzugeben. Sogar Vladimir war noch einmal gekommen um sich zu verabschieden.
Bei Milan endlich wieder angekommen, erblicke ich am Steg einen Motorsegler mit deutscher Flagge am Heck, dessen Besatzung bereits nach mir gefragt hatte. Uwe und seine Frau waren mit ihrem Boot vor kurzem angekommen. Er wußte, daß ich durch Jugoslawien ins Schwarze Meer unterwegs war, und möchte sich uns anschließen.
Wir sitzen noch bis Mitternacht mit Walter, Gabi, Uwe und seiner Frau bei Milan zusammen und lassen den letzten Tag hier in Bratislava langsam ausklingen.

Endlich wieder unterwegs

Mi, 05.07.2000 67. Tag
Tag der Weiterfahrt, aber es regnet und der Sturm biegt die Äste der Bäume zu Boden. Da ich mich am Morgen nicht dazu entschließen kann bei diesem Wetter weiterzufahren, legen wir erst um 10.30 Uhr gemeinsam mit Uwe´s "Milonga" ab.
Ich war jetzt seit drei Wochen hier in diesen Hafen und hatte viele neue Freunde gewonnen. Da verspüre ich natürlich einen gewissen Abschiedsschmerz, als uns all diese Leute nachwinken. Natürlich hatten wir alle die Adressen ausgetauscht, doch weiß ich aus Erfahrung, daß man sich nie wiedersieht. Und obwohl ich diesen Aufenthalt mit einem traurigen Ereignis begann, der Abreise von Dörte, hatte ich viele schöne Tage hier. Und deshalb auch ein unangenehmes Gefühl in der Brust.
An der Hafenausfahrt rudert uns Stephan entgegen, um uns noch einige Dinge mit auf die Reise zu geben, die wir vielleicht brauchen können. Einige Seile, einen von Hand geflochtenen Fender und einen Spezialwasserkanister.
Als wir dann endlich hinaus in die Donau fahren, winken von links Stephan und Frantischek, und von rechts Walter, der in der Zwischenzeit bis hierher gelaufen war.
Der Wind läßt nach und wir lassen wir uns die Donau hinunter treiben.
Nach dem sehr breiten, aber ellenlangen und totlangweiligen Kanal erreichen wir die Schleuse "Gabcikovo". Gemeinsam mit der "Milonga" und dem Frachter "Wakro 3" werden wir sofort nach der Ankunft geschleust. An beiden Seiten Schwimmpoller! Eine Seltenheit. Unten angekommen bessert sich das Wetter. Vielleicht ein Zeichen? Nun habe ich alle Schleusen hinter mir gelassen. Nur mehr das "Eiserne Tor" in Rumänien wartet auf uns.

Auenlandschaft

Aber bis dorthin ist es noch sehr, sehr weit...
Relativ früh am Nachmittag biegen wir in einen Altarm, um für die Nacht zu ankern. Wir liegen etwas später im Päckchen mit der "Milonga". Da ich mit Kagan aber noch nicht eingespielt bin, dauert dieses Manöver leider einige Zeit. Es herrscht hier genug Strömung die die Schiffe gerade hält und so liegen wir hier sehr sicher mit zwei ausgebrachten Ankern. An Bord unseres Nachbarn essen wir zu Abend und philosophieren über das ständig aktuelle Thema: die Donau.

Do, 06.07.2000 / 68. Tag

Erwache um 05.00 Uhr. Und nachdem Kagan dann drei Stunden später ebenfalls aufsteht, frühstücken wir und holen den Anker ein. Da Uwe bereits seine Visa für Jugoslawien hat, braucht er nicht unbedingt heute schon in Budapest sein. Deshalb bleiben sie noch in diesem Altarm vor Anker liegen, während wir aufbrechen. Irgendwo auf der Strecke vor Novi-Sad werden wir sie wiedersehen.
Die Zollformalitäten an der slowakischen sowie an der ungarischen Grenze habe ich in nicht mal einer Stunde erledigt. Bei Kilometer 1768 liegt am linken Flußufer die slowakische und am rechten Ufer die ungarische Abfertigung. Die Abfertigung selbst gestaltet sich sehr einfach und schnell. Jedoch die Suche nach den zuständigen Beamten wird etwas langwierig.

Gegen 15.00 Uhr gleiten wir an Esztergom, mit dem alten Schloß und den riesigen Befestigungsanlagen vorbei und eine Stunde später geschieht etwas sehr Witziges.
Ich blättere auf die nächste Seite meines Donauhandbuches, sehe daß sich die Donau bei einer Insel teilt. Ich steuere die "Goldfisch" in den rechten Arm da laut Plan beim Linken die Durchfahrt nicht gestattet ist. Die Donau wird seltsamerweise immer schmaler, kleine Boote an den bewaldeten Ufern und Menschen beim Baden. Laut Plan wäre die Insel einen Kilometer lang, doch wir waren hier jetzt schon so ungefähr vier Kilometer gefahren. Wir sind eindeutig falsch. Erst jetzt sehe ich, daß einige Seiten in meinem Buch fehlen. Die Insel, an der wir rechts vorbei müssen liegt erst bei Kilometer 1684! Und da kein Mensch die Seitennummerierung der Bücher, sondern nur den eingezeichneten Flußverlauf verfolgt, fällt mir dieser Fehler natürlich erst relativ spät auf. Also wenden und wieder zurück. Aber in diesem Seitenarm ist die Strömung fast genauso stark wie auf der Donau selbst und dagegen müssen wir an, um wieder auf die Donau zu kommen. Wir hatten uns auf der Donau verfahren(!) und dieser Umweg kostet uns über eine Stunde.
Normalerweise wäre es nicht weiter schlimm, aber da die heutige Etappe bis Budapest 133 Kilometer lang ist, bekommen wir natürlich Zeitprobleme. Bei Sonnenuntergang sind wir dann endlich in Budapest und da geschieht schon das nächste Mißgeschick.
Nach der Auskunft von den Mitgliedern des Yachtclubs, welche an den Steg kommen um uns zu begrüßen, wäre es tief genug für die "Goldfisch". Doch mit einem gewaltigen Rums

Ungarn - Esztergom mit altem Schloß

laufen wir auf Grund. Das Echolot springt innerhalb einer Sekunde von vier Metern auf 1,50 Meter. Das Boot geht vorne in die Höhe und neigt sich auch beängstigend nach Backbord. Schränke öffnen sich und Schubladen fallen mit dem gesamten Inhalt zu Boden. Da das Ganze trotz absolut langsamer Fahrt blitzartig geschieht, beginnt auch noch der Alarm des Echolotes zu heulen. Ich nehme an, daß wir auf irgend etwas Großem aufgelaufen waren, das wie ein Würfel im Wasser liegt.

Natürlich gibt es eine Debatte mit den Leuten vom Yachtclub, die daraufhin ein Sportboot klar machen um uns in die Einfahrt zu lotsen. Das gleiche Spiel noch zweimal. Jedes Mal wird es von einer Sekunde zur anderen seichter und wir sitzen fest. Wie eine unter Wasser liegende Barriere. Und die wissen davon nichts? Ich verfluche sie, wende und steuere wieder in den Strom.

Da sich dieser nette Yachtclub aber im rechten Arm der geteilten Donau befindet, welcher nur flußab zu befahren wäre, uns aber die Zeit davon läuft, steuere ich gegen diesen "Einbahnverkehr" flußauf.

Da sehen wir vor der Gabelung einige Schlepper und Leichter vor Anker liegen. Ich entschließe mich an einem davon für die Nacht festzumachen. Mittlerweile ist es stockdunkel und zu gefährlich in einen der Häfen zu manövrieren. Also nichts wie ran an den ersten Schlepper, der "Mhrt".

Dieser hat aber im Wasser vom Bug aus nach hinten einen großen Baum hängen. Egal. Ich taste mich langsam heran und der Kapitän, welcher uns bereits gesehen hatte, hilft sofort beim Anlegen. Motor aus und Streß abbauen. Nachdem wir sogar das Stromkabel bei ihm an Bord einstecken dürfen, und somit genauso versorgt waren wie in einem Yachthafen, können wir uns endlich entspannen.

Fr, 07.07.2000 / 69. Tag

Bereits um 06.00 Uhr läutet der Wecker, da wir uns für den heutigen Tag noch einen sicheren Platz für die "Goldfisch" suchen müssen. Wir frühstücken hastig und danach klettert Kagan über den Schlepper an Land um sich in dem angrenzenden Hafen umzusehen.

Kurz danach kommt plötzlich, laut tutend ein Schlepper flußauf und will den Platz an dem die "Goldfisch" an dem Schlepper festgemacht ist, für sich beanspruchen. Da Kagan aber nicht an Bord ist, bleibe ich trotz Protest der Schlepperbesatzung hier. Sie wollen unbedingt, daß ich ablege oder um zehn Meter weiter nach vorne verhole. Dort liegt aber dieser riesige Baumstamm mit unzähligen dicken Ästen im Wasser. Also bleibe ich bis Kagan wieder zurück kommt, und lege erst dann ab. Wir wenden wieder in den Fluß und manövrieren die "Goldfisch" vorsichtig durch die unterhalb liegende Hafeneinfahrt von Ujpest.

Unter der Brücke an der Einfahrt sehen wir zuerst nur kleinere Hausboote aber dann einige Frachter und alte Fahrgastschiffe. Wir legen an einem alten, großen Stahlschiff an und bitten darum bleiben zu dürfen. Kein Problem sagen die Leute, helfen beim Anlegen und die Chefin bringt mich danach sogar mit dem Auto zur jugoslawischen Botschaft, wo mir das Transitvisa nach nur zwanzig Minuten ausgestellt wird. Ich werde dort vom Konsul persönlich zum Kaffee eingeladen, um ihm meine Pläne zu erzählen. Kreuz und quer geht es dann durch Budapest zurück zum Hafen. Mittlerweile ist es bereits mittag und ich bin ziemlich erschöpft. Deshalb bleibe ich an Bord, während Kagan durch die Stadt marschiert. Nach sechs Stunden Schlaf habe ich mich dann einigermaßen erholt und beginne den Fisch, welchen wir gestern von einem Frachter in Fahrt für eine Packung Marlboro erstanden hatten, zuzubereiten.

Kagan kommt zurück und nachdem wir noch einige interessierte Menschen kennenlernen, gibt es zum Abendbrot gebratenen Fisch mit Pellkartoffeln. Da der Fisch frisch gefangen war, schmeckt er natürlich ausgezeichnet. In der Zwischenzeit bricht ein gewaltiges Gewitter aus und wieder einmal stehen Töpfe und Pfannen überall im Schiff, um den durchdringenden Regen aufzufangen.

Sa, 08.07.2000 / 70. Tag

Eigentlich wollten wir schon am Morgen nach Budapest um uns die Sehenswürdigkeiten der Stadt anzusehen. Doch kommen wir erst gegen 15.00 Uhr weg, da wir pausenlos von Leuten wegen der "Goldfisch" angesprochen werden. Es ist absolut selten, daß sich ein Segler hierher verirrt, und dementsprechend neugierig sind alle, was uns denn hierher treibt.

Wir sind dann zwar fünf Stunden unterwegs, sehen aber nicht viel von der Stadt und da wir fast überall in der Stadt unfreundlich behandelt werden, macht es auch nicht sonderlich viel Spaß.

Straßenverkäuferinnen in Budapest

So, 09.07.2000 / 71. Tag

Wir erwachen bei strömenden Regen und 16°C. Echt mieses Wetter zum weiterfahren. Aber es nützt nichts, wir müssen weiter. Und wie der Tag begann, so sieht auch der Rest aus.

Erst um 17.30 Uhr klärt es auf und die Sonne beschert uns

Budapest - Parlamentsgebäude

endlich 23°C. Ab diesem Zeitpunkt wird auch die Donau etwas interessanter. Denn außer Budapest war heute nichts Schönes zu sehen. Von der Donau aus betrachtet, ist Budapest selbst bei Regen eine sehr interessante Stadt. Vorbei am alten Parlament und anderen historischen Gebäuden ließen wir uns von der Donau treiben. Nicht zu vergessen die Margareteninsel, welche die Donau in zwei Arme teilt. Bei schönerem Wetter wäre es bestimmt noch besser gewesen.

Bei Kilometer 1615 machen wir unvorhergesehen unser erstes Mann-über-Bord-Manöver. Nach einem unvorsichtigen Blick über die Reling, verabschiedet sich meine Mütze und landet in der Donau. Eine gute Möglichkeit unser, in der Fahrschule angeeignetes Wissen zu prüfen.

Nach Donaujvaros beruhigt sich der Strom zunehmends und wir haben das Gefühl auf einem See zu gleiten. Geankert wird dann unterhalb einer Flußmündung, die der "Goldfisch" genug Strömung beschert und wir somit keine zusätzliche Landleine benötigen.

Bei dem Versuch mit dem Beiboot zum Ufer überzusetzen, merken wir nach dreimaligen Anlauf, daß auch "nur" vier Stundenkilometer Stromgeschwindigkeit an unseren Kräften zehren können. Doch wir schaffen es doch noch, obwohl ich dabei sogar das Ruder abbreche. Nach kurzer Lagerfeuerromantik stellen wir aber fest, daß es ohne unsere Frauen nicht so viel Spaß macht, kehren zum Boot zurück und gehen schlafen.

Baja´s Kanäle

Mo, 10.07.2000 / 72. Tag

Wir sind überaus ruhig vor Anker gelegen. Obwohl ich keine Landleine gespannt hatte, bewegte sich die "Goldfisch" weder zur Seite, noch nach vorne. Auch von den wenigen vorbeifahrenden Schiffen verspürten wir keinerlei Sog oder Schwell. Nur als kurz vor dem Ankereinholen der Wind stärker aus Süden bläst, drückt die "Goldfisch" ein wenig in Richtung des Ankers. Aber bevor der Wind stärker wird, haben wir sowieso den Anker eingeholt.

Dann geht es gegen den Wind in Richtung "Paks". Dieses Städtchen liegt überaus idyllisch am rechten Flußufer. Unzählige kleine Häuschen säumen das Ufer, geschützt von einigen davor gelagerten Inseln. An den Ufern Sandstrände mit badenden Kindern. Sogar ein kleiner Motorbootclub und ein Ruderverein sind dort ansässig.

Etwas später liegt an der gleichen Flußseite ein Atomkraftwerk, welches sein Kühlwasser aus der Donau entnimmt, aber auch wieder in die Donau leitet. Und genau das ist der Punkt. Ich bin von den einströmenden Wassermassen so derart fasziniert, daß ich beinahe die nächste Buhne übersehe. Erst wenige Meter davor reiße ich das Steuer herum und auch die Wassermassen aus dem AKW drücken unangenehm gegen das Schiff. Aber ich kann dann doch noch die "Goldfisch" ans andere Ufer steuern und dort dann gemütlich weitertreiben, da in der Zwischenzeit auch der Wind nachgelassen hat und die Wasseroberfläche ruhiger wird.

Kurz danach sehe ich am linken Flußufer zwei Pontons, an denen ich eigentlich anlegen möchte. Hermann, der Kapitän von der "Amadeus" hatte mir in Wien empfohlen, dort Halt zu machen um eine naheliegende Carda zu besuchen. Dort soll man angeblich sehr gut essen können und auch über Nacht am Ponton bleiben können. Jedoch liegt an dem ersten Ponton ein Fahrgastschiff, am zweiten Ponton legt gerade ein Anderes an und ein Weiteres legt sich dann im Päckchen dazu. Somit ist meine Idee gestorben und wir fahren weiter.

Immer wieder Inseln rechts und links im Fluß. Ich versuche zweimal bei einer der Inseln einen Ankerplatz auszuloten, habe aber keinen Erfolg, da die Wassertiefe nicht ausreicht.

Später kommt von achtern ein Motorboot mit deutscher Fahne am Heck. Ich winke es heran und der Besitzer steigt kurzer Hand dann zu mir über. In der Zwischenzeit steuert seine Frau das Boot weiter und auf der Rückbank genießen ihre Eltern diesen Ausflug über die ungarische Donau. Seit Jahren trailern die Beiden das Boot hierher, um Ferien oder auch Wochenenden hier zu verbringen. Meine Frage, ob der naheliegende Yachtclub in Baja für die "Goldfisch" geeignet wäre, bejaht er und nach kurzem Small-Talk verabschiedet er sich wieder.

Gegen 18.30 Uhr erreichen wir dann Baja. An der linken Seite, kurz hinter dem Hafengelände, mündet die Kamaris-Duna in die Donau. Da ich gelernt habe den Aussagen von anderen Wassersportfreunden nicht unbedingt zu trauen, taste ich mich langsam und vorsichtig in die Einfahrt des Kanals.

Wir werden links und rechts von den Spaziergängern bestaunt und von vielen Fischern aus ihren kleinen Booten gegrüßt. Hier sollte es eigentlich sieben Meter tief sein, doch nun zeigt das Echolot nur drei Meter an. Diesen Altarm darf man fast einen Kilometer befahren. Danach beginnt eine für Motorboote gesperrte Wasserfläche, die den Schwimmern vorbehalten ist. Und genau dort beginnt steuerbords der Sugovica-Kanal.
Die Durchfahrt wird immer enger, da überall kleinere Schlepper und andere Berufsschiffer in Päckchen angelegt haben. An einer Stelle muß ich die "Goldfisch" fast einen Meter an einem Berufsschiffer vorbei manövrieren, da das linke Ufer mit weniger als zwei Metern Wassertiefe immer näher kommt. Hier möchte ich keine Begegnung mit anderen Schiffen haben. Trotzdem übt diese Fahrt einen speziellen Reiz auf mich aus. Später erreichen wir eine Wasserkreuzung, von wo aus es in drei andere Richtungen weiter geht. Rechts ein weiterer Kanal, schräg geradeaus eine kleine Schleuse und links wieder die Kamaris-Duna, die hier einmündet. Und in die steuere ich wieder ein.
Hier wird es schnell noch seichter und nur genau in der Mitte erreiche ich eine Wassertiefe von zwei Metern. An der Steuerbordseite ein Schiffsfriedhof, an der Backbordseite Wälder, dessen Wurzeln im Trockenen liegen, da der Wasserstand in den letzten Wochen sehr gefallen war. Irgendwie sieht es hier wie in einem Märchenwald aus. Kinder schwingen sich an einer Leine, welche an einem großen Baum befestigt ist, von Land über die Wasserfläche und lassen sich dann dort mit lautem Gelächter hinunter fallen.
Nach einem weiteren Kilometer extrem vorsichtiger Fahrt öffnet sich ein Becken mit einer Steganlage unterhalb einiger Restaurants und Bars. Da sind wir richtig.
Es wird noch schnell ein Boot verlegt, damit ich mit der "Goldfisch" am Kopfplatz anlegen kann. Die anderen Stege sind eindeutig viel zu kurz für die "Goldfisch". Sofort Fragen über Fragen und wir bekommen selbstgemachten Wein zur Begrüßung. Um es aber nicht ausarten zu lassen und da ich noch einiges am Boot zu tun hab, verabschiede ich mich nach einer Stunde. An diesem Abend kocht Kagan dann noch Spaghetti nach "Erol" Art.

Di, 11.07.2000 / 73. Tag

Der Vormittag verläuft sehr ruhig. Erst am Nachmittag entschließen wir uns, in die Stadt zu gehen. Ein wirklich hübscher Ort, an dem wir hier gelandet waren. Die Kneipen sind alle "westlich", während die Geschäfte und Kaufhäuser noch genauso aussehen wie vor Fall des Eisernen Vorhanges. Und auch das Angebot der Waren scheint aus der damaligen Zeit zu stammen. Das ist für uns aber nicht schlimm.
Da es aber wieder zu regnen beginnt, gehen wir langsam zurück an Bord, bunkern Trinkwasser, um danach abzulegen. Die Fahrt durch die Seitenarme hierher hatte uns gestern so gefallen, daß wir uns dazu entschlossen haben irgendwo da die nächste Nacht zu verbringen.
Fast an der Kreuzung, wo die vier Kanäle zusammen treffen, liegt der Schiffsfriedhof, der uns gestern bereits faszinierte. Und hier legen wir nach einer Schleife über die Kreuzung

Baja's Schiffsfriedhof

einfach an einem uralten, ausgeschlachteten und total verrosteten Frachter an.
Natürlich müssen wir sofort rauf auf diese Dinger, um zu sehen, daß es da außer Schrott natürlich nichts anderes gab. Trotzdem klettern wir von einem Frachter zum Anderen. In einigen der Schiffe wachsen bereits Bäume aus den Laderäumen. Da kommt sofort der Abenteurer in uns durch. Schrottplätze haben generell etwas Anziehendes, und so ein Schiffsfriedhof wirkt auf mich besonders magnetisch. Man könnte ja vielleicht etwas Brauchbares finden? Die Zeit verfliegt im Nu und es wird dunkel, also zurück an Bord der "Goldfisch".
Ich möchte früh schlafen gehen, da wir nur noch 30 Kilometer von der Jugoslawischen Grenze entfernt sind und ich die nun folgenden 225 Kilometer bis Novi Sad in zwei Tagen schaffen will. Einmal ankern muß da reichen.

Nur ein paar Stempel

Mi, 12.07.2000 / 74. Tag

Eigentlich beginnt dieser Tag sehr ruhig und angenehm, obwohl es in der Nacht ein fürchterliches Gewitter gab, das sich genau hier über den Kanälen entlud. Aber am Morgen ist alles wieder vorbei. Sonnenschein und angenehme Temperatur.
Nachdem wir abgelegt haben und uns durch die Kanäle in die Donau vortasten, passieren wir den 2000sten zurückgelegten Kilometer dieser Reise.
Die Ausklarierung aus Ungarn in Mohacs ist einfacher als ich dachte. Das einzig Unangenehme dabei ist, daß ich dafür durch die halbe Stadt laufen muß, um nach der Wasserschutz- und der Grenzpolizei nun auch die Zollstation zu finden. Doch hilft mir dann

ein freundlicher Beamter mit seiner Begleitung den richtigen Weg zu finden. Die Häuser der Stadt sind alle bunt bemalt, und ebenso fröhlich wirken die Bewohner auf mich.
Wir passieren das Gebiet an der Donau, wo sich Ungarns, Kroatiens und Serbiens Grenze treffen. Kurz danach der erste Kontrollturm auf der serbischen Seite. Wir spüren förmlich, wie wir von zahlreichen Soldaten beobachtet werden. Erst nach Mittag treffen wir am Grenzponton von Serbien ein, welcher kein richtiger Ponton, sondern ein ausgeschlachteter Frachter ist. Trotzdem das ein riesiger und sehr hoher Frachter mit wenigen Pollern ist, haben wir relativ schnell festgemacht. Niemand spricht hier englisch, geschweige noch deutsch. Und dann beginnt die serbische Bürokratie ihren Lauf zu nehmen. An Land, etwas weiter weg, stehen einige Gebäude, die "offiziell" aussehen, da über dem Eingang irgend etwas in jugoslawischen Lettern prangt, und einige serbische Fahnen im Wind wehen. Da bin ich richtig.
In diesem trostlosen Gebäude werde ich zuerst ein paarmal zwischen Polizei und Hafenkapitän hin und her geschickt. Irgendwann ist mir das dann zu dumm, und ich versuche dem Hafenkapitän zu erklären, daß ich mit dem Boot am Ponton liege. Jetzt, im Nachhinein weiß ich, daß er alles verstand, doch keine Lust hatte etwas zu tun. Es ist die "Ich nix verstehen"-Taktik, die er anwendet. Außerdem ignoriert er mich demonstrativ. Ich lege ihm unsere Pässe und die Schiffspapiere auf den Tisch und wende meine eigene "Ich weiß genau, daß du verstehst"-Taktik an und warte hartnäckig ab. Langsam greift er nach den Papieren und liest sie ungefähr dreißig Minuten sorgfältig von oben nach unten von links nach rechts und umgekehrt.
Ziemlich barsch fragt er: "Deutsch?" Ich erkläre ihm, daß das Boot deutsch sei und ich Österreicher. Eine kleine freundliche Reaktion von ihm zeigt mir, daß es da wohl Unterschiede gibt.
Dann knallt er mit der Faust mehrmals auf den Tisch und meint dauernd wiederholend, daß ich bezahlen soll. Ich denke aber nicht im Entferntesten daran, ihm auch nur einen Pfennig zu geben und erkläre ihm ebenso energisch, daß ich bereits auf der Botschaft in Budapest für die Durchreise bezahlt hätte. Dieses Spiel wiederholt sich einige Male. Dann fragt er mich nach dem Kapitän und ich erkläre ihm, daß ich der Kapitän bin. Irgendwie steige ich dadurch anscheinend in seiner Achtung, da er mir daraufhin anbietet, mich doch zu setzen. Und das alles in der typischen "Ich versteh nix"-Sprache.
Dann das gleiche Spiel noch einmal von vorne. Deutsch? Österreich! Bezahlen! Problem! Ich zeige ihm meine leeren Hosensäcke und symbolisiere ihm damit, daß ich nichts besitze. Daraufhin meint er nach einigem Zögern, daß er es dann wohl ohne "Stempelmarken" machen müsse.
Doch nun stellt er meine Geduld so richtig auf die Probe. Zuerst räumt er seelenruhig das Radio vom angrenzenden Tisch, um danach dort eine Schreibmaschine zu plazieren. Die muß natürlich absolut im rechten Winkel zur Tischkante stehen, was er mir eindrucksvoll vorführt. Danach die Suche nach den Formularen und Kohlepapier. Es gibt an seinem

Schreibtisch genau drei Schubladen, aber trotzdem scheint er nicht zu wissen, wo diese Dinge sind. Nach sorgfältiger Suche findet er dann auch diese Dinge und als er alles zusammen in die Schreibmaschine einzieht, benötigt er fast genau eine Stunde um dieses Formular auszufüllen, welches im wesentlichen aus Name, Adresse und Bootsdaten besteht. Nicht ohne jede Zeile etliche Male zu kontrollieren.
Auf die gleiche umständliche Art entfernt er die Schreibmaschine, um danach das Radio wieder auf dem Tisch zu plazieren. Kontrolliert wieder etliche Male, ob denn auch alles seine Richtigkeit habe. Nicht ohne alle zwei Minuten aufzustehen um den Sender des Radios zu korrigieren.
In der ganzen Zeit sitze ich am Tisch, rauche eine Zigarette nach der anderen und versuche ihm zu zeigen, daß mir sein Verhalten ziemlich gleichgültig ist. Auf die Uhr habe ich nicht gesehen, habe aber in dieser Zeit eine ganze Packung Zigaretten aufgeraucht.
Als ich irgendwann dann die abgestempelten Papiere in meinen Händen halte, muß ich noch einmal zur Polizei und zum Zoll, nur um zu erfahren, daß alle drei in der nächsten Stunde zum Boot kommen wollen.
Total entnervt komme ich zur "Goldfisch" zurück, wo schon ein Soldat sitzt und sich mit Kagan unterhält. Sein Name ist Peter und er ist hier stationiert, um seinen Militärdienst zu leisten. Lebt eigentlich in der Nähe von Köln, sei mit der jetzigen Regierung nicht einverstanden und haßt die Kroaten. Ein sehr seltsames Volk! Wir trinken Wodka und unterhalten uns eigentlich sehr gut.
Der Hafenmeister, zwei Polizisten und eine Zöllnerin kommen an den "Ponton", sehen sich von dort die "Goldfisch" an und meinen, daß ich mir die restlichen Stempel in dreißig Minuten abholen könne. Aus diesen dreißig Minuten werden 1,5 Stunden, da alle auf ein Lotsenschiff gehen um damit zu einem Frachter überzusetzen.
Als sie später etwas angeheitert an Land kommen, folge ich den Beamten zurück ins Gebäude. Ohne sich das Formular anzusehen, wird es von der Zöllnerin wortlos abgestempelt und ich kann endlich gehen!!! Ich kann es nicht fassen. Mittlerweile ist es kurz vor 20.00 Uhr und zu spät um abzulegen.
Wir verholen die "Goldfisch" zum Bug des Frachters um die Nacht hier zu verbringen. Nach dem Abendessen kommt noch einmal Peter und wir trinken noch ein paar Wodkas an Bord. Er zeigt uns noch seine Unterkunft und tief in der Nacht kommen wir dann in die Koje.
Trotz der angenehmen Unterhaltung mit Peter, habe ich das Gefühl, er wurde eigens für unsere Bewachung hierher zum Schiff kommandiert.

Peter - meine persönliche Militärbewachung

Der Knackpunkt

Do, 13.07.2000 / 75. Tag

Wir stehen bereits um 05.00 Uhr auf, um dann sofort abzulegen. Bloß keine Zeit mehr verlieren. Bei Kilometer 1382 mündet die Drau an der rechten Seite in die Donau und wieder einmal liegt der Fluß zweifärbig vor uns.

Der Vormittag ist landschaftlich sehr schön. Teilweise windet sich die Donau durch die Landschaft um dann später wie ein riesiger Stausee vor uns zu liegen. Wirklich wunderbar. Wir erreichen ein Donaustück, welches fast ausschließlich aus enormen Strudeln besteht. Mit kleineren Booten wäre es bestimmt ziemlich gefährlich da hinein zu geraten, denn selbst die schwere "Goldfisch" hat hier zu kämpfen. Ganze Baumstämme werden hier unter Wasser gezogen, um danach irgendwo wieder ausgespuckt zu werden.

Bogojevo kommt in Sicht und von da an werden wir von einem kroatischen Polizeiboot mißtrauisch beobachtet und verfolgt. Zweimal überholen uns die Beamten mit ihrem stark motorisierten Schnellboot, um später hinter den Inseln zu verschwinden, folgen uns aber danach wieder, nachdem wir diese Stellen erreicht haben. Ganze zwei Stunden haben wir so unangenehme und ungewollte Begleitung.

Um genau 12.00 Uhr kommen wir am total zerstörten Vukovar vorbei. Aus dem Radio ertönt Phil Collins "Another Day in Paradies". Ich kann meine Gefühle beim Anblick der zerschossenen Häuser und Fabriken kaum schildern, da es hier wirklich schrecklich aussieht. In jeder Wand und an jedem Dach Einschußlöcher von Gewehren und Granaten. Hier müssen richtige Häuserkämpfe stattgefunden haben. Zwischen den Ruinen des Ortes weht einsam die kroatische Fahne im Wind. Den ebenfalls von Einschusslöchern übersäte, hoch empor ragende Wachturm sehen wir noch aus weiter Entfernung.
Es kommen mir die Schilderungen aus Stephan Schmidt´s Reisebericht in den Sinn, der die Donau 1991 mit seiner "Galatea", bis nach Bulgarien befahren hatte.

Vukovar - seit 1999 zerstört

Zitat aus seinem Bericht:

> *"Überall zerschossene Gebäude. Ein demoliertes Auto liegt umgestürzt an der Betonböschung - die Türen stehen offen. Plötzlich gibt es oberhalb viel Bewegung. Männer in schwarzer Uniform laufen geduckt hin und her. Ein Schuß fällt. Ich denke an eine Kontrolle, stoppe ab und breite die Arme aus. Wieder ein Schuß, diesmal gezielt in meine Richtung. Noch einer, er schlägt neben mir ins Deck. Wieder hebe ich die Arme, aber was ich auch tue, sie schießen auf mich. Immer mehr Schüsse treffen auf Wasser und Schiff. Das stabile Rohr des Heckkorbes rettet vor einem Treffer. Ich lenke die Galatea wieder Richtung Strommitte, gebe Gas und springe unter Deck. Instinktiv lege ich mich auf den Boden. Hoffentlich treibt die Galatea weiter, vor allem nicht ans kroatische Ufer. Wieder und wieder schlagen Kugeln in mein*

Schiff. Auch Schnellfeuer. Splitter und Holzteile fliegen mir um die Ohren. Bumm - Bumm, plötzlich sind zwei Löcher im Polster, weiß quillt Schaumstoff heraus. In der Wand, an der Decke - alles geht kaputt. Der Spiegel zerplatzt, ebenso die Ölflasche im Vorratsschapp. Der Cointreau verteilt sich gleichmäßig im Schiff als die Flasche förmlich explodiert. Nach etwa fünf Minuten wird es ruhig. Mit einer Stange halte ich eine weiße Fahne(Hemd) hinaus. Dies führt allerdings nur dazu, daß die Schießerei erneut losgeht. Es riecht nach Petroleum, wahrscheinlich hat der Tank einen Treffer abbekommen. Das Radio fliegt auseinander. "Galatea schwimme weiter, weiter, nicht ans Ufer, weiter donauabwärts". Nach weiteren Minuten hört der Beschuß auf, ich bleibe liegen. Dann merke ich am Wellengang, daß ein Schiff in der Nähe ist. Der Motor tuckert weiter im Standgas vor sich hin. Es hilft nichts, ich muß irgend etwas tun. Vorsichtig schaue ich hinaus. Ein großer Schubverband fährt, schon etwas stromab, vorbei. Die Galatea treibt auf das serbische Ufer zu. Ich ducke mich in der Plicht, schalte den Antrieb ein und düse mit Vollgas dem Frachter hinterher. Aus der Ferne jetzt wieder Schüsse auf mein Boot. Noch dreimal graben sich Kugeln ins Heck. Über Funk rufe ich den Frachter an: "May-day! May-day! Sie schießen auf mich, they shot at me, please stop, please help me, helfen Sie mir..." Keine Antwort, der Frachter fährt gleichmäßig weiter, der Abstand wird immer größer. Langsam lasse ich die Stadt hinter mir, das Schießen hört auf. Rechts und links wieder Wald. Als Vukovar ganz außer Sicht ist, der nächste Ort aber noch nicht erreicht, lenke ich die Galatea ganz ans serbische Ufer und lasse den Anker hinunter. Ziemlich kopflos packe ich Paß, Fahrerlaubnis und etwas Geld in die Hosentasche, springe ins seichte Wasser und wate an Land. Ich weiß nicht, ob auch unter Wasser Treffer durchs Holz gegangen sind, auf jeden Fall wird das elektrische Lenzsystem das Schiff einige Tage über Wasser halten - bis die Batterien leer sind..."

Über 200 Schußlöcher fand Stephan an der Galatea!!! Neun Jahre danach fahre ich jetzt über dieses Donaustück der ehemaligen Frontlinie, sehe das noch immer verwüstete Vukovar und es schaudert mich fürchterlich.
Nach dem Donau-km 1296 sind wir dann weg von dem Grenzstück und ganz in Serbien. Kurz danach erblicken wir eine Straßenbrücke, die ebenfalls beschossen wurde. Ganze Stücke hängen an den Seiten herunter. Ist aber anscheinend sicher genug um von Autos befahren zu werden.
Vor Novi Sad erblicken wir Uwe´s "Milonga" am rechten Flußufer vor Anker liegen. Wir sprechen mit ihm über Funk, fahren aber dann weiter, da ich in den Yachthafen von Novi-Sad möchte, um am nächsten Tag die Formalitäten in der Stadt zu erledigen.

Keine fünf Minuten später sehen wir die erste zerstörte Brücke im Wasser liegen. Die Freiheitsbrücke, eine sechsspurige Autobahn, deren kompletter Mittelteil, geknickt in der Donau hängt. In meinem Magen entwickelt sich ein sehr flaues Gefühl.
Der Hafen, den ich ansteuern möchte, ist vom Militär gesperrt, doch ich erblicke die "Donaustar 3", einen Frachter mit deutscher Flagge vor Anker liegen und nichts wie hin, fragen ob wir seitwärts anlegen dürfen. Der Kapitän ist sofort einverstanden und die ganze Mannschaft hilft die "Goldfisch" an ihrer Steuerbordseite festzumachen.
Der Frachter läuft zwar unter deutscher Flagge, die gesamte Besatzung ist aber aus Bulgarien und sofort erklärt uns der Kapitän, daß wir hier duschen können und später zum Essen eingeladen wären. Aber zuerst müssen wir die heutige, 173 Kilometer lange Etappe verdauen.
Bevor es dunkel wird, "befiehlt" uns der Kapitän, unsere gesamte Wäsche zum Reinigen zu bringen. Verteilt auf zwei Waschmaschinen wird unsere Wäsche endlich einer ordentlichen Pflege unterzogen. Danach nehmen wir das Angebot an und duschen ausgiebig an Bord der "Donaustar 3". Als wir fertig sind müssen wir sofort zum Essen kommen, da die gesamte Mannschaft bereits auf uns wartet und die Geschichte der Euro-Tour hören will. Wir kramen unsere zwei besten Weine aus dem Bauch der "Goldfisch" und klettern wieder zurück zu den Bulgaren. Zuerst gibt es Wein, Wodka und Schnaps. Dazu Salat und frisches Brot. Und dann der Hauptgang. Ein riesiger Teller, angehäuft mit gegrilltem Fisch, wird auf den Tisch gestellt. Die ganze Zeit sprechen wir in fünf verschiedenen Sprachen. Es wird heiter und immer lustiger. Nichts läßt darauf schließen, daß wir uns an dem Knackpunkt der Reise befinden. Lang nach Mitternacht fallen wir todmüde in unsere Kojen.

Fr, 14.07.2000 / 76. Tag

Nach dem Frühstück spricht der Kapitän per Funk mit dem Hafenamt, um sich in jugoslawischer Sprache zu erkundigen, was ich wohl zu tun hätte. In Bezdan bekam ich von dem dortigen Hafenkapitän nur eine Bewilligung zum Befahren der Donau bis und für das Donaustück nach Novi Sad. Für die Strecke der zerstörten Brücken braucht jedes Schiff eine separate Genehmigung vom Hafenamt aus Novi Sad. Ursprünglich wollte ich dieses Stück ja auch über den Bogojevo-Kanal umfahren.
Der Kapitän läßt sich alles genau erklären und bietet mir an mit mir dorthin zu fahren, um als Dolmetscher zu fungieren. Selbstverständlich nehme ich das Angebot an, da ich weder weiß wo sich das Hafenamt und die Polizeistation befindet, noch der Sprache mächtig bin und es außerdem weitaus sicherer für mich ist in Begleitung in die Stadt zu gehen. Denn eigentlich darf man hier das Schiff nicht verlassen um an Land zu gehen, ohne eine Bewilligung zu haben, die man wiederum nur auf dem Landweg bekommt und sich auf den Weg dorthin sofort strafbar macht. Irgendwie kostet jeder Furz hier Geld. Nur um die Löcher zu stopfen, die durch den Krieg entstanden. Dabei wandert mehr als die Hälfte dieser Einnahmen in die privaten Säcke der jeweiligen Beamten.

Goldfisch festgemacht an der "Donaustar 3"

Die Crew der "Donaustar 3" bringt uns mit ihrem Beiboot an Land. Der zweite Kapitän organisiert dort ein Taxi, mit welchen wir in mörderischen Tempo durch Novi Sad rasen.
Zuerst erreichen wir die Polizeistation, welche sich auf einem Ponton an der Donau befindet. Kurz hinter den zerstörten Brücken am linken Flußufer. Von diesem Ponton aus sehe ich nun aus nächster Nähe die Brücken im Wasser liegen. Betontrümmer und Eisenteile. Ein wirklich schreckliches Gefühl hier zu sein.
Durch die Hilfe der beiden Kapitäne ist die Sache schnell erledigt. Als dieser Behördengang beendet ist, gehen wir zum Hafenamt, welches sich in zweihundert Meter Entfernung, an der Straße direkt neben der Donau befindet. Dort muß ich meine Papiere hinterlegen damit sich die Leute per Fax in Belgrad nach dem Preis der Durchfahrt für die "Goldfisch" erkundigen können. Wir sollen in einer Stunde wiederkommen und sehr widerwillig lasse ich meine Papiere dort zurück.
Wir verlassen das Hafenamt und gehen zum Markt, hinter dem Gebäude, einkaufen. Hier gibt es einfach alles. Was nicht an den Ständen zu kaufen ist, wird von diversen Schwarzhändlern angeboten und trotz dieses Überangebotes kann ich die Armut der Bevölkerung sehen. Ich kenne Belgrad, Novi-Sad und andere jugoslawische Städte noch aus vergangenen Zeiten und da war einfach alles anders.
Nachdem wir noch ein Bier am Markt trinken, schleppen wir die Einkäufe bei brütender Hitze zurück zum Hafenamt.

Jetzt war auch der Hafenkapitän da und nennt mir den Preis für die Durchfahrt, den er aus Belgrad per Fax bekam. 280,- DM !!! Und das für knappe fünf Kilometer auf der Donau, die eigentlich internationales Gewässer ist, und von jedermann befahren werden darf. Eine Frechheit, aber was kann ich tun? Dieses Mal ist die Situation eine ganz andere als in Bezdan. Dieses Mal muß ich bezahlen.

Hier entsteht das nächste Problem. Ich habe natürlich keine jugoslawischen Dinar. In Ungarn bekommt man diese Währung nicht und in Bezdan hatte ich erklärt nichts zu besitzen. Hier darf man nur wechseln, wenn man den sogenannten Devisenrapport der Grenze und die Genehmigung für den Landgang vorweisen kann, welchen man wiederum nur in Dinar bezahlen kann. Ein endloser Kampf!

Der Hafenkapitän erweist sich aber als ein sehr netter Beamter, der meine Situation versteht. Er läßt durchblicken, daß er, wie auch viele andere der Bevölkerung, mit der Regierung nicht einverstanden sei, aber schlußendlich auch nichts an der Situation ändern könne. Ich habe US-Dollar, Österreichische Schilling und Deutsche Mark. Ich gebe ihm 2000.- ATS. Er entfernt all seine goldenen Streifen und Sterne von seiner Uniform, um wie ein normaler Soldat auszusehen und macht sich auf den Weg mein Geld zu wechseln und danach in der Bank einzuzahlen. Zirka vierzig Minuten später kommt er zurück, übergibt mir den Einzahlungsbeleg, der als Bewilligung gilt, und den Restbetrag in Dinar. So, auch das war nun erledigt.

Aber in der Zwischenzeit ist der zweite Kapitän verschwunden, um irgendwo an den Ständen des Marktes ein kühles Bier zu trinken. Der erste Kapitän macht sich daraufhin auf die Suche, während ich fast eine Stunde bei den Einkäufen warte. Dabei werde ich

Partystimmung an Bord der "Donaustar 3"

pausenlos angesprochen, ob ich nicht dies oder das kaufen wolle. Marlboro, Kent, Slivovic, Wodka, Teppiche, T-Shirts und viele andere Dinge. Nachdem wir wieder komplett sind fahren wir mit dem Taxi zurück.
In der Zwischenzeit hatte auch die "Milonga" an der "Donaustar 3" festgemacht. Uwe meint, daß er wohl ohne diese Genehmigung das folgende Donaustück befahren wolle. Worauf ich ihm erkläre, daß anscheinend jedes Schiff dieses Schriftstück benötigt um nicht von der Polizei abgefangen zu werden. Also macht auch er sich auf den Weg in die Stadt, kommt aber kurze Zeit später zurück. Das Amt war bereits geschlossen und er müsse morgen um 07.00 Uhr noch ein Mal dort hin, meint aber, daß er es ohne diese Genehmigung versucht. In Ordnung - seine Sache.
Der Tag hatte aber noch eine Überraschung für mich. Pierre Verberght, der Kartograph meiner Donaukarten, kommt zu Besuch. Er wußte, daß ich morgen durch diese schwierige Passage fahre und entschloß sich, hierher nach Serbien zu kommen, die Durchfahrt von Land aus zu beobachten und zu fotografieren. Wir trinken Kaffee und Cola, verbessern mit Hilfe des Lotsen der "Donaustar 3" mein Kartenmaterial und haben einen sehr angenehmen Nachmittag.
Den Rest des Tages genieße ich das Nichtstun. Beobachte zahlreiche Serben, die mit ihren Fischerbooten pausenlos an der "Donaustar 3" anlegen, den Matrosen irgendwelche Dinge verkaufen und danach wieder schnell verschwinden. Die Besatzung der Schiffe bestellen bei diesen Leuten verschiedene Dinge, wie Lebensmittel, Zigaretten, Schnaps und vieles andere. Mit einem geringen Aufpreis wird später alles "ins Haus" geliefert. Irgendwann werden sogar zwei Mädchen für eine knappe Stunde dort abgesetzt.
Am Abend kommt die Besatzung der "Donaustar 3" zu uns an Bord und später treffen wir uns noch ein letztes Mal auf ihrem Schiff, um Abschied zu nehmen.

Durch!!!

Sa, 15.07.2000 / 77. Tag

Obwohl wir überaus ruhig, an der "Donaustar 3" festgemacht, die zweite Nacht verbringen, bekomme ich nicht viel Schlaf ab. Der heutige Tag ist eindeutig der Knackpunkt dieser Reise rund um Europa. Heute passieren wir die zerstörten Brücken. Sollte das nicht klappen, bin ich gezwungen, die Reise hier abzubrechen und irgendwie versuchen zurück nach Deutschland zu kommen.
Um 04.00 Uhr ist bereits Aufstehen angesagt, da die Pontonbrücke geöffnet wird. Sie wurde nach dem Angriff der NATO zwischen den zerstörten Brücken errichtet und ist die einzige Verbindung zwischen den Stadtteilen an der Donau. Zuerst kommen die Bergfahrer, und nach Sonnenaufgang müssen alle wartenden Schiffe zu Tal abfahren.

Nach einigen Kaffees wird es hektisch. Einer der Besatzung von der "Donaustar 3" klopft an das Fenster und meint, wir müssen los. Also ablegen, das Manöver des Frachters abwarten und dann dahinterher fahren. Doch es ist noch nicht soweit und der Frachter dreht noch ein Mal, um an seinem Schwesterschiff anzulegen und auf weitere Order der Jugoslawen zu warten. Ich stelle die "Goldfisch" hinter ihm in den Strom und warte ebenfalls.
Ich muß noch erwähnen, daß normalerweise jeder vor der Durchfahrt eine "Schulung" bezüglich der Strecke absolvieren muß. Die natürlich wieder Geld kostet. Der Kapitän der "Donaustar 3" erklärte aber tags zuvor dem Hafenkapitän, daß die "Goldfisch" direkt hinter ihm fährt, und ich deshalb diese "Schulung" nicht benötige.
Nach fast einer Stunde ist es dann soweit. Die "Donaustar 3" legt wieder ab, wendet und nimmt Kurs auf die erste Brücke, die "Freiheitsbrücke". Wir hinterher. Ich habe ein absolut flaues Gefühl, da ich gestern erfuhr, daß die Durchfahrt bei den Brücken immer noch sehr gefährlich sei, da es teilweise weniger als zwei Meter Wassertiefe hat, und sich überall gefährliche Strudel befinden. Mein Herz klopft bis über beide Ohren und ich bin irrsinnig nervös. Eine Zigarette nach der anderen. Und dann sind wir da!
Ich steuere zur rechten Flußseite in die Richtung des "heilen" Stückes. Am Brückenpfeiler vorbei, von wo aus die zerstörten Teile, zur Flußmitte hin, in die Donau hängen, haben wir blitzartig die Brücke über, und kurz danach schon hinter uns. Wahnsinn!!!
Bei der zweiten und dritten Brücke muß ich die "Goldfisch" nach links, vorbei an aus dem Wasser ragenden Metallteilen manövrieren. Überall verbogenes Eisen. Wirbel und Strudel im Wasser, die die "Goldfisch" hin und her werfen. Dabei die Ungewißheit der Wassertiefe, da das Echolot, bedingt durch die Strudel im Wasser, keine klaren Daten liefert.
Militärpontons und Minensuchgeräte. Außerdem spüre ich die Blicke von unzähligen Beobachtern im Nacken. Noch gestern waren hier Schwimmkräne an der Arbeit, um einige gefährliche Eisenteile zu entfernen. Die geöffnete Pontonbrücke nehme ich überhaupt nicht mehr wahr. Irgendwie erinnere ich mich gar nicht mehr an die Durchfahrt. Über dem Ganzen, rechts oben am Berg die riesige Burg von Novi Sad, an deren linken Seite ein Hotel errichtet wurde, von wo zahlreiche Schaulustige das Geschehen verfolgen.
Ich muß noch am Polizeiponton anlegen um mich abzumelden. Doch in dieser Außenkurve entsteht eine relativ starke Strömung. Ich taste mich nicht, wie bei allen anderen Anfahrten, vorsichtig zum Ponton, sondern lasse die arme "Goldfisch" brutal auf diesen Platz krachen, da die Zeit drängt. Von hinten kommt bereits die "Milonga" und danach sofort ein Schubverband durch die letzte Brücke. Also mit Getöse ran, um sofort auf den Ponton zu springen, und meine Papiere vorzeigen. Nach wenigen Minuten habe ich diese Prozedur erstaunlicherweise hinter mich gebracht. Schnell wieder ablegen, da der nächste Frachter unter der Brücke durch steuert. Die "Milonga" ist noch nicht abgefertigt und wir verabredeten uns für Belgrad. Leider werden wir sie nicht wieder sehen.
Die nächste Brücke war sichtlich neu errichtet. Und danach ragen wieder Überreste aus dem Wasser, welche es zu umfahren gilt. Und auch hier wieder starke Strudel im Wasser. Die

Novi-Sad (Serbien) - zerstörte Freiheitsbrücke

"Goldfisch" ist nur sehr schwer zu bändigen. Doch nach der Einmündung des Bogojevo-Kanales auf der linken Flußseite beruhigt sich die Wasseroberfläche. Hier wäre die Ausfahrt in die Donau gewesen, durch welche ich gekommen wäre, wenn ich mich, wie ursprünglich geplant, für die Umfahrung der Brücken entschieden hätte. Aber diese Fahrt hätte mich ca. 1000,- US Dollar gekostet und ich wählte ja den Weg durch die Brücken, um die Donau komplett zu befahren.

Auf der rechten Flußseite gehen alle zu Tal fahrenden Frachter vor Anker und mit den Beibooten fahren Besatzungsmitglieder zum Ponton zurück, an dem die "Goldfisch" gerade gelegen hat. So wie ich es getan habe, müssen sich auch alle anderen Schiffe bei der Polizei wieder abmelden.

Es beginnt zu regnen. Doch irgendwie stört mich das überhaupt nicht, da es in diesem Moment sehr beruhigend auf mich wirkt. Jetzt realisiere ich es auch erst so richtig, ich habe es geschafft, habe den Knackpunkt hinter mir gelassen. Dieses kurze Stück der Donau, von dem die ganze Reise abhing. Bin durch!!!

Ab 10.00 Uhr scheint wieder die Sonne und die Donau wirkt auf mich wie ein einsamer See. Vorbei an der einmündenden Tisa, liegen reihenweise an Land gespülte Schiffe. Sehr viele Inseln und Altarme, links und rechts der Donau. Eigentlich ein Paradies. Gegen Mittag kommt mir der erste Seeriese entgegen. Und danach einige Schlepper, an denen viele

Motor- und Segelboote festgemacht sind. Es sieht so aus, als hätten sich Schmarotzer an ihrem Opfer festgesaugt. Außer den Frachtern, die wir in Novi Sad vor und nach den Brücken vor Anker liegen sahen, sind dies die ersten Schiffe seit Tagen auf unserer Fahrt. Kurze Zeit später erreichen wir Belgrad und ich steuere dort in die Sava, einem Fluß der 590 Kilometer von der Berufsschiffahrt befahren wird. Schon von weit ist der zerstörte Fernsehturm zu sehen.

Wir hatten in Novi Sad André kennengelernt, der von Branko, seinem Freund erzählte, welcher von hier aus ebenfalls mit seinem Segelschiff über die Donau zum Schwarzen Meer fahren will. Da dessen Schiff den gleichen Tiefgang hat wie die "Goldfisch", und sich dieser Mann sehr gut auf der Donau auskennen soll, würde ich ihn gerne kennenlernen. Ich habe eine vage Beschreibung wo ich ihn finden kann. Doch stellt sich heraus, daß es hier sehr viele Restaurants, andere Pontons und Steganlagen gab. Mehr als auf der Beschreibung, die ich von André erhielt. Also legen wir bei einem Restaurant an und fragen, ob nicht irgend jemand weiter helfen könne.

Ein deutsch sprechender Belgrader fährt uns kurzerhand mit seinem kleinen Fischerboot kreuz und quer durch dieses Gebiet, um diesen Segler zu finden. Leider ohne Erfolg geht es in strömenden Regen zurück zur "Goldfisch", welche dann um 500 Meter verlegt wird.

Wir legen an einer "Marina" an, welche im Wesentlichen aus einem ausgedienten Frachter besteht, umringt von zahlreichen kleinen und großen Booten. Aber alle zusammen schrottreif.

Belgrad - typischer Yachtclub

Eigentlich ein Friedhof. Total durchnäßt trinken wir mit unserem Helfer Charly ein Bier und fallen danach todmüde in die Kojen. Und trotz der Müdigkeit muß ich dauernd an die Durchfahrt der zerstörten Brücken denken, was auf jeden Fall ein Abenteuer besonderer Art war.

So, 16.07.2000 / 78. Tag

Charly weckt uns, um mit uns zum Markt zu fahren. In einem Puch 600 den nur mehr die Ränder der Rostlöcher zusammen halten. Eine absolut interessante Fahrt durch die Straßen von Belgrad. Da der Beifahrersitz nicht mehr vorhanden ist, sitzen Kagan und ich zusammengequetscht auf der Rückbank. Wer einen Puch 600 kennt, weiß was das heißt.

Wie in Novi Sad gibt es auch auf diesen Markt einfach alles. Hunderte Menschen laufen an diesen Sonntag hier herum und tätigen ihre Geschäfte. Nun haben wir auch noch Berge von Obst, Gemüse und anderen Lebensmitteln in Charlys Auto zu verstauen.

Wieder zurück, werden wir von ihm zum Essen eingeladen. Jede Menge Fisch, die er kurz zuvor extra für uns besorgte. Frisch aus der Donau direkt auf den Grill. Dazu Krautsalat.

Charly lebt auf einem Ponton an der Sava, worauf er ein kleines Häuschen gebaut hat, da die Wohnungen in Belgrad für ihn unerschwinglich wurden.

Später besucht uns noch der Segler, den wir am Tag zuvor gesucht hatten. Über Umwege hatte er erfahren, daß wir hier sind und kam natürlich sofort zur "Goldfisch". Die "Goldfisch" ist einzigartig hier und deshalb auch leicht zu finden, außerdem das einzige Schiff mit deutscher Flagge.

Natürlich muß ich mir auch sein Schiff ansehen. Wir fahren mit ihm zu der Marina, in welcher sein Schiff liegt. Ein wahrer Traum. Nicht viel größer als die "Goldfisch", aber mit wesentlich mehr Platz unter Deck, da dieses Schiff viel höher gebaut ist. Und die Einrichtung - wie in einem Schloß. Nur leider ist das Schiff noch nicht startklar. Erst in ungefähr zwei Wochen. Vielleicht werden wir ihn ja unterwegs wieder treffen.

Planänderung in Belgrad

Mo, 17.07.2000 / 79. Tag

In der vergangenen Nacht haben wir uns dazu entschieden, daß Kagan die EURO-TOUR 2000 wieder verläßt.

Er hatte auf der vergangenen Strecke zu oft das Problem sich mit meinen Entscheidungen abfinden zu können. Ich bin gerne bereit über alles zu diskutieren, soweit es nicht die Handhabung und die Sicherheit der "Goldfisch" betrifft. Auf jedem Schiff kann es nur einen geben, der das Kommando in der Hand hält. Ich will nicht behaupten, daß ich absolut alles über das Thema Schiffahrt und Segeln weiß, habe aber bis jetzt doch so einige Kilometer auf den vergangenen Flüssen zurück gelegt und das Verhalten des Schiffes sehr gut ken-

nen gelernt. Und wir bewegen uns schließlich auf einem großen und teilweise sehr gefährlichem Fluß, der Donau.
Kagan hat wohl Motorbooterfahrung, diese basiert aber ausschließlich auf Küstenfahrten mit einem sechs Meter langen Motorboot in seinem Urlaub. Ich wußte das und es störte mich auch nicht, aber die dauernden Versuche, mich bei meinen Entscheidungen zu beeinflussen, gingen mir immer mehr auf die Nerven.
Durch meine Erfahrung der letzten 2400 Kilometer, überließ ich ihm das Steuer nur, wenn ich keine Gefahr für das Schiff sah, was ihn wiederum störte. Ich steuere die "Goldfisch" oft schon instinktiv durch schwierige Passagen, wenn ich Kagan aber das Steuer überließ, hatte ich jedes Mal Bedenken.
Und leider sah er auch keine andere Möglichkeit sich an Bord zu beschäftigen, außer zu steuern. Darauf folgten in den letzten Tagen oft Streit und schlechte Atmosphäre an Bord. Ich machte ihn einige Male darauf aufmerksam, doch es änderte sich leider nichts.
Nun ist die Entscheidung gefallen, daß er das Schiff wieder verläßt und am Mittwoch mit dem Zug abreist.
Da ich bereits in der Vorbereitungsphase der "Euro-Tour" wußte, daß Dörte nicht die gesamte Etappe mitreisen kann, wollte ich eigentlich über Inserate in diversen Segelzeitschriften nach einer Ablösung für sie suchen, da ich ahnte welche Strapazen, alleine auf dem Schiff unterwegs, auf mich zukommen können und die Reise über das Schwarze Meer nicht allein zu bewerkstelligen ist.
Nun waren aber Kagan und sein Vater Atilla von Beginn an begeistert von meiner Reise. Ich lud Kagan ein, mich zu begleiten und gleichzeitig einen schönen Urlaub an Bord zu verbringen. Kurze Zeit später vermeldete auch Atilla sein Interesse an dieser Fahrt. Ich dachte mir, daß es bestimmt angenehmer ist mit Freunden unterwegs zu sein, als mit jemanden der sich auf mein Inserat hin meldet. Dazu kam natürlich auch, daß sich Atilla angeblich sehr gut auf dem Schwarzen Meer auskennt. Das war mir wesentlich mehr wert als wenn mir ein anderer Geld für die Mitfahrgelegenheit gibt. So lud ich auch ihn kurzer Hand ein uns zu begleiten, in Rousse sollte er dann an Bord kommen.
Da Atilla nun telefonisch von seinem Sohn eine ziemlich abgeänderte Version unseres Streites erfuhr, hat er keine Lust mehr, wie besprochen ab Rumänien über das Schwarze Meer bis zum Bosporus und Istanbul an der Tour teilzunehmen.

Ich werde mich mal umhören, ob jemand aus Deutschland oder Österreich Lust hat, von hier aus mitzufahren.
Ich fülle 120 Liter Diesel aus den Kanistern in den Tank und versuche die Marina, in der Branko sein Boot liegen hat, zu finden. Leider kann ich mich nur vage an die gestrige Autofahrt dorthin erinnern und somit bleibt es beim Versuch. Ich bin über vier Stunden unterwegs ohne Erfolg zu haben. Als ich an Bord zurück komme, ist es bereits stockfinster und die Beine schmerzen von dem langen Fußmarsch.

Di, 18.07.2000 / 80. Tag

Am Morgen bringt mich einer der Stammgäste des Restaurants mit dem Auto zu der Marina, die ich gestern an der falschen Flußseite suchte. Und da es gestern auch schon Abend wurde, bemerkte ich die Einfahrt zu dieser Marina nicht.

Branko, Andrea und Nicola sind da und sind selbstverständlich ziemlich verwundert. Ich erkläre die Situation und sie bieten mir an, die "Goldfisch" zu ihnen zu bringen. Da hätte ich zumindest für die Zeit Gesellschaft, in der ich mich nach einem Mitfahrer umhören will. Oder ich bleibe einfach, helfe ihnen bei der Arbeit an Brankos Schiff und wir fahren danach gemeinsam weiter.

Nachdem ich dann wieder zurück auf der "Goldfisch" bin, kommt plötzlich ein Polizeiboot längsseits und die Beamten erklären, ich müsse sofort mit der "Goldfisch" zum Polizeiponton kommen. Schnell im Restaurant der Marina die Liegegebühr entrichten und danach zum Ponton steuern, der etwa einen Kilometer stromauf in der Sava liegt.

Dort erfahre ich dann, daß ich auch hier ordnungsgemäß einzuklarieren habe. Die gleiche Prozedur wie an der Grenze. Formalitäten bei der Wasserschutzpolizei und dem Hafenamt. Natürlich nimmt das den ganzen Nachmittag in Anspruch! Und da wir ja schon mal hier sind, will ich auch gleich Kagan von der Besatzungsliste streichen lassen, denn auch das muß sein.

Ich muß alle Schiffspapiere, Genehmigungen und Listen bei der Wache lassen. Da Kagan erst morgen abreist, sollen wir dann morgen um 06.00 Uhr noch einmal hierher kommen um die nötigen Papiere abgestempelt zurück zubekommen.

Auch erfahre ich, daß es für mich verboten sei, mit der "Goldfisch" zu der anderen Marina zu fahren, da die Sava ab dem Polizeiponton nationales Gewässer ist. Ich mich aber nur auf der Donau, die internationales Gewässer ist, bewegen darf. Mit diesen tollen Neuigkeiten kehren wir darauf hin zur "Marina" zurück, an der wir festgemacht haben.

In der Zwischenzeit ist es auch schon Abend geworden. Branko, Andre und Nicola kommen noch vorbei und natürlich erzähle ich ihnen von dem Verbot in die Sava einzufahren, worauf aber Branko meint, der Hafenkapitän sei ein Freund von Micky und der wird sich morgen um die Sache kümmern. Dazu muß ich erwähnen, daß Micky ebenfalls ein Ferrocement-Schiff besitzt, welches in der gleichen Marina liegt, wie Brankos Schiff.

Mi, 19.07.2000 / 81. Tag

In der Nacht war es wieder schweinemäßig heiß. 27°C an Bord der "Goldfisch"!

Wir stehen bereits um 05.00 Uhr auf, da wir um 06.00 Uhr bei der Polizei sein müssen. Dort sind die Formalitäten erstaunlicherweise schnell erledigt und bald sind wir am Bahnhof. Da Kagans Zug erst nach 08.00 Uhr abfährt, trinken wir noch eine Cola und danach mache ich mich auf den Weg zurück.

Der Bahnhof ist nicht weit von dieser Marina entfernt, aber als ich zurückkomme, bin ich schweißgebadet. Schon um diese Uhrzeit kann man erahnen wie heiß es tagsüber wird. An

Bord angekommen, mache ich mich sofort daran wieder alles umzustellen. So wie es vor Kagans Ankunft in Bratislava an Bord aussah.
Die Zeit verfliegt, und im Nu ist es Mittag. Ich genehmige mir auf dem Frachter ein Bier und werde dabei in deutscher Sprache von einem Manager des Belgrader Flughafens angesprochen. Wir unterhalten uns über dies und das und als ich ihn später frage, wo denn die Post wäre, fährt er mich einfach dorthin.
Ich möchte dort telefonieren um vielleicht jemanden zu finden, der mit mir die Donau befährt. Über mein Handy ist es zu teuer, da hier in Jugoslawien eine Minute 10,- DM kostet und die Telefone hier in der Umgebung sind alle für Auslandsgespräche gesperrt. Doch ich habe auch auf der Post kein Glück. Entweder ich bekomme überhaupt keine Verbindung, oder sie wird unterbrochen. Also wieder zurück.
Der Nachmittag vergeht und am Abend kommt Micky mit seiner Frau um mir Hoffnung bezüglich der Einfahrt in die Sava zu machen. Der Hafenkapitän ist ein Freund von ihm und morgen früh werden wir dann gemeinsam dorthin gehen um diese Sache zu klären.

Do, 20.07.2000 / 82. Tag

Da Micky gestern sagte, er wäre um 08.00 Uhr hier, stehe ich natürlich dementsprechend früh auf. Doch es wird später und später. Niemand kommt. Irgendwann ist mir dann die Warterei zu dumm und ich gehe hinauf auf den Frachter um etwas Kaltes zu trinken.
Erst um 13.00 Uhr kommt dann Micky, entschuldigt sich für sein Zuspätkommen und danach fahren wir gemeinsam zum Hafenamt. All diejenigen, die bei meiner Einklarierung unfreundlich waren, überschlagen sich heute förmlich mit Höflichkeiten. Nach nicht einmal fünf Minuten Wartezeit werden wir in einen anderen Raum gebeten, wo uns der Hafenkapitän begrüßt. Ganz leger, ohne Uniform, nur mit Jeans und T-Shirt bekleidet. Micky trägt mir vorher auf, nur zu sprechen wenn ich gefragt werde. Ist aber nicht. Also sitze ich da und höre mir ihre Diskussion an, die ich sowieso nicht verstehe. Am Ende schüttelt mir der Hafenkapitän die Hand und meint in sehr gebrochenen deutsch, daß alles O.K. sei und er mir die Bewilligung zur Befahrung der Sava geben wird. Wir sollen uns meine Papiere von der Polizei holen und morgen mit Kopien davon, noch einmal zurückkommen. Das Ganze erschien mir wie ein Gespräch in Mafiakreisen diverser Filme. Ein Don, vor dem alle buckeln, und der alle Fäden in der Hand hat. Später wird sich heraus stellen, daß ich mit meiner Vermutung recht habe. Alles was hier im Hafen legal, oder illegal geschieht, muß von ihm bewilligt werden. Und dabei fällt natürlich immer ein größerer Teil für ihn ab. Meistens Geld, oder Güter die er wiederum zu Geld macht. Genauso sieht auch sein Auto aus, welches direkt vor dem Gebäude parkt. Das einzige hochglanzpolierte Metall weit und breit. So ist das Leben hier. Aber darüber werde ich später noch berichten.
Nach diesem Gespräch denke ich, nun wäre alles klar. Doch als wir am Polizeiponton nach meinen Papieren fragen, sind diese spurlos verschwunden. Die Beamten suchen hier und da und dort. Nirgends meine Papiere! Mir wird heiß. Micky meint nur, ich solle ruhig bleiben,

die Papiere müssen irgendwo sein. Und wenn nicht, so bekommen diese Beamten richtige Probleme mit seinem Freund, dem Hafenkapitän. Ist aber leichter gesagt als getan, denn außer meinen Paß haben die mir hier ja nichts gelassen.
Nach etwa einer Stunde tauchen dann meine Papiere plötzlich wieder auf, und die Polizeibeamten, die vorher Coolness demonstrierten, sind jetzt richtig verschwitzt. Ich bekomme alles außer der Crewliste ausgehändigt und wundere mich sehr, daß ich nun all meine Papiere behalten darf. Micky fährt mit mir los, um Kopien davon zu machen und danach bringt er mich zum Schiff zurück.
Mittlerweile war ein Gewitter ausgebrochen und es schüttet wie aus Eimern. Klatschnaß komme ich an Bord.

Fr, 21.07.2000 / 83. Tag

Wieder wollte Micky um 08.00 Uhr kommen, doch wie gestern, kommt er auch heute wieder nach Mittag. Am frühen Nachmittag sind wir dann am Hafenamt um die Kopien und einer von Micky verfaßten und mir unterschriebenen, schriftlichen Bitte abzugeben. Uns wird gesagt, daß alles in Ordnung ist, und gegen 15.00 Uhr das Schiff kontrolliert wird. Danach bekomme ich eine schriftliche Genehmigung und könne in die Sava einfahren. Sollte den Beamten aber etwas dazwischen kommen, so wird die Kontrolle morgen früh durchgeführt. Also wieder an Bord, um zu warten.

Wenn der Wasserstand der Donau zu schnell sinkt...

Als gegen 17.30 Uhr noch immer niemand da ist, lasse ich das Dinghi hinunter und erkunde die Gegend. Über zwei Stunden lang sehe ich mir alles mögliche an, drehe einige Runden auf der Sava und dem Altarm hinter der Donau. Erst als die Sonne beginnt unterzugehen, komme ich zurück.

Sa, 22.07.2000 / 84. Tag - Do, 27.07.2000 / 89. Tag

Diese Tage verbringe ich nur an Bord der "Goldfisch", um auf die Beamten der Capitania zu warten. Außer Sonntag, da habe ich etwas Besseres zu tun. Nämlich darauf zu achten, daß die "Goldfisch" nicht pausenlos gegen die Bordwand des Frachters (Marina) kracht. Bedingt durch die vielen, starken Wellen, die von den zahlreich vorbeidonnernden Motorbooten verursacht werden. Die "Goldfisch" hatte ich zwar hervorragend gesichert, trotzdem zehren diese Wellen ganz schön an ihrer Substanz und an meiner Geduld.

Außerdem versuchen andauernd irgendwelche Freizeitkapitäne an der Leiter, die vor dem Bug der "Goldfisch" auf den Frachter führt, anzulegen. Jeder steuert sein Boot mit dem Bug zur Leiter, befestigt nun diesen mit einer notdürftigen Leine, und der Rest des Bootes kracht an die Bordwand meines Schiffes. Ein Kampf gegen Windmühlen. Denn kaum mache ich einen darauf aufmerksam, er solle sein Boot besser absichern, schon kommt der Nächste.

Ein Fischer bietet seinen Fang an

Oder noch dreister: Einige legen sofort an der Steuerbordseite der "Goldfisch" an, um dann mit Kind, Kegel, Hund und verschmutzten Schuhen über die Reling und das Deck der "Goldfisch" hinüber auf den Frachter zu klettern. Das ist ein Katastrophensonntag!

Als Montag wieder keiner der Beamten erscheint, gehe ich Dienstag zwischen der Warterei zweimal zum Hafenamt, werde aber wieder nur vertröstet. Als ich dann am Mittwoch die

Auskunft erhalte, es werde wohl noch zwei oder drei Tage dauern, entschließe ich mich abzufahren.
Den nächsten Tag nütze ich dazu, Wasser zu bunkern und mich für die Einhand-Weiterfahrt zu rüsten. Ich muß alle wichtigen Dinge griffbereit haben, ohne mich auf der Fahrt außerhalb des Steuerstandes bewegen zu müssen. Außerdem müssen alle lose herumstehenden Teile verstaut werden, denn sollten Wellen auf mich zukommen, kann ich mich darum nicht kümmern und die werden auf der folgenden Strecke mit Sicherheit auftreten. Auch starker Wind ist auf den breiten Stellen der Donau zu erwarten. Ebenso brauche ich alle nötigen Sicherheitsartikel bei mir, um für alle Eventualitäten gerüstet zu sein. Ich denke, so werde ich es wohl schaffen, die "Goldfisch" die Donau weiter stromabwärts zu steuern.
Ich möchte aber auch nicht verheimlichen, daß ich ein wenig Bammel vor den nächsten 2000 Kilometer habe. Davon über 1000 Kilometer der Donau durch Rumänien und Bulgarien. Von beiden Ländern hörte ich nur Gruselstorys. Von korrupten Beamten bis zur Piraterie. Alleine zu fahren, soll angeblich ziemlich gefährlich sein. Aber was soll ich machen? Das Einzige, das ich tun kann, ist vorsichtig zu sein.
Natürlich ist es für mich selbstverständlich, mich von Branko, Nicola und den anderen zu verabschieden. Am Abend schreibe ich dann noch an diesen Zeilen.
Bevor ich hier ablege, möchte ich noch meine Gedanken und Gefühle zu Belgrad schildern. Diese "Marina", an der ich hier liege, besteht eigentlich nur aus einem ausgedienten Frachter, der hier vor Anker liegt. Alle Teile der Reling, Türen und Fenster sind mit blauer Farbe lackiert. Ein wenig erinnert es mich an die Häuser in Griechenland.
An Deck wurde eine Terrasse eingerichtet, die zum Restaurant gehört. Über dem Ganzen weht als Schattenspender ein riesiges Tarnnetz des Heeres. Am Heck ist der Club untergebracht, welcher eigentlich nur von den ansässigen Fischern frequentiert wird. Der Abwasch wird im Freien erledigt und das Spülwasser fließt über das Deck direkt in den Fluß, der Abfluß des Restaurants wird, kurz vor der "Goldfisch", ebenfalls auf das Deck geleitet. Hier läuft es entlang bis es irgendwo dann den Weg hinunter in den Fluß findet. Die Toiletten sind am Bug des Frachters untergebracht, was im Nachhinein logisch ist. Der Frachter liegt mit der Strömung im Fluß, und damit die Gäste nicht durch den Geruch gestört werden, sind die zwei "Plumpsklos" dort installiert. Denn auch diese Abwässer laufen direkt in die Sava.
Leider wird auch jede andere Art Müll auf eben diese Weise entsorgt. Als ich eines Tages nachfragte, wo ich denn meine vollen Müllbeutel deponieren kann, bekam ich die Antwort, sie doch wie es üblich ist in den Fluß zu werfen. Das machen einfach alle so, die hier leben. Ich werde diesen Müll wohl noch viele Tage mit mir mitschleppen.
Somit läßt sich natürlich auch die große Menge der umherschwebenden Möwen erklären. Große Schwärme mit den verschiedensten Möwenarten. Von kleinen mit schwarzen Köpfen, Möwen die die Größe von Seemöwen haben, bis zu mir unbekannten Arten, die wie

Raubvögel gezeichnet sind. Auch werden durch den Müll viele streunende Hunde angezogen, die aber erbarmungslos verjagt werden.
Rund um diese "Marina" liegen zahlreiche Fischerboote und Motorboote, die aber allesamt schrottreif sind. Die "Goldfisch" fällt hier natürlich unweigerlich auf. Leider... Und leider war das hier der einzige Platz, wo ich anlegen durfte. In die Marina der Sava durfte ich nicht, und die Marina an der Donau hatte nicht genügend Wassertiefe.
Vis a vis meines Liegeplatzes befindet sich eine große Insel, auf der einen Seite die Donau, an der anderen Seite die Sava und dahinter ein Altarm fließt. Leider ist sie absolut ungenützt. Wäre eigentlich ein Freizeitparadies. Doch so sammelt sich an den Ufern nur der angeschwemmte Müll.
Von der Sava landeinwärts sieht man an der linken Seite die riesigen Befestigungsanlagen der Altstadt, die noch aus Zeiten der türkischen Okkupation stammen. An der rechten Seite, zwischen den folgenden Brücken, etliche Restaurants und Bars auf Pontons. Einige davon liegen teilweise an Land, da die Donau und die Sava Niedrigwasser führen und niemand die Befestigungsleinen verlängerte. Gleich daneben das erste, weit sichtbare, zerbombte Regierungsgebäude. Viele andere zerschossene Häuser kann man auch direkt in Belgrad sehen. Die wenigsten davon wurden wieder aufgebaut. Auf dem Weg durch die Stadt sah ich sogar ein komplett zerstörtes Gebäude direkt neben einem Spital. Schrecklich!
Die Stadt selbst ist voller Widersprüche. Märkte, die voll sind mit allen Gütern, die man sich vorstellen kann und eine wirklich zauberhafte Altstadt. Überall Cafés, Restaurants und Bars. Alle sind überfüllt mit Menschen. Aber nur wenige Meter weiter die zerstörten Militär- und Regierungsgebäude. Teilweise liegen ganze Viertel in Schutt und Asche.
Dazwischen viele Menschen, die aus der Hand im Mund leben. Die Kluft zwischen Arm und Reich ist enorm groß. Die Leute am Fluß leben und ernähren sich ausschließlich von Fisch, da Geld für andere Nahrung fehlt. Und im Stadtinneren wird geschlemmt was das Zeug herhält.
Zerlumpte Fischer und dicke Mercedes. Zerstörte Gebäude und zu Szenetreffs umgestylte Bierbrauereien. Rentner, die mit 65,- DM auskommen müssen und andere, die nicht wissen wohin mit ihrem Geld. Restaurants ohne Abflußsystem und Marmortoiletten im Rathaus. Leute, die erzählen, daß Tomaten zu teuer sind, und Reporter beim Champagnerfrühstück, die meinen, die ganze Welt aufkaufen zu können. Die Kluft ist einfach zu groß zwischen denen, die das Geld besitzen und denjenigen, welche ums tägliche Überleben kämpfen.
Ich habe überhaupt nicht das Gefühl in Europa zu sein. Ich kann auch sehr schwer meine Gefühle wiedergeben beim Anblick dieser Stadt, dessen Regierung nach dem Bombenangriff der NATO noch stärker gefestigt ist als vorher.
Die Opposition, von der man in westlichen Nachrichten hört, scheint zum Clan zu gehören. Wird von ihm bezahlt und ausgehalten. Eigentlich ist sie nur Mittel zum Zweck. Es gibt sie nur für die "Weltpolitik". Die Regierung wird von der Sonderpolizei beschützt, wofür sie überdurchschnittlich bezahlt wird. Die "First Lady" ist umringt von den Reichen des Landes. Jedes Regime wird durch Krisen, so wie hier in Jugoslawien, nur noch stärker. Es gibt viele,

die eine Änderung herbei wünschen, sich aber nicht trauen, etwas zu unternehmen. Bei einer neuerlichen Wahl steht anscheinend schon jetzt das Ergebnis fest.
Die Reichen werden selbstverständlich zu diesem Regime stehen, da sie ihren Reichtum nicht verlieren wollen. Aber auch der arme Bauer, der nicht einmal genug Wasser für seine Felder hat, wird so stimmen, da ihm die Regierung für seinen Traktor eine Straße baute. Die er aber nicht befahren kann, weil ihm das Geld für Benzin fehlt.
Ich bin kein Politiker und kann deshalb auch nicht sagen, ob es richtig oder falsch war, Jugoslawien zu bombardieren. Ich sehe aber, daß 90% der Bevölkerung darunter leiden.
Durch den NATO-Angriff und dem darauffolgenden Embargo konnte sich das Regime hier sehr gut festigen. Da Milosevic zum Kriegsverbrecher erklärt wurde, kann er wegen der drohenden Verhaftung natürlich das Land nicht verlassen und wird mit allen Mitteln versuchen an der Macht zu bleiben. Es wird ihm auch ziemlich egal sein, ob der Westen seine Gesetzesänderungen akzeptiert oder nicht. Auch ist es ihm egal, ob die Neuwahlen und deren Ergebnis dort anerkannt werden.
Nun bin ich seit über zwei Wochen in Jugoslawien und habe viele Menschen kennengelernt und deren Meinungen gehört. Fast überall habe ich erfahren, daß sich die Bevölkerung einen Machtwechsel herbei wünscht, aber zu Recht Angst vor dem Militär und der Sonderpolizei des Diktators hat. Ich denke, das einzige wirksame Mittel gegen dieses Regime ist ein ziviler Aufstand. Ähnlich wie der, der 1989 in Rumänien stattfand. Auch dort war dies der einzige Weg der Ausbeutung zu entfliehen.
Sollte es soweit kommen, steht Milosevic wahrscheinlich alleine mit seiner gut bezahlten Sonderpolizei der Übermacht des Volkes gegenüber. Wie sich dann das Militär verhalten wird, ist fraglich. Ich wünsche mir, daß sich dann all diese Uniformträger so verhalten wie das gesamte Volk, welches nach Freiheit schreit. Denn auch dieses Militär ist ein Teil des unwahrscheinlich verarmten Landes.
Dieses Land ist wunderschön, abwechslungsreich und es gibt Gebiete hier, die einzigartig auf der Welt sind. Die Menschen sind überaus gastfreundlich und hilfsbereit. Es wäre wirklich schade, wenn all das der Vergangenheit angehören würde...

Das Hotel

Fr. 28.07.2000 / 90. Tag

Ich schlafe ziemlich schlecht, da ich dauernd diese Warnungen vor Rumänien und Bulgarien im Kopf habe. Deshalb entschließe ich mich um 05.00 Uhr aufzustehen und zu frühstücken. Koche einige Liter Tee, fülle die Thermoskanne mit heißem Wasser für den Kaffee und bereite Mittagessen und Jause vor, da ich dann später auf der Donau den Steuerstand nicht verlassen möchte.

Um 08.00 Uhr kommt noch Branko, um sich zu verabschieden, da er weiß, ich lege um diese Zeit ab. Doch leider kann ich erst eine Stunde später los, da mein Stromkabel in der Küche der Marina eingesteckt, und zu dieser Uhrzeit niemand anwesend ist. Nachdem ich mein Kabel endlich habe, heißt es wieder: Leinen los. Natürlich nicht, ohne von vielen Leuten begafft zu werden. Da die "Goldfisch" im Strom liegt und mit fünf Leinen gesichert ist, wird dieses Manöver schnell zum Streß. Doch helfen kommt mir auch niemand. Aber ich denke, ich zeige diesen Leuten eindrucksvoll, daß man ein so großes Schiff auch allein beherrschen kann.

Ich steuere langsam die Sava stromauf und lege nach etwa zwanzig Minuten am Polizeiponton an. Da ich diesen Ponton bereits kenne, habe ich auch keine Schwierigkeiten damit. Leider dachte ich, die Sache ist schnell ausgestanden. Werde aber vom Gegenteil überzeugt.

Es dauert natürlich einige Zeit bis endlich zwei Polizeibeamte erscheinen. Relativ schnell erhalte ich meine Crew-Liste zurück, doch als ich zum Hafenamt komme, muß ich dort eine Prüfung ablegen, die meine Fähigkeit beweist, die Donau befahren zu können. Eine Farce! Ich werde über dies und das gefragt, und erhalte anschließend einen Ausweis, der mir erlaubt die jugoslawische Donau zu befahren.

Als ich später am Abend, vierzig Kilometer weiter, den Anker werfe, wird mir von einem hilfsbereiten Menschen dieser Ausweis übersetzt. Und jetzt kommt es: Mit diesem Stück Papier hätte ich auch in die Sava einfahren dürfen, da es eine Legitimation für alle jugoslawischen Flüsse ist. That's Life! Da sitze ich zwei Wochen in Belgrad fest, weil ich in die Sava einfahren will, entschließe mich dann abzureisen und bekomme einen Ausweis für ganz Jugoslawien, der mir aber erst 40 Kilometer später übersetzt wird. Da verstehe ich dann auch, warum ich dafür 30,- US-Dollar bezahlen mußte. So spielt das Leben, und ich fahre weiter... I am on the Road again!

Nach der Einmündung der Sava in die Donau ist der Strom lange Zeit zweifärbig. Ich wundere mich über die blau wirkende Wassermassen, die dieser Fluß einbringt. Nachdem ich die Verschmutzung der Sava in Belgrad sah, ist es nun fast unverständlich, daß die Donau noch um einiges grauer und trüber aussieht. Die farbliche Trennlinie dieser zwei Flüsse führt viele Kilometer weit den Strom entlang.

Der Flußverlauf der Donau wird nach Belgrad langsam zur Auenlandschaft. Links und rechts Inseln und etliche dicht umwaldete Seitenarme. Das Wasser spiegelglatt mit nicht mal fünf Stundenkilometer Stromgeschwindigkeit. Eine wirklich bezaubernde Landschaft kommt mir, bei 36°C im Schatten, entgegen.

Kurz nach 13.00 Uhr treffe ich auf einen Schwimmer in Begleitung eines Kanus. Dieser Schwimmer, man höre und staune, ist seit Deutschland auf der Donau unterwegs, und schwimmt bis Sulina am Schwarzen Meer! Eine unglaubliche Geschichte. Er schwimmt für Frieden auf der Welt und wird nur von seinem Sohn im Kanu begleitet, der ihn vor Strudeln und Schiffen warnt. Täglich legt er ungefähr 50 Kilometer zurück, schläft unter den

Umfunktionierte Vorderkabine

Bäumen am Ufer und ernährt sich ausschließlich von der Natur. Hat auch schon das Mittelmeer nonstop durchschwommen. Gott sei Dank bin ich nicht der einzige Verrückte unterwegs. Diese Begegnung findet am Donaukilometer 1147 statt. Ich denke, ich werde ihn bestimmt noch das eine oder andere Mal treffen.

Ein Verband der aus zwölf (!) zusammengebundenen Frachtern besteht kommt mir überaus langsam entgegen und dreizehn Kilometer später teilt sich die Donau ein weiteres Mal.

Aus der Entfernung kann ich gar nicht erkennen, wie denn der Stromverlauf ist. Aber aufgrund meines Kartenmaterials, welches wirklich ausgezeichnet ist, ersehe ich, daß ich in den rechten Arm einfahren muß. Links läuft der Hauptstrom der Donau weiter. "Guta", ein Mann aus Belgrad meinte, auf dem Weg stromab soll ich in diesem Seitenarm der Donau, vor der Hotelanlage seines Bruders Halt machen. Er käme auch dort hin, um einige Tage mit seinem Bruder zu verbringen.

Also taste ich mich langsam durch diesen Arm, der hier bereits so breit ist wie die Donau im Oberlauf! Wunderschön. Links gleitet die dicht bewaldete Insel Grocansca an mir vorbei, welche fast drei Kilometer lang ist. An der rechten Seite zuerst die Stadt Grocka, und danach nur Auenlandschaft. 800 Meter vor der Ausfahrt in die Donau liegt ein Ponton an der rechten Flußseite, welcher zum Hotel gehört. Leider ist der, entgegen der Auskunft Guta's, zu klein für die "Goldfisch". Also wende ich und werfe den Anker bei vier Meter Wassertiefe, dreißig Meter vom Ufer entfernt.

Selbstverständlich errege ich sofort wieder Aufsehen und nach kurzer Zeit kommt auch schon Goran zum Ufer gelaufen. Er ist Guta's Bruder. Ruft mir zu, ich solle zum Hotel kommen, er warte dort auf mich. Also Dinghi runter und hinüber gepaddelt. Da es schweineheiß ist, mich das Ankermanöver und die Fahrt mit dem Beiboot ganz schön Kraft kostet, komme ich total verschwitzt an.
Anscheinend eine riesige Anlage. Am Ufer, in der Nähe des Pontons, sitzen etliche Maler vor einigen Bungalows und begrüßen mich natürlich sofort mit Schnaps. Na, das wird heiter. Habe ja noch nichts im Magen!
Danach mache ich mich auf den Weg zum Hotel. Vorbei an einer Leichtathletikbahn, Tennis- und Fußballplätzen, erreiche ich die Terrasse vor dem Hotel. Dieses Gebäude liegt etwas höher und von hier erbietet sich ein grandioser Blick auf die Anlage, dem Donauarm und der Insel. Die Architektur des Hotels ist etwas zu östlich für meinen Geschmack, aber alles topgepflegt und sauber.
Von einem Hotelangestellten werde ich zum hinteren Teil des Hotels geführt, wo Goran mit einigen Freunden auf einer abgesonderten "Privatterrasse" wartet. Sofort wieder Bier und Schnaps. Und Fragen über Fragen. Seine Freunde am Tisch sind Großdisco-Besitzer, Benzinschmuggler und Auto"händler".
Innerhalb kürzester Zeit wird eine riesige Platte mit gegrillten Fleisch in Sauce auf den Tisch gestellt. Die haben mir meinen Hunger bestimmt sofort angesehen. Vollgegessen, drückt mir Goran dann einen Zimmerschlüssel in die Hand, und meint, dort könne ich mich duschen und auch schlafen.
So wie es scheint, werde ich wohl über Nacht bleiben und deshalb werde ich mich zuerst um das Schiff kümmern. Ich hole den Anker hoch, steuere die "Goldfisch" etwa zehn Meter schräg vor dem Ponton, werfe ihn wieder und lasse mich mit belegten Ruder zu dem Ponton treiben. Nachdem ich noch eine Landleine ausbringe, kann ich nun, ohne am Ponton angelegt zu haben, gemütlich von Bord gehen. Perfekt. Brauche nicht mehr mit dem Beiboot an Land rudern, habe aber auch nicht das Risiko, den Ponton aus seiner Verankerung zu reißen.
Sofort ab unter die Dusche. Ich hatte mir zwar an Deck eine "Dusche" aus Wasserkanistern und einem Schlauch gebastelt, doch eine richtige, warme Dusche ist doch etwas anderes. Und nun ist es die erste Möglichkeit seit Budapest!!! Über eine Stunde stehe ich unter dem fließendem Naß. Danach wird noch in fünf Sprachen und mit Händen und Füßen diskutiert. Ein paar Bier und ab in die Koje.
Ich hätte zwar in dem Hotelzimmer schlafen können, ziehe aber die "Goldfisch" vor, da das Schiff in den letzten Monaten zu meinem Zuhause wurde und ich sie auch nicht alleine vor Anker lassen möchte.

Sa, 29.07.2000 91. Tag

Erwache durch unzählige Schüsse. Sofort raus und sehen, was denn los sei. Hatte mich aber umsonst erschrocken. Vom Ufer aus wird auf Tontauben geschossen. Ein Wettbewerb

hatte begonnen. Stört mich dann auch nicht mehr, denn ich werde sowieso noch einen Tag länger hier bleiben, um auf Guta zu warten. Und ist dieser Bewerb doch eine Abwechslung für mich.
Die Jagd auf die Tontauben dauert bis in die Nachmittagsstunden und in der Zwischenzeit werde ich dauernd vom Schiff geholt, um entweder zu essen, zu trinken, oder um anderen Leuten vorgestellt zu werden. Ich lerne einige andere Freunde von Goran kennen, jeden einzelnen der Maler am Ufer, welche allesamt Berühmtheiten in Jugoslawien sind und sogar den Bürgermeister von Grocka.
Und zu guter Letzt noch einen Mann, der fließend Deutsch spricht. Er ist so etwas ähnliches wie der Chef der jugoslawischen Kunstakademie. Ich unterhalte mich bis in die Abendstunden mit ihm und werde zum Abschluß eingeladen, ihn morgen mit in die Kirche zu begleiten. Dort findet ein einzigartiges Ereignis statt. Der Patriarch von Jugoslawien kommt dorthin, um eine Messe zu lesen.
Verschiebe ich meine Weiterfahrt also noch um einen Tag, da ich mir das doch nicht entgehen lassen will. Der Patriarch ist der höchste Mann der jugoslawisch-orthodoxen Kirche. So etwas wie der Papst für die Katholiken. Außerdem interessiert es mich wie eine jugoslawisch-orthodoxe Kirche von innen aussieht.
Kurz bevor ich mich in die Koje werfen will, kommt noch ein ziemlich betrunkener Freund von Goran, um sich mein Schiff anzusehen. Die "Goldfisch" liegt, wie bereits erzählt, vor Anker, mit einer Landleine in Richtung des Pontons gesichert. An der Backbordseite des Schiffes, hinter dem Ponton, ist ein Motorboot an eben diesen Ponton befestigt. Durch die Strömung berühren sich beide Schiffe und man kann nicht nur über den Ponton, sondern auch über dieses Motorboot an Bord der "Goldfisch" gelangen.
Genau das versucht dieser Kerl leider auch. Er setzt ein Bein zu mir an Deck, läßt aber das andere am Motorboot. Es kommt, wie es kommen muß. Die Schiffe treiben langsam, wie in Zeitlupe, auseinander, und er steht in Grätsche über dem Wasser. Die Boote treiben weiter auseinander, er nimmt das eine Bein zurück zum Motorboot und hält sich dann mit den Händen an meiner Reling fest. Und so hängt er schließlich waagrecht über dem Wasser bis ihm seine Kräfte verlassen und er hinunter fällt.
Es ist stockdunkel und dieser dumme Mensch zappelt neben der "Goldfisch" im Wasser wie ein kranker Fisch. Irgendwie kann ich den Mann greifen und zerre so gut ich kann. Er greift nach der Reling und versucht mit meiner Hilfe seine Beine an Bord zu hieven. Natürlich verbiegt er so die gesamte Relingskonstruktion. Nach endlosen Minuten habe ich ihn dann endlich an Bord und er stammelt nur etwas von schlechten Schnaps.
Ich bin stocksauer. Nicht nur wegen der Reling. Die kann ich ja wieder reparieren. Sondern, weil dieser blöde Kerl absaufen hätte können. Und als er dann auch noch an Deck torkelnd versucht, seine Hose auszuziehen, werfe ich ihn fluchend von Bord. Ich schreie ihn an, er solle sich aufs Land verziehen, aber schnell. Das hat er auf jeden Fall verstanden und klettert, dieses Mal an der richtigen Stelle, auf den Ponton. Dort zieht er dann seine

Kleidung aus und geht nackt wie er ist, in die Richtung des Hotels. Ich habe mich so derartig darüber aufgeregt, daß ich lange nicht einschlafen kann.

So, 30.07.2000 92. Tag

Werde von den Malern frühmorgens abgeholt und nach gemeinsamen Frühstück auf der Hotelterrasse fahren wir in die Kirche. Für deutsche Verhältnisse eigentlich eher eine Kapelle, jedoch wunderschön geschmückt und eingerichtet. Viele Leute sind gekommen, um an dieser speziellen Messe teilzuhaben. Ich verstehe zwar kein einziges Wort, das gesprochen oder gesungen wird, genieße es aber trotzdem an dieser orthodoxen Messe mit dem Patriarch von Jugoslawien, teilzunehmen. Auch TV und Radiosender waren gekommen, um dieses Ereignis zu übertragen. Und ich mittendrin. Wie oft wird einem schon so eine Möglichkeit geboten? Es wird mir sogar erlaubt den Patriarch in der Kirche zu fotographieren.

Der Patriarch ist knapp über achtzig Jahre alt und sehr klein gewachsen. Schneeweißes Haar und einen langen weißen Bart. Seine Kleidung funkelt nur so, und auf dem Kopf trägt er eine riesige, goldene mit Edelsteinen besetzte "Krone". In der einen Hand ein Kreuz und in der anderen einen langen Stab. Beides aus massivem Gold und ebenfalls reich besetzt mit Brillanten und anderen Edelsteinen. Eine "strahlende" Erscheinung.

Ich bin ziemlich verwundert, daß anscheinend überhaupt keine Sicherheitsvorkehrungen getroffen waren. Oder ich sehe sie einfach nicht.

Die Messe dauert etwas über 1,5 Stunden und danach findet noch eine Presseversammlung statt. Der Patriarch und andere gehobene Personen aus der Umgebung werden interviewt. Später geht es dann wieder durch die engen Straßen von Grocka zurück zum Hotel und auch da versammeln sich viele Leute, um über das Geschehen zu diskutieren. Ich gehe aber an Bord der "Goldfisch" um mich auszuruhen und das Erlebte niederzuschreiben.

Am Abend mache ich die "Goldfisch" wieder einmal abreisefertig. Als ich mich später von Goran verabschieden will, darf ich natürlich nicht ohne deftiges Abendessen zurück zum Schiff. Ich muß ihm noch versprechen, morgen früh nochmal auf Wiedersehen zu sagen. Überfressen und ziemlich spät komme ich in die Koje.

Mo, 31.07.2000 / 93. Tag

Nach dem Frühstück gehe ich hoch zum Hotel, da ich gestern versprach, dies vor der Abfahrt auf jeden Fall zu tun. Natürlich muß ich dort mit Goran ein zweites Frühstück einnehmen und erhalte zum Abschied noch eine riesige Kiste vollgefüllt mit allen Sorten Obst und Gemüse. Ich habe richtige Probleme, diese Kiste zu schleppen, da sie so groß und dementsprechend schwer ist.

Ich bin jeden Tag aufs Neue überrascht, welche Gastfreundschaft mir überall auf der Strecke entgegen kommt. Anker hoch und wieder Abschied von netten Leuten auf meiner Reise. Leider kam Guta aus Belgrad nicht wie verabredet hierher.

Bevor ich ablege, muß ich aber noch den Wasserfilter reinigen, da er mit kleinen Flußkrebsen gefüllt ist. Ich bin wirklich sehr verwundert, diese Tierchen dort zu finden.
Langsam gleite ich an der Insel vorbei wieder zurück in die Donau. Die Strömung nimmt immer mehr ab, je weiter ich stromab unterwegs bin. Vorbei an den alten Befestigungsanlagen bei Smederevo, wird die Donau ab Kilometer 1096 wieder breiter. An beiden Seiten der Donau wunderschöne Inseln mit Sandstränden, welche zum Verweilen einladen. Nach dem Tuna-Tisa-Kanal, welcher nach Ungarn führt, beginnt an der linken Seite, bei dem Kastell Armata, Rumänien und danach sehe ich auch schon die Berge, welche mir wieder ein neues Bild der Donau zeigen werden.
Gegen 16.30 Uhr erreiche ich Veliki Gradiste. Direkt vor dem Ort liegen die Pontons für die Revision. Leider muß ich dreißig Minuten im Strom warten, da der Ponton von einem Fahrgastschiff und zwei Yachten belegt ist. Diese rumänischen Schiffe machen hier gerade ihre Revision.
Nach der Zeit des Wartens kann ich dann endlich mit der "Goldfisch" anlegen. Auf zum Hafenamt, Zoll und Polizei. Zum Glück befinden sich diese Gebäude in der Nähe der Pontons. Vor ungefähr einer Stunde war starker Wind aufgekommen und die "Goldfisch" wird nun so richtig durchgeschüttelt. Ich habe einige Bedenken wegen des Windes, da mich der Lotse auf der "Donaustar 3" eindringlich davor warnte. In dieser Jahreszeit ist es nicht selten, daß sich die Windgeschwindigkeit auf über 150 Stundenkilometer hochschraubt. Da ist es doch angenehm in der Nähe zu sein.

Velike Gradiste - Serbien

Die Formalitäten sind in nicht mal fünfzehn Minuten erledigt. Da ich aber über Nacht bleiben möchte, muß ich alle Papiere dort hinterlegen. Ist aber in Ordnung, da hier richtige Ordnung herrscht und ich für jedes Dokument eine Quittung erhalte. Nicht wie in Belgrad.
Als der Wind dann doch nachläßt, mache ich mich auf den Weg ein Bier zu trinken, und mir ein wenig das Dorf anzusehen. Ein richtig verschlafenes Nest mit wenig Betrieb auf den Straßen. Einige wenige Läden und fast keine Leute unterwegs. Deshalb komme ich auch wieder schnell zurück an Bord. Außerdem werde ich morgen früh ablegen, und sollte dann auch ausgeschlafen sein.

Durch die Karpaten

Di, 01.08.2000 / 94. Tag

Der Wecker läutet bereits kurz vor 05.00 Uhr, denn ich möchte noch vor 06.00 Uhr alles erledigt haben, um loszufahren. Doch leider habe ich die Rechnung ohne den Wirt gemacht. Denn als ich zur Polizeistation komme, wird mir von den Beamten erklärt, ich solle nach 07.00 Uhr wieder kommen. Die Nachtschicht hat anscheinend einfach keine Lust so früh am Morgen etwas zu tun.
Also zurück und noch einige Kaffees in den Körper schütten, um es dann gegen 07.00 Uhr noch einmal zu versuchen. Siehe da, die Angelegenheit ist nach zehn Minuten erledigt, und nach einer Kontrolle an Bord, lege ich dann gegen 08.00 Uhr ab. Die Beamten wollten es

Golubac (Serbien) - Alte Befestigungsanlage

sich eigentlich bei mir unter Deck gemütlich machen und so dies oder jenes als "Andenken" mitnehmen, wurden aber von einem anlegenden Fahrgastschiff gestört. Schnell ablegen, -denke ich- nichts wie weg, bevor sie es sich anders überlegen.
Bei Moldova Veche, an der linken Seite liegend, teilt sich dann die Donau in zwei große Stromarme. Da ich hier in dieser Stadt aber noch nicht einklarieren will, halte ich mich im rechten Stromarm, der jugoslawischen Seite. Der linke Arm ist rumänisches Gebiet und nicht tief genug. Außerdem hatte ich mir für heute Abend bereits einen Ankerplatz auf der jugoslawischen Seite aus den Plänen gesucht. Würde ich hier in Moldova Veche die rumänische Eingangsrevision durchführen, könnte ich den geplanten Ankerplatz nicht anlaufen. Also in den rechten Arm hinein, und nach einigen Kilometern zeigt mein Echolot immer weniger Wassertiefe an. An dieser Stelle wird es immer breiter und ziemlich schwierig die Fahrrinne zu finden, in der es aber auch nur drei bis vier Meter Tiefe hat.
Laut den Plänen dachte ich die ganze Zeit, dies wären zwei Stromarme, einer an der rumänischen und einer an der jugoslawischen Seite. Um so weiter ich talwärts komme, sehe ich, daß dies alles ein enorm großer Staubereich vor dem Gebirgsstück ist. Die Insel in der Mitte war vor langer Zeit ein Berg, an dessen Fuße die Donau floß. Das Wasser stieg nach dem Bau des Eisernen Tores an, und flutete das ganze Gebiet. Nach dieser Insel ragen zahlreiche, abgestorbene Bäume und Sträucher backbord aus dem Wasser, die eine langgezogene Sandbank unter der Oberfläche vermuten läßt.
Ich gleite an Golubac vorbei, in dessen Bereich ich das erste Mal richtig Panik fühle. Der Grund des Flusses besteht dort aus einer Felsplatte, und mein Echolot schwankt nun von sechs auf vier Meter, dann wieder hoch, um danach den Alarm bei drei Metern auszulösen. Plötzlich knapp zwei Meter Tiefe! Schweißperlen tropfen von meiner Stirn und nehme das bißchen Gas komplett weg. Treibend versuche ich, die Fahrrinne wieder zu finden. Unter mir nichts als Felsen!
Rechts die alte, steil aufragende Befestigungsanlage von Golubac mit ihren neun Türmen. Eine Straße führt am Ufer entlang, durch zahlreiche Tunnel unter diese Ruine durch. Hier beginnt nun auch die Gebirgsgrenze, dem "Kazan"-Stück der Karpaten, die Rumänien auf einer Länge von etwa 900 Kilometer durchziehen und am höchsten Punkt 2500 Meter übersteigen.
Die aufgestaute Donau wird wie durch einen Trichter zwischen links und rechts aufragenden Felswänden hindurch gequetscht. Und hier wird es endlich auch zunehmends tiefer. Zehn Meter, fünfzehn, zwanzig und dann sogar dreißig Meter.
Doch durch den felsigen Untergrund mit seinen unterschiedlichen Wassertiefen, entstehen riesige Strudel, welche die "Goldfisch" hin und her tanzen lassen. Und gerade hier kommt mir der einzige Frachter des Tages entgegen. Nicht einmal drei Meter schlingert die "Goldfisch" an ihm vorbei. Steuerbord ein Steinbruch, inmitten der Felslandschaft.
Nach vier Kilometern beruhigt sich dann die Wasseroberfläche wieder, und ich erreiche ein Becken, an dessen rechter Seite Orlovo liegt. Muß mich aber links halten, da an dieser

Stelle ein geflutetes Dorf in der Donau liegt. Angeblich haben schon einige Schiffe den Kirchturm gestreift und sind hier gesunken. Über einige Dächer dieser Häuser muß ich wohl gefahren sein, da das Echolot blitzartig verschiedene Tiefen anzeigte. Ich ziehe das Schiff mehr nach backbord, bis die Tiefe konstant bleibt.

Dann das Becken von Ljubcova. Bei Kilometer 1015 beginnt die Obere Klissura, die zweite Engstelle. Kurz vorher ragen Mauerreste, die aus lang vergangenen Zeiten stammen, an der linken Seite aus dem Wasser. Die Donau quetscht sich wieder vorbei an steil empor ragenden Felsen. Zuerst der Piatra Lunga (langer Fels), dann Piatra Alba (weißer Fels) und am Ende Piatra Negra (schwarzer Fels). Alle drei auf rumänischer Seite. Rechts der Mont Stubica. Zeitweise fahre ich nur fünfzehn Meter von den Felsen entfernt durch dieses Tal.

Um genau **14.43 Uhr** erreiche ich den **Donaukilometer 1000**! Ein tolles Gefühl. Normalerweise müßte ich jetzt eine Flasche öffnen, um darauf zu trinken. Nur leider kann ich die Emotionen hier mit niemanden teilen. Und allein macht es überhaupt keinen Spaß zu feiern.

Einen Kilometer später, nach einer 400 Meter breiten Durchfahrt, öffnet sich nach Cap Greben das Becken von Milanovic, welches über 1300 Meter breit ist. Es ist einfach unglaublich, wie schnell sich die Landschaft und das Aussehen der Donau ändert!

Und genau hier holen mich dunkle Gewitterwolken ein, die immer stärkeren Wind auf dieser so offenen Wasserfläche bilden. Die Wellen steigen an. Der Wind kommt von Achtern, und somit werde ich, immer schneller werdend, vorwärts geschoben.

Als ich bei den Ruinen Tri Cule, welche backbord im Wasser stehen, vorbei komme, muß ich die Flußseite wechseln und bekomme nun die Wellen das erste Mal seitlich zu spüren.

In zwei Kilometern Entfernung sehe ich durch den Fernstecher bei Donji Milanova einen Ponton am Ufer liegen. Mein geplanter Ankerplatz ist zwar nur mehr einige wenige Kilometer entfernt, doch erscheint es mir jetzt sicherer, an diesem Ponton anzulegen. Also mit seitlich ankommenden Wellen hinüber, um dort zu wenden und anzulegen.

Bei diesem Wendemanöver fliegen die ersten Töpfe aus den Schränken in der "Goldfisch". Seltsamerweise gelingt mir das Anlegemanöver sofort, und ich klettere auf den Ponton, um Ausschau nach irgendwelchen Leuten zu halten. Doch niemand ist zu sehen. Der Wind wird immer stärker, die Wellen höher, und die "Goldfisch" beginnt, gegen den Ponton zu krachen.

Der hier so bekannte "Koschowa", ein Starkwind, der sich über den Karpaten bildet, steigert sich zum Inferno. Ich weiß nicht, was schlimmer ist, das Einrucken in die Festmacher oder das die "Goldfisch" pausenlos an den Ponton schlägt. Nichts wie weg von hier.

Leinen los und wieder in den Strom drehen. Wasser kommt über das Deck und spritzt in den Steuerstand. Ich stehe in einer großen Wasserpfütze, die sich ins Innere der "Goldfisch" weiter ausdehnt. Endlich habe ich den Wind wieder von Achtern und er schiebt mich mit enormer Geschwindigkeit in Richtung des Altarmes, in dem ich nun von dem Sturm geschützt ankern möchte. Erst jetzt kann ich die Hände vom Steuerrad nehmen, um die Türen zum Steuerstand zu schließen.

Bei der Einfahrt des Altarmes angelangt, muß ich wieder wenden, um in die Einfahrt zu manövrieren. Und jetzt fliegt einfach ALLES im Schiff umher. Die Schränke und Laden öffnen sich und der ganze Inhalt verstreut sich im feuchten Inneren der "Goldfisch". Geschirr, Töpfe, Besteck und viele andere Dinge liegen am Boden. Die Wellen haben mittlerweile eine Höhe von mehr als einen Meter erreicht. Anders als am Meer, sind diese kurz und stark. Es rüttelt und schüttelt bei der Einfahrt. Aber als ich hinter einem Hügel endlich in diesem Altarm bin, ist dort die Wasseroberfläche spiegelglatt und nur ein schwacher Windhauch ist zu spüren. Geschafft! Die Hügel halten den tobenden Sturm ab. Es öffnet sich ein Tal mit unglaublicher Schönheit. Hier irgendwo werde ich ankern! Das ist sicher. Nach etwa einen Kilometer Fahrt sehe ich steuerbords zwei Segelboote vor Anker liegen. Dort ziehe ich einige Kreise um die Tiefe auszuloten und werfe dann bei sechs Metern Wassertiefe den Anker. Strömung ist so gut wie keine vorhanden, und somit liege ich nun gegen den Wind, aber mit der Strömung vor Anker.
Sofort Kaffee kochen und abspannen. Im Schiff herrscht nach dem Wellengang der Donau absolutes Chaos. Ist mir im Augenblick aber ziemlich egal. Ausspannen und erholen ist angesagt. Die Zeit vergeht, ich köpfe eine Melone, genieße die Abendstimmung und werfe meine "Angel" aus.
Einer der Segler kommt mit seinem Dinghi vorbei und spricht mich sofort mit meinem Namen an. Natürlich bin ich sehr verwundert. Er hat von Branko aus Belgrad die Geschichte

Grenze Serbien/Rumänien - 1. Engstelle in den Karpaten

meiner "Euro-Tour" erfahren. Wir unterhalten uns ein wenig und verabreden uns für morgen. Werde morgen hier bleiben, um das Chaos unter Deck zu beseitigen.
Kurz bevor die Sonne untergeht, ruckt es an meiner Angel und ich ziehe einen ungefähr zwei Kilogram schweren Fisch an Deck. Obwohl ich nicht weiß, welche Sorte Fisch ich hier gefangen habe, wird er morgen auf meiner Speisekarte stehen...

Serbien - Ankerplatz im Stromarm "Porecka"

Mi, 02.08.2000 / 95. Tag

Da sich die "Goldfisch" am Anker dauernd gedreht hat, stellte ich mir den Wecker, um in der Nacht alle zwei Stunden nach dem Anker zu sehen. Doch der hielt wie angeschraubt.
Um 08.00 Uhr morgens hat es bereits 21°C und es ist absolut windstill. Jetzt sehe ich auch so richtig, wie schön es hier überall ist. Jeder Fels und jeder Baum spiegelt sich in diesen glasklaren Wasser. Ein Paradies. Dieser Altarm ist wie ein großes Becken. Rundherum bewaldete Berge und der Blick zur Donau ist einfach grandios. Auch dort hohe Berge mit steilen Felswänden. In der Mündung etliche Fischer, die ihren Fang einholen. Der Arm hier ist bereits wesentlich breiter als die gesamte Donau in Deutschland oder Österreich. Unglaublich.
Von der Einfahrt aus gesehen, liegt an der rechten Seite ein kleines Dorf, an dessen Ufer ich ein einfaches Lokal erblicke und davor spielen einige Kinder im Wasser. Durch den

Fernstecher sehe ich auch am anderen Ufer einige Boote vor Anker liegen. Versteckt zwischen den Bäumen, die bis ins Wasser reichen. Landeinwärts eine Brücke und dahinter schlängelt sich der Fluß, ebenfalls zwischen Bergen, durch die Landschaft. Der Himmel ist wolkenlos und die Sonne wird immer stärker.

Etwas später bekomme ich Besuch von Boris, dem das zweite Segelboot gehört. Wir trinken Kaffee und unterhalten uns über das Segeln. Auch er träumt davon, ins Schwarze Meer zu fahren, um dann dort weiter, Richtung der langersehnten Freiheit auf dem Wasser, zu segeln.

Plötzlich kommt ein Militärboot angeschossen und die bewaffneten Soldaten verlangen meine Papiere. Boris übersetzt mir in englischer Sprache, daß ich hier nicht ankern dürfte. Ich hatte in Veliko Gradiste bereits von Jugoslawien ausklariert und habe nur ein Transitvisa. Bis zur Revision in Rumänien dürfte ich mich nur auf dem Hauptstrom aufhalten. Doch die Soldaten kennen das Problem des Sturmes auf dem Hauptarm der Donau und gestatten mir dann, bis morgen hier zu bleiben.

Boris und ich unterhalten uns noch ein wenig und danach fährt er zurück. Ich kümmere mich um das Durcheinander unter Deck. Es wird heißer und heißer.

Daher beschließe ich später mit dem Dinghi einige Runden zu drehen. Schieße Fotos und besuche Boris an seinem Schiff, um mit ihm Bier zu trinken. Seine Frau und seine zwei Kinder sind ebenfalls an Bord und alle drei genießen hier in diesem Altarm ihren zweiwöchigen Urlaub. Die Kinder haben mächtigen Spaß hier, springen dauernd vom Schiff ins Wasser oder rudern mit dem Schlauchboot durch die Gegend. Seine Frau hat es sich mit einem Buch im Schatten gemütlich gemacht.

Ausfahrt aus dem Stromarm "Porecka"

Wieder einmal ein richtiger Urlaubstag für mich. Eigentlich dürfte ich aber nicht einmal hier bei Boris auf seinem Schiff sein, da mir die Soldaten untersagten, von Bord zu gehen. Und da sein Schiff in der Nähe des Militärpontons liegt, entschließe ich mich zurück zu rudern.

Führe in Ruhe mein Log- und Tagebuch, und aktiviere den Grill auf dem ich dann den Fisch zubereite. Für die nächsten Tage koche ich Spaghetti mit meiner Specialfischsauce á la Walter.

Gegen 19.00 Uhr kommt Boris angerudert, da Dörte mich anrufen wird. Wir hatten am Nachmittag telefoniert und ich gab ihr Boris Nummer, damit sie mich zurückrufen kann. Somit entfallen für mich die teuren Roaminggebühren. Wie bei jedem Telefonat mit ihr wurde mir auch dieses Mal sehr schwer ums Herz. Ist einfach sehr schade, daß sie all das nicht miterleben kann. Boris und ich ersäufen dann meinen Kummer gemeinsam. Und als die Dunkelheit hereinbricht, macht er sich ziemlich betrunken auf den Weg zu seinem Boot. In demselben Zustand falle ich in die Koje.

Der See am Fluß

Do, 03.08.2000 / 96. Tag

Mit leichten Brummschädel erwache ich und nachdem Boris noch zum Kaffeetrinken vorbei kommt, lichte ich den Anker.

Nach dem obligatorischen Kilometer zurück in den Hauptarm, steuere ich das Schiff langsam und vorsichtig an den zahlreichen Fischernetzen vorbei, welche hier überall ausgebracht sind. Nun bin ich auf dem Weg zu der dritten und schönsten Engstelle dieses Gebirgsstückes.

Am späten Vormittag erreiche ich dann Mont Veliki Strbac, von wo aus sich die Donau dieses Mal auf nur hundert Meter Breite verengt und eine Wassertiefe von sechzig Meter freigibt. An beiden Seiten steile, hochaufragende Felswände.

Ich stelle mit Erschrecken fest, daß ich nur wenige Meter vom Ufer entfernt fahre, ist aber auch ziemlich schwierig sich in der Mitte zu halten. Zum Einen will ich etwas von den Felswänden sehen und bin dementsprechend gefesselt vom Anblick dieser Durchfahrt, und zum Zweiten kämpfe ich ununterbrochen gegen riesige Strudel, die die "Goldfisch" den Donauwalzer tanzen lassen.

20 Meter, 30 Meter, 40, 50, sogar über 60 Meter mißt das Echolot hier! Das Wasser scheint zu kochen, obwohl fast keine Strömung herrscht. Da es dieses Mal eine viel engere Passage ist, hoffe ich nur, daß mir niemand entgegen kommt.

Vorbei an einer Grotte an der linken Seite und der früheren Signalstelle öffnet sich nach drei Kilometern ein Becken an der linken Flußseite, zwischen dem rumänischen Dubova und

Serbien/Rumänien - Karpaten, Kazanstrecken,

dem jugoslawischen Varnica. Ungefähr zwei Kilometer lang und ebenso breit. Wie eine große Badewanne, errichtet von den "Märchenriesen" aus den Karpaten.
Danach wieder hinein in ein weiteres hundert Meter breites Flusstück. Wieder das gleiche: Felswände wohin man schaut, in diesem Einbahnstück der Donau. Einfach atemberaubend!
Und plötzlich bei Kilometer 965 ist alles vorbei. Die Donau wieder irrsinnig breit und lammfromm. Die Gebirge sind verschwunden, die Landschaft ist um einiges flacher geworden.
Zeit für einen Kaffee. Die "Goldfisch" treibt die nächsten zehn Kilometer langsam dahin. An der rechten, jugoslawischen Seite bewaldetes Gebiet, während sich am rumänischen Ufer Getreidefelder und einige kleine Bauernhäuser befinden.
Und hier werde ich dann auch von einem Schubverband mit zwei mal drei Schubleichtern überholt. Möchte nicht wissen, wie diese Begegnung im Gebirgsstück verlaufen wäre. Glück gehabt!
Hier, wo die Stauwirkung des Eisernen Tores bei über zwanzig Metern Wassertiefe noch stärker zu spüren ist, erstreckt sich etwas später nach links ein vier Kilometer langer See, an dem Orsova liegt. Dort werde ich einklarieren.
Früher lag die Stadt im Tal, doch als nach dem Bau des Eisernen Tores die Gegend geflutet wurde, wanderte die Bevölkerung immer mehr auf die umliegenden Berghänge. An der Backbordseite erblicke ich die Station der Wasserschutzpolizei, etwas später eine Militärkaserne und einige Schnellboote davor, an Pontons liegend. Später beginnen die Wohnhausanlagen und ich sehe einige Restaurants am Ufer, wo auch ein kleiner Fluß einmündet und in der Mitte des Sees liegt ein großer, alter Schaufelraddampfer vor Anker. An der anderen Seite des Sees eine Schiffswerft und die Pontons der Behörden.

Aus der Entfernung sieht am Wasser immer alles näher aus, als es tatsächlich ist. Und somit brauche ich noch über eine Stunde um an diesem See zu dem Ponton der Revision zu gelangen. Dort angelangt sind sofort sind einige hilfsbereite Hände zur Stelle, und innerhalb kürzester Zeit habe ich angelegt und die "Goldfisch" gesichert. Ich werde in Englisch angesprochen, und nachdem auch der Hafenkapitän und zwei Polizisten erscheinen, muß ich zuerst die Frage beantworten, was mich denn hierher verschlägt. Als ich den Leuten erkläre, daß ich aus dem Norden Deutschlands über die Flüsse hierher kam, ist die Verwunderung riesengroß und es entfacht sich eine Diskussion über die Donau, Jugoslawien und den Brücken, die in Novi Sad noch immer im Fluß liegen. Der Zollchef erscheint und meint, bevor wir uns noch weiter in Gespräche vertiefen, muß er erst mal meine Papiere einsehen. Damit auch alles seine Ordnung hat. In der Zwischenzeit fanden sich an die fünfzehn Menschen am Ponton ein um zu erfahren, was denn los sei. Alle meine Führerscheine, die Schiffsdokumente, die Crewliste auf der nur mein eigener Name steht und mit vielen Stempeln übersät ist, sowie mein Paß werden kopfschüttelnd durchgeblättert. Nachdem der Polizeibeamte mein fehlendes Visa beanstandet, setzt mich der Hafenkapitän kurzer Hand und fast wortlos in sein Auto um mit mir zur fünfzehn Kilometer entfernten Grenzstation am Eisernen Tor zu fahren.

Die Straße windet sich wie eine der typischen Küstenstraßen am Meer, die hier so breite Donau entlang. Die Straße ist ziemlich lädiert und zwischen einigen Fragen des Hafenkapitäns die ich gerne beantworte, bestaune ich die von Bergen umschlossene Donau. Und dann sehe ich es. Breit und mächtig liegt es zwischen Rumänien und Jugoslawien in der Donau. Wie eine riesige Grenze zwischen zwei Welten. Ein atemberaubender und unwirklicher Anblick. An jeder Flußseite eine Schleusenanlage des jeweiligen Staates und dazwischen dieser riesige Staudamm, dessen Wirkung an die 200 Kilometer flußauf noch zu spüren ist. Dagegen erscheinen die Schleusen bei den Stauwerken in Deutschland und Österreich wie kleine Spielzeuge.

Als wir zu den Grenzgebäuden des Eisernen Tores, bei der rumänischen Schleuse ankommen, spricht der Kapitän mit einigen Beamten, die uns überfreundlich begrüßen, drückt denen meinen Paß in die Hand und in Null Komma Nichts habe ich ein Touristenvisa zum Nullpreis. In Deutschland hätte mich dieses Visa 70,- DM gekostet. Und hier bekomme ich es gratis, weil es für die Leute hier einzigartig ist, einen so Verrückten wie mich zu Besuch zu haben.

Dann wieder diese "Küstenstraße" zurück und nach einer kurzen Kontrolle an Bord, vom Hafenkapitän, Zoll und Polizei, ist die Sache gegessen. Wir trinken Wodka und nachdem ich mich mit jeweils einer Packung Marlboro bei diesen freundlichen Beamten bedanke, bin ich nun offiziell im siebenten Land meiner Reise angelangt.

Nicht weit entfernt von diesem Ponton liegt die "Serah", ein Schiff das normalerweise gekühlten oder gefrorenen Fisch transportiert, an der Kaimauer. Der Kapitän ruft mir zu, ich solle doch bei Ihm anlegen. Dort könne ich duschen und essen. Und sofort bin ich mit der "Goldfisch" bei ihm und belege an der Backbordseite seines Schiffes.

Natürlich wird die "Goldfisch" sofort von allen begutachtet und bestaunt. Und nachdem sich die Aufregung der Leute wieder ein wenig legt, sitze ich mit ihnen am Achterdeck ihres Schiffes, trinke kühles Bier und der Grill wird aktiviert. Es kommen immer mehr Leute und so kommt es wieder einmal, daß ein Haufen Menschen sich in verschiedenen Sprachen über die Donau unterhalten.

Mir wird die Dusche gezeigt, welche sich direkt an der Schiffsseite befindet wo die "Goldfisch" liegt. Ebenso werde ich mit Strom versorgt. Was kann es noch geben, was jeder Yachtclub im Westen für teures Geld anbietet?

Ich genieße die heiße Dusche und setze mich dann wieder zu all den Leuten, um ihre Fragen zu beantworten. Seit vor zehn Jahren der Krieg in Jugoslawien ausbrach, kommt niemand mehr aus dem Westen hierher, so erfahre ich. Somit ist es klar, warum es so etwas Besonderes für diese Menschen ist, daß sich ein Segler über die Donau hierher verirrt. Und das von Münster über den langen Weg der Flüsse.

Am Abend schleppen mich dann alle durch die Lokale der Stadt. Natürlich darf ich nirgendwo bezahlen. Es wird später und später. Erst in den frühen Morgenstunden kommen wir zurück.

Fr, 04.08.2000 / 97. Tag

Irgendwie ist mir heute überhaupt nicht nach Aufstehen und so schlafe ich bis 10.00 Uhr vormittag. Wieder diese gewisse Schwere im Kopf. Erst nach dem fünften Kaffee erhole ich mich langsam von dem gestrigen Tag.

Als ich dann gegen Mittag erfahre, daß heute frühmorgens ein kleines Segelboot aus Österreich hier vorbei kam, bin ich hellwach. Auf meine Frage, wie denn der Name des Bootes sei, erfahre ich, daß es ein Boot ist, welches ich schon in Österreich sah. Die "Moby Dick". Der Skipper startete vor etwa einem Monat in Linz und hat mich jetzt eingeholt. Da ich versteckt hinter diesem großen Schiff liege, sah er mich wahrscheinlich nicht.

Der Hafenkapitän ruft sofort beim Eisernen Tor an, um sich zu erkundigen, ob das Boot schon durch sei. Doch es wartet noch im Oberwasser auf den nächsten Frachter, mit dem es zu Tal schleusen kann. Sofort entschließe ich mich, dorthin zu fahren und den Mann aufzusuchen.

Gesagt, getan. Ich stelle mich an die Straße und halte meinen Daumen in den Wind, da der nächste Bus erst in einer Stunde kommen wird und tatsächlich hält nach nicht einmal fünf Minuten ein Wagen, um mich mit zunehmen. Wieder genieße ich den Anblick der Donau und dem Stauwerk.

Dort angelangt erkläre ich einen Grenzpolizisten mit Händen und Füßen, was ich will. Über den Staudamm zu dem Segelboot gehen, um mit dem Eigner zu sprechen. Nach einigen Zögern meint der Beamte dann, es sei in Ordnung, ich müsse aber meinen Paß bei ihm lassen. Ich erkläre ihm, daß ich das auf keinen Fall machen würde, da mein Boot sowieso in Orsova liegt und er sich dort erkundigen könne. Er mustert mich einen kurzen Moment

mit einem Gewehr in der Hand und gibt mir den Paß zurück. Ich solle mich aber beeilen, und fotografieren sei verboten. Also los.
Der Weg wird länger und länger. Niemand, der dieses Bauwerk nicht kennt, kann sich vorstellen, welche Dimensionen es hat. Über den Damm verläuft eine Straße, die Serbien mit Rumänien verbindet und dementsprechend wird sie auch bewacht. Nach langem, und vom Militär beobachteten Fußmarsch über die Schleuse und dem Vorhof entlang, erreiche ich das Boot.

Eisernes Tor - Blick von der rumänischen Seite

Luthger, so heißt der Skipper, hat sehr wohl die "Goldfisch" in Orsova gesehen, bekam aber seltsamerweise die Auskunft, daß ich nicht da sei. Außerdem bekam er dort auch kein Visum sondern wurde weiter geschickt. Da aber in ungefähr zwei Stunden ein angemeldeter Frachter kommt, will er mit diesem durch die Schleuse, wird aber irgendwo dahinter auf mich warten. Sein Visa will er sich erst in Turnu Severin holen.
Also werde ich morgen früh mit der "Goldfisch" weiter zur Schleuse fahren um ebenfalls mein Glück zu versuchen. Denn viele Frachter fahren nicht mehr diese Strecke. Nach dem Krieg hat sich eben alles geändert. Vielleicht habe ich ja doch Glück, es kommt morgen ein Frachter und ich hole Luthger ein.
Den Weg zurück werde ich gehen, um einige Fotos vom "Eisernen Tor", auch "Djerdap" oder "Portile de Fier" genannt, zu schießen. Doch irgendwann wird es einfach zu heiß und ich strecke wieder meinen Daumen in den Wind. Leider habe ich dieses Mal nicht sofort Glück, komme erst gegen 16.00 Uhr endlich wieder an Bord und vervollständige mein Tagebuch.

So, 06.08.2000 / 99. Tag

Gestern abend hatte ich überlegt, die "Goldfisch" über den Winter hier einzuquartieren, da dieser Platz einmalig ist und der Wasserstand auch nicht wesentlich schwankt. In diesem See hat es durchschnittlich fünfundzwanzig Meter Wassertiefe, die sich um maximal fünfzig Zentimeter verändert und es gibt keine Strömung. Dies ist darauf zurückzuführen, da Orsova nur fünfzehn Kilometer oberhalb des "Eisernen Tores" liegt.

Edmund bot mir an, für 100,- DM monatlich die "Goldfisch" zu bewachen. Er hat zwar einen 24-Stundenjob als Agent für eine lokale Cargoship-Companie, jedoch kommt seit dem Krieg in Jugoslawien sowieso nur höchstens ein Frachter in der Woche, um dann bei ihm die Formalitäten zu erledigen. Dementsprechend wenig hat er zu tun und diese 100,- DM sind für ihn viel Geld. Ich würde die "Goldfisch" am Ponton seiner Firma festmachen, und somit könnte er sie ordentlich bewachen, da er ja direkt am Ponton lebt. Am Ponton ist sowohl sein Büro, als auch seine Wohnung untergebracht. Außerdem würde er auch alle notwendigen Reparaturen am Schiff durchführen.

Der Hafenkapitän würde monatlich 50,- DM für die "Bearbeitung" erhalten, und würde mir auch alle notwendigen Formalitäten abnehmen. Wie zum Beispiel beim Zoll oder bei der Grenzpolizei. Also würde ich monatlich 150,- DM für einen Winterplatz mit 24-Stundenüberwachung bezahlen.

All das hörte sich für mich sehr gut an, da ich eigentlich keine Lust habe allein, und bei Niedrigwasser der Donau unterhalb des Eisernen Tores, weiterzufahren. Nicht das ich die "Goldfisch" nicht alleine beherrsche, sondern weil es einfach sehr einsam ist, ohne Gesellschaft tagein-tagaus unterwegs zu sein, und mit niemanden diese wirklich wunderbare Landschaft und die Erlebnisse teilen zu können. Jeden Abend, nach dem Anlegen oder Ankerwerfen sehne ich mich nach Gesellschaft, um über das Erlebte zu sprechen, oder einfach nur nach dem Gefühl der Zweisamkeit. Natürlich auch am Tag, um die Wunder der Donau zu zweit zu bestaunen und die Erlebnisse zu teilen. Dies und vieles mehr fehlt mir einfach. Außerdem verlor ich fast fünf Wochen in Bratislava und in Belgrad, die ich nicht mehr aufholen kann. Es bestehen viele Gründe, die dafür sprechen, hier in Orsova, die diesjährige EURO-TOUR Etappe zu beenden. Also blieb ich noch hier und Luthger wird wohl schon wieder weiter unterwegs sein.

Da Edmund aber nur Rumänisch und selbsterlerntes Englisch spricht, versuchte ich gestern noch Josef Cerwenka zu finden. Sein Name steht in meinen Donauplänen, mit dem Hinweis darauf, daß man sich bei Problemen jeder Art an ihn wenden kann, da er fließend Deutsch spricht. Nur leider war Herr Cerwenka nicht zu Hause und ich nahm mir vor, es heute noch einmal zu versuchen.

Aber er kommt mir zuvor. So wie überall auf meiner Reise, hat es sich auch dieses Mal blitzartig herum gesprochen, daß ein Österreicher mit einem deutschen Schiff hier auf Besuch ist. Bereits mittags ist er hier, um sich meine Idee anzuhören. Er trommelt die wichtigsten Leute aus dem Hafen zusammen, um gemeinsam mit ihnen zu einer Lösung zu kommen.

Der Hafenkapitän ist da, auch seine Mitarbeiter, der Polizeichef und Leute vom Zoll. Ebenso der Besitzer der angrenzenden Werft. Nur leider können wir keine akzeptable Lösung finden. Der Ponton des Hafens muß frei bleiben, und am Ponton von Edmund könne ich auch nicht anlegen, da sein Chef nicht möchte, daß Edmund ein Zusatzeinkommen bekommt, ohne ihm einen Anteil davon abzugeben. Die Mitarbeiter der Werft würden zwar die "Goldfisch" mit dem Kran an Land heben, übernehmen aber danach keine weitere Verantwortung für das Schiff.
Die einzige Möglichkeit wäre, die "Goldfisch" zwischen dem Ponton von Edmund und der Kaimauer zu verspannen, jedoch nicht fest zu belegen. Und diese Art das Schiff hier zurück zu lassen gefällt mir überhaupt nicht. Und was passiert wenn der See im Winter zufriert? Das ist das zweite große Problem wofür es keine Lösung gibt. Somit ist meine Idee leider gestorben und ich werde morgen weiter fahren.
Luthger werde ich nach dieser Zeit wohl auch nicht mehr einholen. Resigniert gehe ich zurück an Bord um für morgen alles vorzubereiten. Kann aber nicht viel tun, da ich nach kurzer Zeit von Blago, dem Kapitän der "Serah", zum Essen eingeladen werde. Es gibt gegrilltes Fleisch mit jeder Menge Salat, verschiedene Aufstriche und frisches Obst. Natürlich Bier und Schnaps. Aber schon bald verabschiede ich mich, da ich morgen früh los will.

E.T.

Mo, 07.08.2000 / 100. Tag
Bin schon früh wach, da ich ein wenig nervös bin. Gilt es doch heute durch die Schleusen des "Eisernen Tores" zu fahren. Und ich sah ja, welche riesigen Schubverbände dort einfahren können. Natürlich sind die Schleusenkammern groß genug, aber von Bord der "Goldfisch" sieht eben alles ganz anders aus.
Kontrolliere den Motorölstand, reinige den Wasserfilter und begutachte auch den Impeller der Wasserpumpe. So wie jeden Morgen an dem ich weiterfahre, koche ich Tee, heißes Wasser für Kaffee und bereite mir Essen für die Fahrt vor.
Der Hafenkapitän erklärt mir, ich bräuchte erst ab 11.00 Uhr an der Schleuse sein, da zu dieser Zeit ein Verband angemeldet sei. Also trinke ich mit Blago und seinem Matrosen Istvan noch Kaffee bevor ich mich von beiden verabschiede. Zum Abschied erhalte ich noch vierzig Liter Diesel von ihm geschenkt. Er selbst hat nur mehr knappe dreihundert Liter in seinen Tanks. Das ist auch einer der Gründe warum die "Serah" festsitzt. Seine Firma hat anscheinend kein Geld mehr. Und ist sehr weit weg. In Belize! Und trotzdem gibt er mir diese vierzig Liter. Unglaublich.
Ich lege ab, um nach zwanzig Metern Fahrt wieder an Edmunds Ponton festzumachen. Gehe zum Hafenkapitän, zum Zoll und zur Polizei. Alle sind sehr betroffen, weil sie mir keine

bessere Lösung für den Winter anbieten konnten, wünschen sich aber, daß ich sie trotzdem in guter Erinnerung behalte.
Zurück am Ponton angelangt, hat auch Edmund vierzig Liter Diesel für mich bereit gestellt. Außerdem erhalte ich von ihm, zur Erinnerung, ein Bild mit einer Segelfregatte aus dem Jahr 1854. Weiß nicht, was ich sagen soll. Das Einzige was er sich als "Gegenleistung" von mir wünscht, ist, daß ich ihm schreibe. Auch Josef Cerwenka kommt zum Abschied an den Ponton, und das obwohl er in der Stadt wohnt. Um 10.30 Uhr lege ich dann endlich ab, und auf der Fahrt zur Donau winken mir alle nach. Wieviele dieser Abschiede werde ich wohl noch erleben auf meiner langen Reise?
Als ich in die Donau einfahre, bekomme ich schon wieder diesen typischen Starkwind entgegen geschleudert. Donauwasser kommt über das Deck. Es wird immer tiefer. Fünfundzwanzig Meter, dreißig Meter und dann sogar vierzig Meter.

Eisernes Tor - in der rumänischen Schleusenkammer

An der linken, rumänischen Seite sehe ich die Straße viele Male in Tunnels verschwinden, um später über Brücken zu führen die über die einmündenden Flüssen gespannt sind. In den Flüssen viele museumsreife Schiffe, darunter auch einige Schaufelraddampfer, die noch vor nicht allzu langer Zeit hier verkehrten.
Als ich später in den Schleusenvorhafen des "Eisernen Tores" einfahre, wird es wieder windstill, da dieses riesige Bauwerk alles abhält.
An der rechten Mauer steht bereits ein Arbeiter bei den Pollern um mir beim Anlegen zu helfen. Der Hafenkapitän von Orsova rief bei der Schleuse an, um Bescheid zu geben daß ich alleine unterwegs bin und mir jemand helfen soll. Der Arbeiter fragt mich, ob ich vielleicht Bier an Bord habe. Leider habe ich keine einzige Flasche dabei,

gebe ihm aber eine halbvolle Wodkaflasche, die er in nur zwei Zügen leert. Ich muß zwei Stunden warten und die ganze Zeit bleibt dieser Mann an der Mauer stehen, um sicher zu gehen, daß mir nichts geschieht! Ich bitte ihn zwar an Bord, er verneint jedoch, da es verboten sei. In der Zwischenzeit verläßt ein Schubverband mit sechs Leichtern die Schleuse. Ein unwirklicher Anblick.
Um 14.20 Uhr ist es dann soweit. Ich darf einfahren. Allein!!! Der Arbeiter wirft mir die Seile zu, gibt mir zu verstehen daß er mir die Daumen drückt und ab geht es. Je näher ich komme, desto größer wird dieser Bau. Habe das Gefühl von einem riesigen Maul verschluckt zu werden. Ich steuere in die Mitte der Schleuse und lege kurz danach an der linken Seite an, da dort auch jemand steht und mir zuwinkt. Doch bevor er irgend etwas tun kann, habe ich auch schon angelegt und die "Goldfisch" gesichert. Er ist total verblüfft. Ich übergebe ihm einen Rapport und kurze Zeit später schließt sich das Tor hinter mir.
Ich liege allein in dieser riesigen Anlage. Das Wasser beginnt langsam zu fallen. Ganze dreiunddreißig Minuten dauert dieser Vorgang. Danach öffnet sich das Tor zur zweiten Schleuse, die ebenfalls siebzehn Meter überwindet. Und dort steht ein Schubverband mit vier Leichtern. Ich bekomme grünes Licht, fahre aus der ersten Schleusenkammer in die Zweite und belege wieder an der linken Seite. Rechts steht der Schubverband, der erst, nachdem ich belegt habe, vorsichtig Gas gibt und in die andere Kammer überwechselt. In der gleichen Zeit, in der ich von oben zu Tal geschleust wurde, wurde er in der zweiten Kammer von unten zu Berg geschleust. In der Mitte treffen sich beide Wasserstände, die Tore werden geöffnet und man wechselt die Kammer um dann weiter geschleust zu werden. Als der Verband in der anderen Kammer angekommen ist, schließt sich das Tor und ich werde wieder allein weiter geschleust. Gegen 16.00 Uhr bin ich dann unten und fahre in eine andere Welt.
Die Berge sind verschwunden, nicht einmal Hügel sehe ich hier. Überall ehemalige Fabrikanlagen, die aber mittlerweile stillgelegt sind. Die Wassertiefe beträgt in der Fahrrinne nur mehr knappe vier Meter.
Sieht man sich auf der Trajansäule in Rom die dargestellte Eroberung an, wird man auch die römischen Kohorten erkennen, die die Donau auf einer riesigen Holzbrücke überqueren. Die Reste dieser hervorragenden Ingenieurleistung sind noch heute in der Hafenstadt Drobeta Turnu Severin zu sehen.
Und hier, wo auch römische Befestigungsruinen liegen, suche ich nach einer Anlegemöglichkeit für die Nacht. Die einzige Möglichkeit die sich bietet, ist bei der Capitania an einem kleinen Fahrgastschiff anzulegen. Muß mich dort aber seitlich zurück treiben lassen, um bei diversen Frachtern, Schubleichter und Arbeitsgeräten vorbei zukommen. Kurz bevor ich dann anlege, habe ich vorne und hinten jeweils nur 1,50 Meter Platz zwischen meinen gelegten Masten und diesen Schiffen! Dann festmachen und die nötigen Formalitäten erledigen. Erschöpft falle ich in die Koje.
Heute war der 100ste Tag meiner Reise...

Di, 08.08.2000 / 101. Tag

In der Nacht gab es ein stürmisches Gewitter und ich mußte mehrmals nachsehen ob die Festmacherleinen in Ordnung waren, da es fürchterlich ruckte. Natürlich erwache ich dementsprechend früh.

Bei diesem Wetter und der damit verbundenen schlechten Sicht, möchte ich auf keinen Fall weiterfahren. Und der Pegel verspricht auch nichts Gutes. Trotz des Regens sinkt die Wassertiefe der Donau stündlich. Doch es hört wieder auf zu regnen und ich beschließe, wenn das Wetter bis 09.00 Uhr konstant bleibt, abzulegen. Und tatsächlich lichtet es etwas später auf, in nur fünfzehn Minuten habe ich die Formalitäten am Hafenamt erledigt und lege kurze Zeit später ab.

Es beginnt aber wieder leicht zu nieseln und die Donau wird schmaler. Sie sieht hier aus wie in den Gebieten zwischen der Slowakei und Jugoslawien.

Doch ab dem Donaukilometer 910 sehe ich Gebirgsformationen. Und hier bekomme ich wieder Gegenwind und starken Wellengang. Während ich pausenlos vom Militär beobachtet werde, kämpft sich die "Goldfisch" durch diese aufschäumende Suppe. Je näher die in der Ferne sichtbaren Berge kommen, um so schlimmer wird es. Schaumkronen brechen sich auf den Wellen und die Bäume verrenken ihre Hälse. Bei der Insel Ostrovu-Mare, die übrigens über vierzehn Kilometer lang ist, beruhigt sich der Wind, um dann kurz vor dem "Eisernen Tor 2" wieder auf zu frischen.

Genauso wie am "Eisernen Tor 1", gibt es auch hier jeweils am jugoslawischen und etwas später, am rumänischen Ufer eine Schleusenanlage. Wöchentlich wird der Betrieb gewechselt. Ich bekam in Orsova die Auskunft, daß hier derzeit die serbische Schleuse in Betrieb ist und deshalb lasse ich mich vom Wind an der rumänischen Schleuse vorbei, in Richtung der Serbischen treiben. Setze die jugoslawische Gastlandflagge und versuche mich per Funk anzumelden. Bekomme aber keinerlei Antwort. Also lege ich mit kräftigen Rückenwind an der rechten Seite des Schleusenvorhafens an, um noch einige Male zu versuchen per Funk jemand zu erreichen. Irgendwie sieht alles ausgestorben aus. Keinerlei Reaktion auf meine Funksprüche und auch niemand zu sehen. Ich klettere auf das Dach des Steuerstandes um nach dem Rechten zu sehen und bemerke durch den Fernstecher, daß sich das untere Tor der Schleuse schließt. Kurz darauf erkenne ich den ansteigenden Wasserspiegel. Doch kein Schiff ist in der Schleuse als sich das Tor plötzlich öffnet. Und dann signalisiert die Ampel grünes Licht.

Ich untersuche die Donau nach etwaigen ankommenden Schiffen. Doch Fehlanzeige, nichts kommt. Also lege ich ab und lasse mich vom Wind in die Schleuse schieben. Hoffe nur, daß dies kein Irrtum ist und ich dann aufgefordert werde die Schleuse bei diesen Windverhältnissen wieder zu verlassen. Möchte gar nicht an ein solches Manöver denken, bei diesem starken Wind in der Schleuse zu wenden, um danach wieder auszufahren. Doch plötzlich steht ein uniformierter Serbe an der rechten Seite und brüllt mir etwas von "Rapport" zu. Mit einiger Anstrengung belege ich das Schiff an der rechten Seite der

Schleusenkammer und übergebe dem Mann einen "Rapport", so wie ich es auch im "Eisernen Tor 1" getan habe. Wortlos verschwindet er damit und kurz darauf schließt sich das Tor hinter mir. Ich kann es gar nicht fassen. Werde schon wieder allein geschleust! Und dieses Mal wurde für mich sogar der Wasserpegel von unten nach oben geholt, damit ich, so wie die Frachter, sofort einfahren kann. Der Vorgang dauert dieses Mal nur knappe zwanzig Minuten, da diese Schleuse viel weniger Höhe zu überwinden hat.
Doch als ich unten angekommen bin, geschieht erstmal überhaupt nichts. Nach endlosen zehn Minuten höre ich aus dem Funkgerät, daß es irgendwelche Probleme mit der Schleuse gibt. Nun bin ich mit der "Goldfisch" das zweite Mal auf dieser Reise in einer Schleusenanlage gefangen. Nach weiteren zehn Minuten öffnet sich aber dann endlich das Tor und ich fahre aus dieser Falle.
Edmund, aus Orsova, hatte in meinen Plänen kurz nach der Schleuse, bei Kilometer 861-859 einige Schiffswracks eingezeichnet, die in der Fahrrinne liegen und obwohl ich mich an die Zeichnung halte, schlägt das Echolot Alarm. Plötzlich nur mehr zwei Meter Wassertiefe! Dann wieder fünf Meter. Kurz darauf wieder zwei Meter! Mir wird übel. Obwohl ich die "Goldfisch" noch mehr nach steuerbord lenke, ändert sich nichts. Da sehe ich dann auch einige Trümmer aus dem Wasser ragen. Noch mehr nach Steuerbord. Und genauso schnell der Spuk begann, hört er auch wieder auf. Konstante vier Meter Wasser unter mir. Bin klatschnaß geschwitzt.
Komme am Pegel Gruja vorbei und erlebe den nächsten Schreck. Nach den Berechnungen hat die Donau auf den folgenden Kilometern nur mehr 1,85 Meter Wassertiefe in den kritischen Bereichen! Außerdem ist es mittlerweile 17.30 Uhr. Noch 56 Kilometer bis Calafat, und keine Möglichkeit vorher zu ankern. Ich lege den Gashebel auf Vollgas und beginne zu rechnen. Mit etwas Glück könnte ich bei diesem Tempo die Stadt noch vor Einbruch der Dunkelheit erreichen, um dann dort wieder am Ponton der Capitania für die Nacht anzulegen.
Ich passiere den einmündenden Fluß Timok an der rechten Flußseite, der die Grenze von Serbien und Bulgarien bildet. Die Donau ist ein weiteres Mal Grenzfluß und mit Bulgarien sind es bereits acht Länder, durch die mich meine Reise bis jetzt führte. Danach bekomme ich von der Gegend, in der bestimmt genug Platz für Landschaft ist, überhaupt nichts mehr mit, da ich mich vollends auf die Karte und die Fahrrinne konzentriere. Bei diesem Tempo gar nicht so einfach.
Gegen 19.00 Uhr das erste Mißgeschick aufgrund fehlender Erfahrung auf diesen flachen Teil der Donau. Sehe an der linken Flußseite, nicht einmal vierzig Meter vom Ufer entfernt eine rote Tonne. Die Donau ist hier aber über zwei Kilometer breit! Ich denke an einen Irrtum, steuere aber trotzdem in Richtung der Tonne. Oft schleppen die Frachter diverse Tonnen kilometerweit mit sich, um sie dann irgendwo zu verlieren. Die Wassertiefe nimmt konstant ab, und als sie zweieinhalb Meter erreicht, entschließe ich mich, die Tonne an der "falschen" Seite zu umfahren. Und genau das war das Dümmste, was ich tun konnte.

Blitzartig fällt das Echolot auf zwei Meter, um danach überhaupt nichts mehr anzuzeigen. Da spüre ich auch schon, daß ich mich festfahre. Shit!!! Vollgas zurück. Die "Goldfisch" neigt sich zur Seite, und dieses Mal habe ich ernsthafte Probleme am Hals, da mich die Strömung weiter auf diese Untiefe schieben will. Das Schiff neigt sich noch mehr und die ersten Dinge fliegen unter Deck umher. Wasserkanister fallen mit lauten Getöse auf den Boden und auch der Weltempfänger löst sich aus der Verankerung und landet dort. Meine Verpflegungsecke im Steuerstand verabschiedet sich ebenfalls in diesem Chaos. An der Steuerbordseite kommt bereits Wasser über das Deck. Das Schiff liegt nun schon ziemlich schräg und gefährlich in der Strömung. Greife nach der Schwimmweste, reiße das Steuer herum und gebe Vollgas nach vorn in Richtung der Tonne. Anscheinend ist unter mir "nur" Sand, höre von unten scheuernde Geräusche und die "Goldfisch" ackert sich, nun wieder aufrecht, knapp zwei Meter neben der Tonne vorbei. Dann wieder zweieinhalb, drei und vier Meter Tiefe. Bin wieder richtig! Schweißtropfen laufen mir über das Gesicht und das T-Shirt klebt naß am Körper.
Hinter mir kommt der erste Frachter des Tages und manövriert sich, fast das Ufer schrammend durch diese Engstelle. Und das ist dann die endgültige Bestätigung für mich, daß die Lage der Tonne doch richtig war. In Zukunft werde ich daran nicht mehr zweifeln, sondern mich noch genauer an die Karten und die Verbesserungen von Edmund halten.
Im Schiff herrscht ein weiteres Mal das reinste Durcheinander, die Sonne beginnt langsam unterzugehen und zehn Kilometer vor Calafat ist es dann soweit.

Morgendämmerung auf der Donau

Meine erste Nachtfahrt. Und genau das habe ich die ganze Zeit befürchtet. Denn wenn es dunkel ist sehe ich die Tonnen nicht mehr und kann auch die Entfernungen zum Ufer nicht abschätzen. Am Meer fährt man dann mit dem Kompaß und der Karte, am Fluß ist es aber nicht möglich so zu navigieren. Ohne Radar kann ich hier nur auf Sicht und mit Hilfe des Echolotes steuern. Nehme zwar für kurze Zeit das Gas zurück, doch als ich weit vorne, schräg hinter der nächsten Insel die Lichter des Hafens sehe, gebe ich wieder Stoff. Es vergehen aber dann doch noch lange dreissig Minuten, ehe ich da bin.
An vor Anker liegenden Schubverbänden vorbei, erreiche ich die Pontons der Emigration und des Zolls. Am Ponton der Capitania liegt auch hier ein Passagierschiff, an welchem ich aber, ohne nachzufragen, sofort festmache.
Fühle mich total kaputt. Habe heute immerhin 136 Kilometer, trotz Schleuse, geschafft. Im Laufschritt zum Hafenamt und danach, nach schnellem Genuß einer Konserve, sofort ab in die Koje.

Irgendwo hinter den Inseln

Mi, 09.08.2000 / 102. Tag

Wieder früh abgelegt, um so einige Kilometer zu schaffen. Am heutigen Tag bekomme ich ein weiteres Mal ein neues Gesicht der Donau zu sehen.
Kurz nach Calafat wird dieser Strom immer breiter und breiter. Zahllose Inseln gleiten an mir vorüber. Oft sieht es wie am Meer aus. An den Inseln kilometerlange Strände mit schneeweißen Sand. Zahlreiche Wildgansschwärme, die zu riesigen Formationen zusammen finden und an den Flußufern Rinder und Pferde. Vereinzelte kleine Häuser irgendwelcher Fischer. Die Wasseroberfläche ist spiegelglatt und der Einzige, der diese Ruhe stört, bin ich mit der "Goldfisch". Ab dem Kilometer 704 wird die Donau über sechs Kilometer breit! Viele kleine und große Inseln, die von einigen Bauern als Ackerland genützt werden.
Leider nimmt auch die Wassertiefe ab, und ich messe in der Fahrrinne nur mehr zwischen zweieinhalb und drei Meter. Nun wird es extrem wichtig, mich besonders genau an das Kartenmaterial zu halten, genieße aber trotzdem diese wild-romantische Landschaft.
Zeitweise tauchen am bulgarischen Ufer einige Zigeunersiedlungen auf. Zelte, Pferde und Planwagen, viele unbekümmerte Kinder. Wäsche, die an Leinen zwischen den Bäumen zum Trocknen aufgehängt wurde, weht im Wind. Die Leute winken fröhlich und freuen sich anscheinend beim Anblick der "Goldfisch", die hier in nur zwanzig Metern Entfernung an ihnen vorüber gleitet.
Nach einer solchen Siedlung schießt plötzlich ein stark motorisiertes Fischerboot von hinten auf mich zu. Da kommen mir die vielen Warnungen vor Piraten und Überfällen wieder in den Sinn, und denke, dieses Mal ist es soweit. Hole schnell eine meine Signalraketen

hervor, eine andere "Bewaffnung" habe ich nicht an Bord, und warte nervös was geschieht. Das Boot kommt an meine Steuerbordseite und die Leute geben mir lautstark zu verstehen, daß ich die Geschwindigkeit drosseln soll. In Ordnung - mache ich, halte aber in meiner freien Hand die Rakete hinter dem Rücken versteckt. Doch da streckt mir einer der Männer eine Flasche Bier lächelnd entgegen und ruft "Ahoi, Ahoi". Ich nehme die Flasche, und noch bevor ich etwas sagen kann, wenden sie wieder und verschwinden zwischen den Inseln.
Ich denke, so verblüfft war ich schon lange nicht gewesen. Stehe am Steuer mit einer bulgarischen Bierflasche in der einen und einer Rakete in der anderen Hand, und beginne laut und herzlich zu lachen. Wenn mich an den nächsten Inseln jemand hört, so wird er denken, da kommt ein total Verrückter.
Nachdem ich mich wieder beruhigt habe, fasse ich den Entschluß alle Geschichten, die ich über diese Leute hörte, sofort zu vergessen. Das entspricht einfach nicht der Wahrheit. Ich stelle die Flasche in den Kühlschrank und genieße weiterhin diese so zauberhafte Umgebung.
Das Land selbst ist flach, und ich denke, weit im Süden zwischen ruhig gelagerten Inseln am ruhigen Meer zu steuern.
Am Nachmittag begutachte ich zwei Ankerplätze, die ich mir gestern aus der Karte suchte. Doch leider reicht bei beiden die Wassertiefe nicht aus, um hinter die dortigen Inseln zu gelangen. Also lege ich in Pechet wieder am Ponton der Capitania an. Der Hafenkapitän meint, die Formalitäten hätten Zeit bis morgen. Jetzt muß ich erstmal ein Bier mit ihm trinken. Nach der Hitze des heutigen Tages tut mir dieses kühle Naß irrsinnig gut, und nach kurzer Zeit halte ich schon das Zweite in der Hand. Als ich meine schlafen zu gehen, fragt er mich, ob ich denn eine Duschmöglichkeit an Bord hätte. Ich erkläre ihm mein Kanisterduschsystem, worauf er energisch meint, das ginge doch nicht und ich solle seine Dusche benützen. Herrlich... Danach fühle ich mich wie neu geboren. Er zeigt mir noch, wo ich eine Steckdose für meine Stromversorgung finde, und wieder endet ein Tag am Fluß mit überaus gastfreundlichen Menschen.

Do, 10.08.2000 / 103. Tag

Um 03.00 Uhr morgens erwache ich als ich etwas Feuchtes auf meinem Oberschenkel spüre. Irgend etwas großes, glibberiges krabbelt an mir herum. In Panik schüttel ich mich und höre nur etwas laut auf den Boden klatschen. Sofort raus aus der Kabine, ins Bad und meine Kontactlinsen einsetzen. Befürchte, eine Schlange an Bord zu haben, da meine Luken, wegen der Hitze geöffnet sind und von dem Ponton der Capitania führt ja ein Steg an Land. Doch als ich zurück komme, sehe ich erstmal überhaupt nichts. Traue mich aber auch nicht die Bettdecke anzufassen. Wer weiß, was mir da entgegen kommt...
Doch da springt plötzlich ein kleiner, leuchtend grüner Frosch von einer Seite zur anderen. Unglaublich, was mir auf dieser Reise alles passiert. Habe einen Frosch im Bett!
Gut, dann versuche ich eben meinen Besucher von Bord zu schaffen. Dieses Unternehmen kostet mich dann eine Stunde meiner Nachtruhe. Jedes Mal wenn ich ihn fangen möchte,

ist er schneller und flüchtet mit einem großen Satz auf die andere Seite der Koje. Somit springen sowohl der Frosch als auch ich pausenlos von einer Kabinenseite zur anderen. Hole einen Kochtopf und mit seiner Hilfe schaffe ich es dann diesen Winzling einzufangen. Stülpe einen Teller darüber und bringe meinen Besucher schließlich an Land, wo er hingehört. Schüttel dann zwar alle Decken und Polster gründlich aus, doch war dies der einzige Frosch heute Nacht.
Kurz nachdem ich um 07.00 Uhr aus der Koje krieche, klopft es am Steuerstand und der Hafenkapitän holt mich zum Frühstück. Ganz verschlafen komme ich an seinem Ponton, um dann dort, in seinem Büro, fünf anderen Kapitänen vorgestellt zu werden. Kaffee und mit Knoblauch und Öl marinierter Fisch. Welch Frühstück!
Bevor ich aber ablegen kann, kommt noch der Helfer des Kapitäns und drückt mir einen Sack mit Tomaten, Paprika, Zwiebeln, Knoblauch und Pfefferoni in die Hand. Damit ich unterwegs nicht Hunger leiden muß, meint er. So, dann aber los.
Klappt aber wieder nicht. Der Helfer kommt nochmals um nach einem Stück Seil zu fragen. Das Seil, mit dem das Boot des Hafenkapitäns an der Querseite des Pontons befestigt ist, löse sich auf. Ich krame ein dickes Festmacherseil hervor und gebe es ihm. Er fragt, was es wohl kosten würde, worauf ich mich wirklich beschämt fühle. Er kommt mit einem Sack voll mit frischen Gemüse und will dann dieses Seil bezahlen! Ich erkläre ihm, daß dies ebenfalls ein Geschenk sei, worauf er verschwindet und kurze Zeit später mit einer großen Schüssel Fisch zurück kommt. Jetzt glaube ich, daß ich spinne! Will sie nicht annehmen, doch er protestiert und drückt mir die Schüssel in die Hand, mit dem Hinweis, daß er die Fische erst vor einer Stunde gefangen hat. Somit habe ich mehr als drei Kilogramm Fisch für die nächsten Tage zu essen. Als er sich zum Gehen umdreht, stecke ich ihm noch unbemerkt eine Packung Marlboro in die Seitentasche seiner durchlöcherten Jacke.
Um 10.00 Uhr lege ich dann endlich ab. Auch hier in Pechet verspricht der Pegel nichts Gutes, und so fahre ich wieder ausgesprochen langsam an den zahlreichen Inseln vorbei. Den ganzen Vormittag kämpfe ich um jeden Meter Wassertiefe.
In Corabia verengt sich die Durchfahrt zwischen den Inseln auf nicht einmal hundert Meter. Strömung kommt auf und ich spüre wieder einmal riesige Strudel im Wasser. Über sieben Kilometer schlingert die "Goldfisch" von einem Strudel zum anderen. Die linke Uferseite ist regelrecht abgefräst von dem Wasserdruck den die Donau hier entwickelt. Am Strand der rechten Insel hängen massenhaft entwurzelte Bäume in den Sträuchern.
Danach wird der Strom wieder zahm, sanft und breit. An beiden Seiten ragen Sandbänke mit vielen darauf sitzenden Möwen, aus dem Wasser.
Als ich an der Stromeinmündung der Flüsse Olt und Calnovat vorbeikomme, wird es wieder tiefer. Aber dort kommen auch wieder Wind und Wellen auf. Die "Goldfisch" wird kräftig durch geschüttelt. Auch heute abend finde ich keine geeignete Ankermöglichkeit und lege schließlich vor Turnu Magurele an einem Schwimmkran an. Niemand scheint hier zu arbeiten, also richte ich mich zum Übernachten ein.

Nachdem ich eineinhalb Stunden die vielen Fische ausgenommen und gereinigt habe, kommt der Hafenkapitän in Begleitung eines Polizisten in einem kleinen Boot angerudert. Sie fragen mich, ob ich irgendwelche Probleme mit dem Schiff hätte. Ich erkläre ihnen die Schwierigkeit mit dem Tiefgang der "Goldfisch" und daß ich zu müde zum Weiterfahren bin. Kurzer Small-talk und nachdem sie meine Papiere kontrollieren und mir eine gute Nacht wünschen, rudern sie wieder zurück in die Dunkelheit der Nacht.
An Deck brate ich mit dem Campingkocher alle Fische, esse einige davon und gehe schließlich schlafen.

Fr, 11.08.2000 / 104. Tag

Auch heute fahre ich, so wie gestern auch, genau gegen Osten und werde den ganzen Vormittag von der Sonne geblendet. Bei diesen Lichtverhältnissen ist es ziemlich schwierig, die wenigen vorhandenen Tonnen trotz Fernstecher rechtzeitig zu erkennen.
Exakt um **09.15 Uhr** komme ich am **Donaukilometer 583** vorbei. Genau hier habe ich nun **3000 Kilometer** auf meiner Reise **zurück gelegt**! Wäre eigentlich wieder ein Grund zum Feiern. Doch allein? Also fahre ich einfach weiter...
Irgendwann komme ich an einer Insel mit dem Namen "MILKA" vorbei, bekomme Appetit auf Schokolade, und muß feststellen, daß ich keinerlei Süßigkeiten an Bord habe. Das muß sich bald ändern! Danach kämpfe ich wieder mit der Wassertiefe. In der Fahrrinne hat es nur mehr maximal zweieinhalb Meter Tiefe.
Kurz vor Mittag passiere ich Belene und kurze Zeit später entdecke ich bei Svistov den erschreckenden Pegelstand von 185! Jetzt wird es kritisch.

Abendstimmung zwischen den Inseln des Stromes

Bei Kilometer 525 wieder eine verwirrende Situation, bei der ich nicht weiß, was ich tun soll. In Flußrichtung sehe ich an der linken Flußseite eine rote Tonne und in der selben Linie dahinter, nach ungefähr hundert Metern, eine grüne. Das wäre nicht schlimm, wenn nicht exakt am gleichen Kilometerstand, an der rechten Flußseite die gleiche rote und grüne Betonnung wäre. Die letzten Kilometer war die Fahrrinne am linken Ufer entlang, und theoretisch müßte ich nun in einem 90°-Winkel die Flußseite wechseln, welche hier in etwa einen Kilometer Entfernung liegt. Trotzdem erscheint es mir unlogisch.
Doch in ungefähr drei Kilometer Entfernung sehe ich von Tal ein Schubverband an der rechten Seite bergauf steuern. Ich beschließe abzuwarten was der Verband macht, wende und stelle mich hinter der roten Tonne in den Strom - bei zwei Meter Wassertiefe! Es dauert über eine Stunde, bis sich der Verband durch diese Stelle manövriert. Er macht genau das, was mir unlogisch erschien, aber anscheinend richtig ist. Er durchfährt diese Stelle eben in dem 90°-Winkel, quer zur Flußrichtung. Mit einigen Leuten am Bug, die mit Stangen die Tiefe loten.
Jeder Frachter hat an den Bordwänden Messtabellen, an denen man sieht wie tief er beladen ist. Durch den Fernstecher sehe ich die Marke bei 1,70 Meter. Und die loteten hier ob genug Wassertiefe vorhanden ist! Toll!!! Ich brauche mindestens 1,90 Meter! Als er bei mir vorbei ist, versuche auch ich, schweren Herzens, die Durchfahrt. Ich taste mich in genau der gleichen Linie die der Frachters eingeschlagen hatte durch die Tonnen. Das Echolot steht bei konstant 1,90 Meter! Eigentlich habe ich überhaupt kein Wasser unter dem Kiel. Dann zeigt das Echolot wieder nichts an und ich spüre wie die "Goldfisch" den Grund berührt. Komme aber durch, da es auch hier anscheinend wieder nur Sand ist.
Verfluche die verloren gegangene Zeit in Bratislava und Belgrad, in der der Wasserstand der Donau so derart fiel, muß aber trotzdem weiter fahren. Irgendwie bekomme ich total schlechte Laune und beginne mich über alles Mögliche zu ärgern. Auch darüber, daß fast alle Kilometertafeln entweder verbogen, zugewachsen oder verschwunden sind. Bisher störte mich das überhaupt nicht. Aber wenn ich schlechte Laune habe, stört mich einfach alles.
Genau in dieser Stimmung komme ich am bulgarischen Rousse vorbei und sehe dort den Yachthafen, von dem ich mir auch erhoffte, die "Goldfisch" über den Winter einzuquartieren. Dieser Yachthafen besteht aber nur aus einer kleinen Steganlage und liegt direkt in der Einfahrt zum Industriegebiet.
Frustriert versuche ich dann am Ponton der Capitania in Giurgio anzulegen. Da kommt ein Arbeitsschiff, laut hupend, bergauf und vertreibt mich, da es am Nachbarponton anlegen will. Wütend schleudere ich einen Gabelschlüssel an Bord des Schiffes und verfluche den Steuermann.
Muß daraufhin im Strom warten bis drei Frachter passieren, und wiederhole dann mein Manöver. Als ich am Ponton festgemacht habe, kommt auch noch ein Uniformierter und meint, ich könne hier nicht bleiben. Auch das noch! Ich werde immer ärgerlicher und protestiere lautstark. Erkläre ihm, daß ich bis jetzt an jeder Capitania anlegen durfte und

überhaupt nicht verstehe warum es hier nicht möglich sei. Von der Lautstärke unseres Gespräches angelockt, erscheint nun auch der Hafenkapitän. Nach dreißig Minuten des Diskutierens und der Übergabe von zwei Packungen Marlboro, geben sie schließlich nach und ich bleibe über Nacht. Nicht ohne darauf hingewiesen zu werden, daß ich das Gelände nicht verlassen dürfe.

Als ich dann die Formalitäten erledigt habe, kommt der fast zwei Meter große Kapitän des Arbeitsschiffes zur "Goldfisch" und entschuldigt sich in deutscher Sprache für das vorhin Geschehene. Der Steuermann wollte mir "nur" einen Schreck einjagen, erklärt er mir. Ist ihm ja auch gelungen, da ich dachte das Schiff würde mich rammen. Der Kapitän gibt mir lächelnd meinen Gabelschlüssel zurück und lädt mich prompt zum Abendessen, an Bord seines Schiffes ein.

Es gibt Hühnersuppe, gegrilltes Huhn in Sauce und marinierten Fisch. Ich bin der Einzige, der ißt, da die Besatzung bereits vor einer Stunde das Gleiche tat. Die gesamte Crew sitzt am Tisch und freut sich, daß es mir schmeckt. Vollgegessen und nachdem ich allen meine Reiseroute erklären muß, telefoniere ich endlich wieder mit Dörte.

Sie versucht derzeit von Deutschland aus, für die "Goldfisch" einen Winterplatz auf meiner Route zu finden. Das es in Rousse nicht funktioniert, dachte ich mir bereits als ich diesen "Yachtclub" sah. Doch so wie es scheint, gibt es eine Möglichkeit in Oltenita, knappe sechzig Kilometer stromabwärts. Ich werde also morgen bis dorthin fahren und mich vor Ort erkundigen. Wäre angenehm, wenn es dort klappt. Wollte ja bereits in Orsova, das bereits über 500 Kilometer hinter mir liegt, die diesjährige Etappe beenden. Und die vergangene Woche war trotz der wunderschönen Landschaft und der Gastfreundschaft der Leute die ich traf, sehr anstrengend. Außerdem bin auch schon "reisemüde". Und dann gibt es noch viele andere Gründe, die ich bereits beschrieb, warum es besser ist einen Stop einzulegen.

Die anscheinend extra für mich abgestellte Militärbewachung am Steg des Pontons sorgt für einen ungestörten Schlaf...

Sa, 12.08.2000 / 105. Tag

Den ganzen Vormittag manövriere ich die "Goldfisch" zwischen Treibholz, manchmal sogar an entwurzelten Bäumen vorbei. Die Sonne scheint von Steuerbord auf die Donau, was die Navigation wesentlich erleichtert, da ich so einen sehr guten Blick nach vorne habe, keinen dieser Bäume übersehe und alle Tonnen gut erkenne.

Es beginnt wieder das tägliche Spiel der Fahrrinnensuche. Alle drei Minuten schlägt das Echolot Alarm, welchen ich nur mehr auf 2,20 Meter eingestellt habe. Irgendwann nervt mich dieser schrille Ton so sehr, das ich den Alarm ganz abstelle.

Links und rechts eine Insel nach der anderen und überall Sandbänke dazwischen.

Bei Kilometer 470 entsteht ein richtiges Inselwirrwarr, wo laut Karte genau in der Mitte des Hauptstromes eine rote Tonne den Weg weisen soll. Doch ich finde sie nicht! Der Hauptstrom teilt sich und ich stehe vor einem Rätsel. Laut Karte würde die Fahrrinne hier nach steuerbord abgehen. Doch Edmund machte eine Notiz in die Karte, daß sie manchmal auch nach backbord führen kann, weil sich der Stromverlauf hier oft ändert. Eine Tonne soll aber trotzdem den Weg zeigen.

Nachdem ich in den Leerlauf schalte, um besser Ausschau zu halten, entdecke ich diese rote Tonne endlich. Doch sie steht genau an der Spitze dieser Gabelung, in zirka fünfzig Meter Entfernung davon. Habe jetzt zwei logische Möglichkeiten. Entweder in den linken Arm einfahren, oder zwischen dieser roten Tonne und dem nahen Ufer der Insel nach rechts. Doch als ich bei der Tonne angelangt bin, wird mir die Entscheidung abgenommen. Die Strömung nimmt plötzlich zu und zieht mich nach steuerbord. Das Echolot zeigt dreieinhalb Meter. Also muß ich richtig sein. Die Tiefe nimmt weiter zu und ich lasse mich einfach treiben.

Doch nach drei Kilometer steigt die Wassertiefe wieder auf zweieinhalb Meter an. Bleibt dann bis kurz vor Oltenita konstant, um dann fast acht Meter frei zu geben. Dieses Phänomen erlebe ich bei jeder größeren Stadt. Ungefähr einen Kilometer vor, bis etwa einen Kilometer nach diesen Städten, ist es hier überall enorm tief.

Sehe den Ponton der Capitania, werde aber zu dem Nachbarponton gewunken. Als ich dort anlege, kommen etliche Leute, in Zivil und auch einige in Uniform, zum Schiff um zu fragen, wie sie mir helfen können. Ich erkläre ihnen, daß ich Stefan suche, welcher hier eine Yachtwerft betreibt. Dörte hatte mit ihm telefoniert und die Auskunft erhalten, daß er mich erwartet. Einer der Männer meint, sein Name wäre Marian, und er wurde von Stefan geschickt um mich zu empfangen. Ich könne aber nicht an diesen Ponton bleiben, sondern soll zum Ponton des Hafenkapitäns überwechseln. Gut, mache ich. Dort fest gemacht, werde ich dann sofort vom Hafenkapitän und dem Polizeichef begrüßt.

Kohlenschub-Verband aus Weisrußland

Marian meint, ich solle ihm mein Problem erklären, und danach sehen wir weiter. Aber nicht hier, sondern auf den Weg zur Werft. Ich frage noch ob ich mich denn nicht hier bei den Behörden melden soll. Er meint aber, daß der Hafenkapitän sein Freund sei, und es somit in Ordnung ist. Also los.

Wir fahren mit seinem Auto auf einer Schotterpiste, vorbei an etlichen Feldern zur Werft und dort angelangt zeigt er mir das ganze Gelände. Ein Hafenbecken mit riesigen Krananlagen und einige Fertigungshallen, in denen für eine holländische Firma Motoryachten produziert werden. Das wäre optimal hier!

Nachdem ich dann später die Formalitäten beim Hafenamt erledigt habe, steuere ich die "Goldfisch" mit dem Hafenkapitän und einem Arbeiter an Bord zur Hafeneinfahrt. Dieser Arbeiter kennt die Einfahrt wie seine Westentasche, und das ist für mich sehr wichtig, da es hier nur 1,80 Meter Wassertiefe haben soll. Höchstens!

Vorher bietet mir der Kapitän eines Schubschiffes an, mit seinem Schiff eine Durchfahrt ins Hafenbecken zu "fräsen". Für einhundert amerikanische Dollar!!! Manche Menschen glauben tatsächlich, daß jeder Schiffseigner automatisch auch Millionär ist.

Doch unter der Anweisung des Arbeiters von Marian taste ich mich kurze Zeit später Meter für Meter, seitlich versetzt in diese Einfahrt. Der Arbeiter hat noch niemals ein Segelschiff gesehen und kennt deshalb auch nicht die Handhabung eines Langkielers. Er möchte, daß ich das Schiff quer zur Strömung, ziemlich knapp am Hafenfeuer vorbei, in das Becken steuere. Mitten in diesem etwas schwierigen Manöver muß ich ihm das Verhalten der "Goldfisch" mit ihrem Langkiel erklären.

Acht Meter, fünf Meter, drei Meter, zweieinhalb, zwei Meter und danach wieder keine Anzeige des Echolots. Eigentlich müßte ich bereits aufsitzen, spüre aber kein Hindernis unter mir welches das Schiff auflaufen läßt. Er meint, das sei in Ordnung, da es hier nur Schlick gibt. Na gut, aber hoffentlich weiß er wirklich Bescheid.

Die ganze Fahrt hierher stand der Hafenkapitän im weißen Hemd mit vielen Goldstreifen, wie Napoleon mit verschränkten Händen, am Bug der "Goldfisch". Doch jetzt ist auch er hier im Steuerstand, um das Echolot zu beobachten.

Langsam spüre ich wie der Grund gegen den Kiel drückt. Wir stehen fast. Der Arbeiter deutet mir, ich soll Vollgas geben. Gesagt getan. Hinter dem Heck sehe ich pechschwarzen Schlamm hoch wirbeln und dann steigt die Wassertiefe plötzlich wieder auf drei Meter. Vorbei! Wir sind drinnen.

Alle drei jubeln wir ausgelassen und klatschen uns freundschaftlich in die Hände.

Am Ende des Hafenbeckens liegt an einer sehr hohen Wand eine von dieser Firma hergestellte Yacht, an der ich seitlich festmache. Zum Abschluß, Zeit für alle ein Bier zu trinken.

Nachdem Marian mit Stefan telefoniert und mir bestätigt, daß es überhaupt kein Problem sei, die "Goldfisch" aus dem Wasser zu heben und hier einzuwintern, färbt sich meine Welt rosarot. Bin überglücklich. Die Details werden wir in den nächsten Tagen besprechen.

Einmal noch ankern

So, 13.08.2000 / 106. Tag

Meine innere Uhr weckt mich, so wie jeden Tag, kurz nach 06.00 Uhr. Doch heute möchte ich ausschlafen und drehe mich wieder ins Reich der Träume.

Etwas vor 10.00 Uhr steht dann Marian plötzlich an Bord und meint, er hole mich ab um mit mir zu einem Fest ins Dorf zu fahren. Verschlafen zwänge ich mich in die Jeans und danach fahren wir mit seinem Auto in die Ortschaft. Je näher wir zur Donau kommen, um so mehr Leute sind auf der Straße unterwegs.

Heute ist das alljährliche Schiffsfest, wo fast alle Bewohner von Oltenita und der Umgebung hingehen. Überall am Kai Tische, Stühle, Grillstationen und Musik. Massenhaft Leute, die zur Donau blicken. Die Mädchen des Ortes kommen in ihren schönsten Kleidern und die meisten Männer im Anzug. Ich erblicke die verschiedensten Uniformen in dem farbenprächtigen Menschengewühl.

Am Donauufer haben sich die Schiffe des Ortes, bunt geschmückt, versammelt. Ein Frachter, zwei Arbeitsschiffe und die Boote der Polizei, des Hafenkapitäns und des Zolls. Ebenfalls geschmückt und auf Hochglanz poliert. Diese sechs Schiffe gehören zum Dorf. Diejenigen, die im Hafenbecken liegen, fahren unter fremder Flagge. So wie die "Goldfisch". Bin aber froh, heute nicht am Ponton der Capitania zu liegen, da diese Schiffe der Menschenmenge am Kai dauernd irgendwelche Manöver vorzeigen und dementsprechend viele Wellen verursachen, die die "Goldfisch" bestimmt einige Male hin und her geschüttelt hätten.

Etwas später finde ich mich im Garten des Hafenkapitäns unter zahlreichen Obstbäumen wieder, und wir unterhalten uns bei Cola über die Stationen meiner Reise. "Münster kenne ich nicht, aber Duisburg - liegt das nicht bei England?"

Der Hafenkapitän gibt mir noch zu verstehen, daß mein Schiff bei Stefan in den besten Händen ist und mit dieser Erkenntnis komme ich dann mittags an Bord zurück. So, hier wird also die erste Etappe meiner Reise quer durch Europa enden.

Doch ich entschließe mich noch einmal hinaus auf die Donau zu fahren, um mir einige Inseln unterhalb von Oltenita anzusehen.

Den gleichen Weg wie gestern, taste ich mich durch die Einfahrt und lasse mich dann etwa sechs Kilometer flußab treiben. Unterhalb der bulgarischen Insel Kosui wende ich, um danach zwischen dreier Inseln und einigen Sandbänken langsam stromauf zu fahren. Die Wassertiefe beträgt zweieinhalb Meter, nimmt aber ab und dann sitze ich auf. Doch diesmal ist es nicht so schlimm, da ich gegen die Strömung unterwegs bin und mich leicht mit dem Rückwärtsgang befreien kann. Das passiert mir noch zweimal, doch danach finde ich eine Einfahrt hinter diese Inseln.

Ein umgeknickter Baum versperrt mir beinahe den Weg, doch die Wassertiefe läßt es noch zu, ihm zu umfahren. Aus der im Wasser liegenden Baumkrone schrecken einige Wildgänse hoch und fliegen hastig fort. Das Wasser ist hier glasklar und ich sehe sogar den Grund.

Lasse den Anker fallen und bin richtig glücklich. Aus lauter Freude nehme ich meine Landleine, springe ins Wasser und schwimme zu der nahen Insel an meiner Steuerbordseite. Belege sie an einen Baum und lege mich in den Sand. Wie am Meer! Feiner, weißer Sand! Da raschelt es neben mir und ein Otterpärchen flüchtet blitzartig hinter die nächsten Bäume. Kurz darauf sehe ich sie wieder kommen, als ob sie mich begrüßen wollen. Doch nach einigen Minuten ist dieser Zauber vorbei und sie verschwinden wieder. Richtig putzige Gesellen mit lustigen Augen.
Ich schwimme zurück zur "Goldfisch" und bemerke, daß ich vergaß die Badeleiter einzuhängen. Keine Chance an Bord zu kommen, da die Bordwand zu hoch ist. Jedes Mal wenn ich die Arme ausstrecke um nach der Deckskante zu greifen, sinke ich mit dem ganzen Körper unter Wasser. Das gibt's doch nicht! So ein blöder Fehler. Und das am letzten Tag! Da das Ufer nur einige Meter entfernt ist, schwimme ich zurück und beginne zu überlegen wie ich wohl wieder an Bord komme. Sitze so ungefähr eine Stunde im Sand und grüble. Sehe mich schon in kurzer Hose frierend, hier auf der Insel die Nacht verbringen. Doch dann fällt mein Blick auf den Klüver und die Lösung ist da. Hoffentlich gelingt meine Idee. Schwimme also noch einmal hinüber. Unterhalb des Klüvers ist vor dem Bug eine Kette befestigt. Über diese Kette, dem Anker und dem Klüver klettere ich mit einiger Anstrengung endlich wieder an Bord. Na, das hätte mir jetzt noch gefehlt. Nicht mehr an Bord kommen zu können! Etwas geschockt sitze ich am Bug und starre ins Wasser.
Die Sonne beginnt unter zugehen und nach einer kurzen Zeit färbt sich der Himmel purpur. Dann wird es schlagartig finster. Ich genieße diese Atmosphäre, esse Obstsalat und sehe den Mond aufgehen. Vollmond. Ein wunderbarer Ausblick auf die Inseln entsteht. Es ist absolut windstill, nichts rührt sich, nur ein einsamer Frosch quakt aus der Ferne. So sitze ich dann bis fast 03.00 Uhr morgens an Deck, um danach dann endlich schlafen zu gehen.

Mo, 14.08.2000 / 107. Tag

Der Wecker läutet bereits um 06.00 Uhr! Ich habe nur drei Stunden Schlaf in mir, muß aber los, da ich um 10.00 Uhr von Daniel, dem Fahrer der Firma, abgeholt werde. Er soll mir, im Auftrag von Stefan, das fünfundsechzig Kilometer entfernte Bucarest zeigen.
Kaffee, Anker hoch und kurze Zeit später bin ich wieder auf der Donau stromauf unterwegs. Merke aber, daß ich es nicht mehr gewohnt bin gegen die Strömung zu fahren. Und so brauche ich für die knappen sechs Kilometer zurück, fast zwei Stunden.
Nachdem ich wieder ins Hafenbecken einfahre und längsseits an die Motoryacht gehe, stehen auch schon Marian und Daniel am Kai und erwarten mich. Marian wünscht uns gute Unterhaltung, und ab geht es durch Oltenita, dann über eine sich durch die Landschaft schlängelnde Straße, im Kleinbus von Daniel.
Eigentlich wollte Daniel mit diesen Bus eine Art "Geschäft" betreiben, mit dem er Leute zwischen Oltenita und Bucarest transportiert. Doch wurde er von der Mafia, die von Bucarest aus ein ähnliches "Unternehmen" betreibt, daran gehindert. Er eröffnete eine

Bukarest (Rumänien) - Palast des Friedens

Autowerkstätte in seiner Garage und arbeitet zusätzlich bei der Werft. Mit diesen zwei Jobs versucht er so schnell wie möglich, den Kredit von seinem Auto zu bezahlen.
Durch Oltenita geht es im Schrittempo, da der Zustand der Straßen ziemlich schlecht ist. Später an der Landstraße angelangt verbessert sich aber dieser Zustand, und vorbei an Zigeunersiedlungen und zahlreichen Feldern, die privat bewirtschaftet werden, fahren wir ins Landesinnere. Überholen zahlreiche Pferdekarren, die hier als Fortbewegungsmittel dienen und sehen auch zahlreiche Leute, die am Straßenrand den Ertrag ihres Gartens verkaufen.
Nach über einer Stunde sind wir in Bucarest, dem "Paris des Ostens", angelangt. So wie in Belgrad sehe ich auch hier krasse Widersprüche. Mercedes und Trabis. Hochhäuser und slumähnliche Siedlungen. Einkaufszentren und Menschen die irgendwelche Kleinigkeiten am Straßenrand verkaufen. Einige Male werde ich von Kindern angesprochen, die mir ihre Liebesdienste anbieten. Kinder, die nicht älter als zwölf Jahre alt sind. Fürchterlich!
Ich besorge mir in einem Einkaufszentrum einen "Advantix"-Film für meine Kamera, um danach einige Aufnahmen vom Palast des Friedens zu machen, den Ceausescu erbauen ließ. Ein unglaublicher Bau. Nach dem Pentagon das zweitgrößte Bauwerk dieser Welt. Dieser Diktator ließ 40.000 Menschen auf die Straße setzten, um danach ein altes Stadtviertel zu sprengen, und eben dort diesen Palast zu bauen. Direkt auf einem Fußballstadion. Somit hatte er auch die Möglichkeit, unter dem Stadion sofort einen Atombunker zu bauen. Am Fuße seiner Residenz errichtete er, nach französischen Vorbild, eine überdimensionale Prachtstraße mit zahlreichen Springbrunnen. Rundherum, alle im gleichen Stil, ließ er Wohnhausanlagen für seine Freunde und alle die ihm gut gesinnt waren, bauen. Und an der linken Seite, einen ebenso großen Palast für seine Frau. All das in nur fünf (!!!) Jahren.

Der Hauptpalast quillt nur so über von teuren Materialien. Das Volk aber litt zu dieser Zeit Hungersnot. Kommunismus pur. Alles war rationiert. Sogar Strom und Heizung. Fernsehen gab es nur zwei Stunden am Tag, eine davon gefüllt mit Ceaucescus Propagandareden.
Nachdem Ceausescu bei der Revolution 1989 hingerichtet wurde, war die Bevölkerung zwar von dem Diktator befreit, doch das System änderte sich nur unwesentlich.
Durch enge Straßen mit diversen Märkten und an wunderschönen, aber bescheiden wirkenden Kirchen vorbei, gehen wir weiter durch die Stadt. Besichtigen sogar eine Vernissage und essen in einem arabischen Fastfoodrestaurant. All das bei Temperaturen jenseits der 40°C-Grenze.
Der Verkehr auf den Straßen wirkt auf mich, den "Westmenschen", absolut chaotisch. Daniel versucht mir zwar nur die schönen Seiten von Bucarest zu zeigen, doch ich sehe auch sehr oft die Armut der Bevölkerung. Sie ist überall und kann nicht verschwiegen oder versteckt werden.
Am späten Nachmittag verlassen wir die über zwei Millionen Einwohner zählende Hauptstadt Rumäniens und fahren zurück. Nicht ohne die Zigeunersiedlungen am Rande Oltenitas und den nicht fertiggestellten Donau-Bucarest-Kanal zu besichtigen.
Die Siedlungen der Zigeuner werden ohne Genehmigung aus selbstgemachten Lehmziegeln und alten, verrosteten Stahlteilen errichtet. Überall laufen Kühe, Schweine und andere Tiere über die holprige Straße, die wir sehr langsam befahren.
Ceausescu wollte damals auch eine Wasserverbindung zur Hauptstatt schaffen. Er begann damit einen Kanal zu errichten, doch nach der Revolution kümmerte sich niemand um dieses Bauvorhaben und der Kanal mitsamt der zu 80% fertiggestellten Schleusenanlage verfielen und sind jetzt nur mehr ein enorm großer Trümmerhaufen. Ausgeschlachtet von den Zigeunern. Eigentlich sehr schade, denn somit gingen dem Staat viele Milliarden verloren. Mit diesen Kanal wäre es sicherlich besser mit der örtlichen Wirtschaft bestimmt und ein großer Teil der Bevölkerung Oltenitas hätte ausreichend Arbeit. Außerdem hätten so große Landstriche mit Wasser versorgt werden können.
Nachdem wir bei dem Haus von Daniel halten, und er mir, voller Stolz, seine Werkstatt zeigt, komme ich spät abends zurück an Bord der "Goldfisch".
Nicht ohne vorher in Oltenita nach dem Pegel zu fragen. Und so wie es aussieht, könnte ich sowieso nicht mehr weiter fahren. Der Pegel ist auf 1,75 Meter gefallen! Das würde bedeuten, daß ich dreißig Kilometer unterhalb von Oltenita nicht mehr weiter könne, da der Wasserstand zu gering ist. Ich hoffe nun wirklich die "Goldfisch" hier sicher einzuwintern. Am Mittwoch kommt Stefan aus dem Urlaub zurück, um mit mir über die Einlagerung der "Goldfisch" zu sprechen.

Di, 15.08.2000 / 108. Tag

Den Vormittag verbringe ich damit das Deck zu schrubben. War wieder einmal nötig. Die letzten Wochen sammelte sich hier jede erdenkliche Art von Schmutz. Auch keine leichte Aufgabe bei diesen Temperaturen.

Gegen 13.00 Uhr kommt die Erlösung und Marian holt mich ab um einer Einladung seiner Eltern zu folgen. Sie wollen mich bei einem üppigen Mittagessen kennen lernen. In einer sehr hübsch eingerichteten Wohnung bekomme ich eine rumänische Spezialität nach der anderen serviert. Dazu selbstgebrannten Schnaps und Bier aus Einliter-Flaschen. Die Mutter umsorgt die Gäste, während sein Vater von seinem heißgeliebten Trabi erzählt. Er besitzt ihn seit zweiundzwanzig Jahren und denkt überhaupt nicht daran, auf ein anderes Auto umzusteigen. Zu viele Erinnerungen verbindet er mit diesem Auto. Natürlich muß ich auch hier viel Erlebtes meiner Reise schildern. Jeder hofft darauf, daß die Krise in Jugoslawien bald beendet ist, um wieder mehr Betrieb auf der Donau zu haben. Ich weiß nicht, ob das so einfach in der nächsten Zeit geschieht...
Als ich zur "Goldfisch" zurückkehre, verabschiedet sich dort höflich ein Wachmann von mir. Erst jetzt begreife ich, daß jedesmal, wenn ich das Schiff verlasse, extra jemand zur Bewachung der "Goldfisch" beordert wird.

Mi, 16.08.2000 / 109. Tag

Heute ist die Innenreinigung an der Reihe. Ein umständliches Unternehmen, da ich auch hier einige Zeit nichts getan habe. Doch nach fünf Stunden habe ich es endlich geschafft und alles glänzt, so wie es soll.
Am Nachmittag erscheint Stefan, der Generalmanager der Werft, am Kai um mit mir die Einwinterung der "Goldfisch" zu besprechen. Wir telefonieren mit dem "Big-Boss" in Holland und danach ist alles perfekt. Das Schiff wird hier aus dem Wasser gehoben und danach werden alle nötigen Reparaturen durchgeführt. Wird mit Planen abgedeckt und kommt danach in die Halle. Eigens dafür bereitgestellte Wachorgane kümmern sich dann vierundzwanzig Stunden täglich um die Sicherheit der "Goldfisch". Im Mai wird das Schiff dann wieder ins Hafenbecken gesetzt und die Masten gestellt. Und dann geht es, wieder mit Dörte gemeinsam, durch das Donaudelta zum Schwarzen Meer. Optimal! Und all das zu einen wirklich guten Preis. Nach dem Gespräch werde ich von Stefan für den Abend zum Essen eingeladen und komme zufrieden zurück an Bord.
Bevor sie mich später wieder abholen, steht plötzlich Soutiri an der Hafenmauer und ruft mir zu. Er ist einer meiner besten Freunde aus Griechenland, lebt aber zur Zeit hier in Rumänien. An einem der letzten Tage telefonierte ich mit ihm und teilte ihm mit, daß ich in Oltenita bin. Kurz entschlossen kommt er auf Besuch und natürlich ist die Wiedersehensfreude riesengroß, da wir uns schon einige Zeit nicht gesehen haben.
Um 20.00 Uhr holt uns Stefan mit dem Auto ab und wir fahren in das beste Lokal der Gegend. Stefan, Marian, deren Frauen, Soutiri und ich erleben dann gemeinsam einen grandiosen Abend bei rumänischen Spezialitäten und guter viersprachiger Unterhaltung. Rumänisch, griechisch, englisch und deutsch, buntgemischt.

Abschied

Do, 17.08.2000 / 110. Tag

Die Nacht war sehr kurz, da Soutiri bei mir an Bord blieb und wir uns natürlich noch viel zu erzählen hatten. Beide müssen wir aber früh aufstehen, da einiges zu tun ist. Soutiri fährt nach dem Frühstück weiter nach Griechenland und ich beginne das Schiff für den Winter vorzubereiten.

Zuerst muß alles von Deck runter. Diesel- und Benzinkanister, der Aussenborder der "kleinen" Goldfisch, Leinen und vieles mehr. Löse alle Befestigungsleinen der Masten, da diese separat gekrant werden und schleppe alles hinauf zur Halle. Danach sind die Räume unter Deck an der Reihe. Alles wird sortiert und für den Winter verpackt. Auch von hier kommen viele Dinge in die Halle. All das geschieht bei Temperaturen um die 38-40°C im Schatten. Ölwechsel, Frostschutz und die Stromversorgung abklemmen. Am Nachmittag habe ich dann alles soweit im Griff und brauche morgen nur meine Taschen für den Flug packen. Habe keine Ahnung, wie ich das alles transportieren werde, denn das mitzunehmende Gepäck wird immer mehr.

Rodica, die Frau von Stefan, organisiert in der Zwischenzeit mein Flugticket, welches Daniel mit dem Auto vom Flughafen in Bucarest abholt. Am späten Nachmittag ist es dann soweit, alles ist erledigt und setze mich an Deck um die letzten Stunden auf der Donau zu genießen. Den Fluß zu sehen, den ich bis auf wenige Kilometer bezwang. Am Ende einer Reise von der ich so lange Zeit geträumt habe. Lese ein Buch eines Seglers, der vor langer Zeit die Donau bis Passau bergauf fuhr. Gleichzeitig blicke ich hinaus auf den Strom und erinnere mich an viele erlebte Dinge.

An die wunderbare und harmonische Zeit mit Dörte und an die tolle Landschaft mitsamt ihren gastfreundlichen Menschen. Denke an Toni und seine Überaschungsparty am Ufer, meine Freunde in Wien - bei denen Dörte und ich viele Tage verbrachten, Hermann von dem Fahrgastschiff "Amadeus", Milan und sein Restaurant in Bratislava, Branko - den Segler aus Belgrad, Goran - den Hotelbesitzer, Edmund aus Orsova, die Besatzung der "Donaustar 3", Blago und seine Crew von Bord der "Serah", die vielen hilfsbereiten Hafenangestellten und an all die anderen gastfreundlichen Menschen, die ich auf dieser Reise kennenlernte. Es ist die letzte Nacht an Bord der "Goldfisch" und ich werde langsam sentimental.

Einerseits bin ich stolz all die Schwierigkeiten geschafft zu haben, die Etappe abzuschließen und nach Deutschland zurückzukehren. Andererseits war die "Goldfisch", morgen sind es genau 111 Tage - fast vier Monate, mein Zuhause. Habe mich an diese schwimmende Umgebung gewöhnt und verspüre Schmerzen in der Brust, wenn ich nun daran denke einen Stop einzulegen, um wieder in ein "normales" Leben zurück zukehren.

Sehe die zerstörten Brücken in Novi Sad, die Engstellen in den Karpaten, die vielen Inseln, das Eiserne Tor und die zahlreichen Sandbänke mit den vielen Vögeln darauf.

Die Sonne geht unter und meine Stimmung paßt sich sofort der Dunkelheit an. Will und

kann die Reise auf Grund des Wasserstandes nicht fortsetzen, möchte aber die "Goldfisch" auch nicht alleine lassen. Nicht nach all den gemeinsam Erlebten und Durchgestandenen. Viele Menschen werden denken, daß ich jetzt ein wenig verrückt werde und es klingt wahrscheinlich auch etwas seltsam, aber in dieser langen Zeit habe ich gelernt das Schiff als Partner zu sehen. Es bekam eine Seele und wir wuchsen zu einem starken Team zusammen. Habe mich oft davor gefürchtet der "Goldfisch" Schaden zuzufügen, mehr als ich Angst um mich selber hatte. Auch habe ich mich oft dabei ertappt, wie ich das Schiff zu personifizieren begann. Aber ich denke, jeder, der mit seinem eigenen Schiff lange Zeit unterwegs war, wird mich ein wenig verstehen.
Es wird stockfinster, die Sterne leuchten wie nie zuvor und ich wundere mich darüber, daß der Mond nicht erscheinen will. Suche den Himmel nach Wolken ab, aber keine einzige ist zu sehen. Wo ist dieser verdammte Mond? Verweigert er heute seinen Dienst? Die Arbeitsschiffe im Hafenbecken ächzen und stöhnen im aufkommenden Wind als ob sie mir die Abreise verbieten wollen. Fühle mich in einen fort hin und her gerissen. Da, jetzt erst erscheint der Mond! Doch so habe ich ihn noch niemals zuvor gesehen. Blutrot, wie die untergegangene Sonne, kommt er langsam empor. Eine Farbe, die zwar schön anzusehen ist, aber jetzt sehr traurig auf mich wirkt. Ganz langsam, im Zeitlupentempo, kriecht er hinauf zu den Sternen. Ich werde noch trauriger. Seine Farbe verändert sich langsam und später leuchtet er wieder weiß vom Himmel.
Erinnere mich nun an die Anlege- und Ankerplätze, an denen ich allein in der Natur diesen Mond beobachtete und mich rundherum wohl fühlte. An das nächtliche Zirpen und Geschnatter verschiedener Tierarten. An Regen, Stürme und sternklare Nächte. All das und vieles mehr habe ich in den letzten Monaten erlebt. Sitze so noch bis nach Mitternacht verträumt an Deck, doch dann werde ich langsam müde und gehe langsam unter Deck in meine Kabine um mich zum letzten Mal in den Schlaf schaukeln zu lassen...

Fr, 18.08.2000 / 111. Tag

Es geht alles sehr schnell heute. Den Vertrag zwischen der Werft und mir unterzeichnen, danach mit Rodica zum Hafenkapitän und zum Zoll, aus ihrem Haus eine große Reisetasche abholen und danach packen. Klebe alle Schränke und Schubladen mit Klebeband zu und schleppe fünf schwere Taschen hoch zu Stefans Auto. Verabschiede mich, so dumm es auch klingen mag, von meiner Partnerin - der "Goldfisch", schließe ab und beende schnell und "schmerzlos" diesen Abschied von ihr und der Donau, indem ich mich in das Auto von Stefan setze und darauf warte zu seinem Haus gebracht zu werden.
Dies war das vorerst letzte Mal bis zum Ansteigen des Wasserstandes, daß ich an Bord der "Goldfisch" war. Nach 111 Tagen...
Bei Stefan angekommen, schleppen wir die Taschen ins Gästehaus, welches keine Wünsche offen läßt. Vier Gästezimmer mit eigenen Duschen und Toiletten, einen Wohnraum mit Satelitenfernsehen, Hi-Fi Anlage und sehr schöner, gediegener Einrichtung. Nachdem ich

geduscht habe, essen Rodica, Stefan, deren Sohn und ich Omelette, Salat und Wurst. Wir diskutieren über das Donaudelta und die Karpaten, welche ich mir gemeinsam mit Dörte nächstes Jahr vor der Weiterfahrt, ansehen werde.
Danach lege ich mich für zwei Stunden aufs Ohr. Nachdem ich wieder erwache, stürze ich mich bis zum gemeinsamen Abendessen endgültig in die auf mich zukommende "Zivilisation" und aktiviere den Fernseher. Es läuft "Der Pate".
In mir kommt die Frage auf, was denn schöner ist. Der Luxus, den uns die Gesellschaft an Land aufzwingt, oder der Luxus der Freiheit an Bord eines Schiffes, umgeben vom Luxus der Natur?
Werde aber aus meinen Gedanken gerissen, da das Abendessen auf dem Tisch steht. Fischsuppe, gebratenes Huhn und gegrillter Wels mit einer pikanten Knoblauchsauce. Wieder ein Abend des Schlemmens. Marian kommt ebenfalls zum Essen nachdem seine Frau heute einen Sohn gebar. Natürlich ist das ein Grund zum Feiern. Champagner fließt in Strömen. Unglaublich! Ich muß aber unbedingt erwähnen, daß dies kein typisch rumänischer Haushalt ist. Aber ich denke, das habt ihr bereits aus meinen Zeilen heraus gelesen. Nach Mitternach werden wir aber dann schnell müde und gehen in Richtung Bett. Morgen kommt auch noch ein anstrengender Tag auf uns zu.
Marian muß zurück zu seiner Frau nach Bucarest. Stefan und Rodica fahren wieder zurück in ihren Urlaub. Und ich fahre mit Daniel um 07.00 Uhr zum Flughafen, um zurück nach Deutschland zu fliegen.

Ich werde wieder sehen, daß es eine wesentlich schnellere und bequemere Art des Reisens gibt. Nur diese Art ist nicht zu vergleichen mit der, die ich gerade hinter mir habe.

Die Flugroute führt mich dann viele Kilometer über die Strecke "meiner" Donau zurück in ein "geordnetes" Leben...

Ankunft mit Schrecken

Mo, 21.05.2001 / 112. Tag

Wir treiben flußabwärts und langsam kehrt wieder Ruhe ein. Ruhe, die wir so lange herbeigesehnt hatten. Nun, nach über sieben Monaten Arbeit, Organisation und Stadtleben haben wir sie wieder. Keine Geräusche, nur das sanfte Brummen des Schiffsdiesel und das Rauschen der Donau unter dem Kiel. Wir sprechen kein Wort, lassen alles auf uns wirken.
Die Sonne scheint auf uns herab, die vorbeiziehenden Inseln spiegeln sich im Wasser. Die Weiden haben sich bereits von der Hitze des vergangenen Jahres erholt und bieten ihr sattes Grün dar. Der Wasserstand ist auch wieder höher, fast keine Strände an den vorbei-

ziehenden Inseln zu sehen. Doch trotzdem ragen hier und da noch Sandbänke aus dem Fluß und bieten verschiedenen Vogelarten Gelegenheit zum Zusammentreffen. In der Ferne sehen wir Störche und Reiher. Alles ist friedlich, obwohl die letzten Tage einiges so an Streß zu bieten hatten...

Varna (Bulgarien) - Dreimaster macht sich für Regatta bereit

Vor zehn Tagen machte ich mich per Flugzeug auf den Weg nach Varna in Bulgarien, unzählige Gepäckstücke mit dabei. Drei Tage lang war ich in dieser Stadt unterwegs, um Kontakte zu knüpfen. Kontakte zu Leuten, die mir beim Maststellen helfen sollten. Es ging nicht nur um das Stellen des Mastes alleine, sondern es mußten auch einige Dinge für die Verstagung angefertigt werden. Die Wanten waren teilweise zu kurz und benötigten fachgerecht gefertigte Verlängerungen. Als ich Varna verließ, hatte ich eine günstige Möglichkeit dafür gefunden und eine wunderbare Stadt kennengelernt. Bei dieser Gelegenheit haben sich auch wieder einige neue Freundschaften entwickelt.

Mit dem Zug wollte ich quer durchs Land bis nach Rousse fahren um dann dort die Grenze nach Rumänien zu überqueren und per Auto von Giurgio nach Oltenita gebracht zu werden. Doch so einfach wie ich es mir vorgestellt hatte, war es leider nicht.

In Varna kam ich zu spät zum Bahnhof, da mir eine falsche Abfahrtszeit für den Schnellzug genannt wurde. Ich mußte ein paar Stunden auf den nächsten Zug warten, der dann an jedem Briefkasten hielt. So hatte ich dann aber die Möglichkeit, fast sieben Stunden lang das bulgarische Innenland zu bewundern. Ein Landstrich indem sowohl flache Gebiete, als auch Berge und Hügel meine Augen erfreuten.

In Rousse angelangt mußte ich feststellen, daß die Grenze doch um einiges weiter entfernt lag als erwartet. Als ich versuchte die Busfahrpläne zu entziffern, bot sich ein Taxifahrer an, mich für umgerechnet 5,- DM dorthin zu bringen. Nach 20 Minuten Fahrt waren wir an der Donaubrücke angelangt, welche das Niemandsland zwischen Rumänien und Bulgarien ist und ich stand mit dem Gepäck und meinem Reisepaß in den Händen vor dem Schlagbaum der Grenze. Ein Uniformierter erklärte mir sehr mürrisch, daß die Grenze nur per Auto zu überqueren sei. "Wie, nur per Auto? Wie soll ich denn nun die Grenze überqueren?" Fragen, die ihn nicht im Geringsten interessierten.

Plötzlich war ich umringt von Menschen, die gerne bereit gewesen wären, mich die zwei Kilometer bis an die rumänische Seite zu fahren. Für 60,- US-Dollar! Keiner ließ mit sich verhandeln.

Hier, fernab der Stadt gab es auch keine Möglichkeit wieder zurückzukommen. Sie wußten es. Egal, welche Richtung ich auch einschlug, sie folgten mir. Folgten dem Opfer. An einem Kiosk wollte ich telefonieren, aber nach kurzer und lauter Ankündigung gab es auch dort Leute, die mir ihre Hilfe anboten. Für 60,- US-Dollar! Das Telefon funktionierte angeblich auch nicht. Zurück nach Rousse? Kein Problem! Für 50,-US-Dollar! Eine Sackgasse.

Ich packte wütend mein Gepäck und machte mich daran, zu Fuß zurück zur Stadt zu gehen. Irgendwo wollte ich dann versuchen, zu telefonieren. Die Sonne ging bereits unter und ich wurde weiter verfolgt. Es war zum Verrückt werden. Doch dann näherte sich wieder ein Taxi mit dem nächsten vermeintlichen Opfer. Meine Verfolger änderten sofort ihren Plan, ließen von mir ab und liefen wieder zurück, um dem Nächsten ihre Dienste anzubieten.

Ich erblickte eine Tankstelle und schlich mich, hinter Bäumen und Sträuchern geduckt, dorthin. Hätten meine Schatten dies gesehen, so hätte ich vergessen können, dort zu telefonieren. Aber ich hatte Glück, erreichte dann telefonisch den Manager der Werft, in der die "Goldfisch" auf mich wartete. Ein Fahrer seiner Firma würde bereits seit einiger Zeit an der Grenze Rumäniens auf mich warten, teilte er mir mit. Auch das diese Praktiken der Bulgaren ganz normal sein. Der Fahrer wird aber auf alle Fälle hinter der Grenze auf mich warten. Na schön, aber wie sollte ich dahin kommen?

In diesem Moment hielt ein älterer Mercedes neben der Telefonzelle und mir wurde von dem Fahrer angeboten, mich über die Brücke zu fahren. Für 60,- US-Dollar! Nun verlor ich meine Geduld, brüllte den Mann an und schickte ihn zum Teufel. War einfach nicht bereit für diese kurzen zwei Kilometer soviel Geld zu bezahlen. Schon gar nicht, da ich weiß, daß der Durchschnittsverdienst der Bulgaren bei monatlichen 200,- DM liegt. Wollte nicht abgezockt werden, war fürchertlich wütend.

Der Mann ging aber nicht, sondern begann zu verhandeln. Nach 30 Minuten und einigen unschönen Worten einigten wir uns dann auf 20,- US-Dollar. Auch nicht billig, aber das Beste was ich herausholen konnte. Außerdem war es bereits dunkel geworden.

Vorbei an der Meute, die ihr nächstes Opfer umkreisten, kamen wir zu dem mir schon bekannten Schlagbaum. 20,- DM in den Reisepaß und der Beamte ließ uns hämisch grinsend durch. Zwei Kilometer sind nicht viel und somit waren wir bald am ersten Schlagbaum der Rumänen angelangt. Mit dem Hinweis, die nächsten 20,- DM im Reisepaß nicht zu vergessen, verschwand mein Fahrer in der Dunkelheit der Nacht.

Mittlerweile hatte ich genug von diesen Methoden, legte 10,- DM in den Paß und reichte ihn an den ersten Beamten. Mit der Bemerkung "wrong Color!" - er meinte den Geldschein, blätterte er in meinem Paß und legte ihn schließlich demonstrativ zur Seite, um sich einem ankommenden Auto zu widmen. Wenn ich schreibe widmen, so meine ich zerlegen, durchsuchen. Es verging fast eine Stunde, bis ich hinter diesen ersten Schlagbaum gelangte. Am Zweiten das gleiche Spiel. Jeder Einzelne verdient so an den Reisenden. Ich möchte nicht ausrechnen, welche Summe sich daraus monatlich ergibt.
Doch hier am zweiten Schlagbaum hatte ich Glück. Bei der Durchsuchung meines Gepäckes fragte mich der Uniformträger, was ich in Rumänien möchte und wohin ich da fahre. Ich zeigte eine Visitenkarte der Werft. Er ließ von meinen Taschen ab und verschwand in dem Gebäude neben der Zollstation. Nach einiger Zeit kam er mit freundlichem Lächeln wieder, gab mir Visitenkarte und Paß zurück und meinte nur, daß ich sofort abgeholt werde.
Der Beamte lebt in Oltenita, rief deswegen bei der Werft an, um sich von meinen Angaben zu überzeugen und erhielt natürlich die Auskunft, daß ich dort bekannt sei. Auch hier gibt es das System "ein Freund meines Freundes..."
Ich suchte meine auf der Straße verstreuten Dinge zusammen und stopfte sie, so gut es ging, in die entleerten Taschen. Daniel, der Fahrer der Werft kam mir entgegen und nach einem stärkenden Kaffee ging es in der Nacht Richtung Oltenita.
Im Haus des Werftmanagers viel ich todmüde ins Bett und kam am nächsten Morgen, das erste Mal nach langen Monaten zur "Goldfisch". Von weitem sah ich schon das Blau des neuen Unterwasseranstriches, doch je näher ich dem Schiff kam, um so entsetzter wurde ich.
Sofort sah ich, daß die "Goldfisch", trotz Vereinbarung im Herbst, nicht mit Planen bedeckt war. Der gesamte Aufbau, Reling, Scheuerleisten, einfach jedes Stück Holz sah entsetzlich aus. Alles grau, der Lack abgeblättert. Auf meine Frage, wieso das so sei, wurde mir nur mitgeteilt, daß es Frost gab. Was sollte das? Deswegen wollte ich das Schiff ja abgeplant haben.
An Bord angelangt, sah ich alle von mir in der Halle gelagerten Dinge in einem riesigen Durcheinander unter Deck angehäuft. Alle Sitzpolster waren feucht und mit Stockflecken übersät. Als ich begann Ordnung zu schaffen, wurde mir mitgeteilt, daß ich all diese Dinge von Bord schaffen muß, da der Kran zu schwach sei. Also, alles wieder hinaus und von da aus zum Ponton schleppen.
Dabei bemerkte ich auch, daß einige Relingsstützen verbogen waren. Muß wohl mit den Krangurten geschehen sein. Auch das Signalhorn am Dach des Steuerstandes war abgerissen. Außerdem hatten sie den Behelfsmast für die Flußfahrt abgebaut und dabei alle Geber der Windanlage zerstört.
Irgendwann gelangte das Schiff dann ins Hafenbecken und da sah ich, daß auch alle anderen von mir gewünschten Arbeiten nicht erledigt waren. Der Kühlschrank wurde nicht mit Kühlflüssigkeit versorgt, der Petroleumherd arbeitete noch immer nicht, die WC-Tür war nicht repariert und die von mir gewünschte Cockpit-Konsole war nicht angefertigt worden.

Motoröl wurde nicht gewechselt. Doch das war noch nicht alles. Das Schlimmste stand mir noch bevor.
Ich wollte den Motor starten, öffnete das Seewasserventil und plötzlich schoß mir eine Wasserfontäne entgegen. Frost hatte das Ventil gesprengt!
Natürlich hatte ich im Herbst den Kühlkreislauf mit Frostschutzmittel gefüllt, habe aber darum gebeten, nach dem Kranen die Seeventile zu öffnen, damit das Wasser zwischen Filter und Ventil ablaufen kann. Hier ist es nicht möglich Frostschutzmittel einzufüllen. Doch wurde dies nicht getan. Somit fror hier das Wasser und sprengte das Ventil.
Schnellstens mußte der Kran noch einmal ran um die "Goldfisch" aus dem Hafenbecken zu heben. Das Ventil wurde mürrisch gewechselt. Man hätte auch noch andere Dinge zu tun, wurde mir gesagt.
Das Ventil der Toilette war zwar in Ordnung, jedoch hatte kurz dahinter der Frost zugeschlagen, da auch dieses Ventil nicht geöffnet wurde. Der Filter war gesprengt. Ersatz gab es nicht, also wurde der Filter geklebt. Natürlich hielt diese notdürftige Lösung nicht und somit war es nicht mehr möglich, die Toilette mit Seewasser zu spülen.
Ich prüfte die Ruderanlage und mußte feststellen, daß sie verstellt war. Einige Arbeiter machten sich daran, sie neu einzustellen. Diese Tätigkeit wurde teilweise von meinem Beiboot aus durchgeführt, wobei beide Klappen der Staukästen eingetreten wurden. Meine Einwände und mein Ärger wurden nur mit Achselzucken beantwortet.
Als Dörte, sie erreichte Rumänien am Tag davor, und ich später ablegten und zur Hafenausfahrt steuern wollten, der nächste Schreck. Es war nicht möglich das Schiff nach steuerbord zu lenken. Die Anlage ließ sich nur von backbord bis zum Nullpunkt steuern. Mit einigen Leinen wurde das Schiff wieder zum Ponton zurückgezogen und die Steueranlage ein zweites Mal eingestellt. Danach funktionierte sie wieder.
Als wir dann am späten Nachmittag endlich das Hafenbecken verließen und auf der Donau unterwegs waren, bemerkten wir zu guter Letzt auch noch, daß die Logge nicht mehr arbeitete. Wir wollten aber nur fort von Oltenita...

Es geht weiter

Nun sind wir wieder auf diesem gewaltigen Fluß unterwegs, von dem wir den ganzen Winter träumten, es wird aber sicherlich noch einige Tage dauern, bis wir uns hier am Schiff wieder "zu Hause" fühlen.
Da wir erst nach 16.30 Uhr das Hafenbecken hinter uns ließen und wir heute schon genug erlebt haben, drehen wir zwei Kilometer nach der Insel Varasti hinter eine Sandbank und lassen zehn Meter vom Ufer entfernt, den Anker fallen. Wir trinken Kaffee und versuchen langsam die Werfterlebnisse abzustreifen.

Di, 22.05.2001 / 113.Tag

Eigentlich wollte ich vor unserer Abfahrt in Oltenita noch die undichten Luken abdichten, doch verschob ich dieses Vorhaben, da ich von dort so schnell wie möglich fort wollte. Heute Nacht wird uns natürlich sofort die Quittung dafür präsentiert. Der Himmel öffnet seine Pforten und es regnet in Strömen. Wieder ist alles naß unter Deck, überall stehen Töpfe, um das eindringende Wasser aufzufangen und es breitet sich unangenehme Feuchtigkeit aus.

Erst im Morgengrauen läßt diese Flut nach und bei den ersten Blicken nach draußen sehen wir unseren ersten Pelikan auf der Sandbank stehen um sich in der aufgehenden Sonne aufzuwärmen. Es erscheint uns wie ein Traum. Sanfte Sonnenstrahlen beleuchten diese Szenerie. Wir vergessen augenblicklich die feuchte Nacht und lassen dieses Schauspiel auf uns einwirken. Erst am späteren Vormittag holen wir den Anker auf, wenden und lassen uns von der Donau weiter talwärts schieben.

Um 12.30 Uhr erreichen wir den Borcea-Arm der Donau, welcher sich vom linken Flußufer davonschleicht. Ein Frachter aus Zypern passiert uns und danach steuern wir backbord in den Bala-Kanal. An dieser Abzweigung liegt eine Insel und dahinter scheint es so, als könne man dort geschützt ankern. Tatsächlich, dort angekommen nimmt die Strömung ab, obwohl die Wassertiefe etwas anderes vermuten läßt. Selbst in Ufernähe hat es hier mehr als fünf Meter Tiefe. Die Äste der hohen Bäume ragen meterweit in die Fahrrinne. Wir lassen hier, nach fünf Stunden Fahrt, den Anker fallen.

Dörte bastelte den heutigen Tag an diversen Fliegengittern für die Luken, um die Mückenschwärme zu verbannen, die uns bereits vergangene Nacht geplagt hatten. Nun befestigt sie diese überall und hängt auch an den Eingängen des Steuerstandes große Bahnen des Netzes auf. Somit sollten wir ziemlich geschützt vor den Stichen dieser Plagegeister, die Nacht verbringen können.

Es dämmert, weit und breit keine Bewegung. Doch etwas später sehen wir drei seltsam wirkende Gestalten in einem Ruderboot in den Seitenarm paddeln. Langsam kommen sie in unsere Richtung. Sie scheinen es überhaupt nicht eilig zu haben und erreichen die "Goldfisch". Ich stecke den Kopf durch das Mückennetz, um zu sehen was sie wollen. Natürlich entwickelt sich das Gespräch etwas schwierig. Die Männer sprechen rumänisch, ich versuche es mit englisch. Aber bald verstehe ich, daß sie nach etwas zu trinken fragen. In einer Mischung aus verschiedensten Zeichensprachen erkläre ich ihnen, daß wir wohl Limonade und Bier an Bord haben, aber keinen Wodka. Schnaps hält die Mücken ab, geben sie mir zu verstehen. Sie sitzen in ihrem Holzboot und blicken mich fragend an. Dörte kramt drei Dosen Bier hervor, ich gebe sie ihnen und da lächeln sie zufrieden. Mit der typischen Bewegung, der zwei Finger am Mund, geben sie mir zu verstehen, daß sie auch nichts zu rauchen haben. Ich werfe ihnen eine angefangene Packung zu und bemerke nun endlich den täglichen Angriff der Mücken. Überall summt es. Ich versuche diese stechenden Plagegeister abzuwehren. Es werden plötzlich immer mehr und meine Bewegungen werden hektischer. Die Männer trinken ihr Bier und finden es anscheinend amüsant was ich da mache. Sie selbst sind in keinster Weise vor den Mücken geschützt, tragen sogar Hemden ohne Ärmel. Sind die Menschen am Fluß wirklich immun gegen diese Insekten? Jetzt wird es unerträglich, ich ziehe den Kopf wieder ins Innere des Schiffes und gebe ihnen zu verstehen, daß mir dieser Mückenangriff zu viel ist. Lachend stoßen sie sich von der "Goldfisch" ab und rudern zurück in die Fahrrinne.

In der Zwischenzeit begann auch unter Deck der Angriff der Mücken. Dörte schlägt wild um sich, ich spüre nun auch die vielen Stiche und höre das Summen unter Deck. Es sieht so aus als hätten Hunderte es geschafft unter Deck zu gelangen. Ein wilder Kampf entsteht. Nach ungefähr einer Stunde ist es wieder ruhig, anscheinend haben wir alle erwischt.

Draußen ist es bereits dunkel und wir wollen es uns nun gemütlich machen. Doch da klopft es an der Bordwand. Die drei Männer sind wieder mit dem Boot zurückgekehrt, halten Fische hoch. Eine Tüte, schnell eine Tüte. Am Boden ihres Bootes liegen zahlreiche Fische zwischen Leinen, Netzen und Kanistern. Einige der Fische zappeln noch. Schnell bin ich an Deck, ziehe blitzartig das Mückennetz hinter mir zu und reiche ihnen eine Plastiktüte. Einer hält das Boot parallel zur Goldfisch und die anderen zwei füllen die Tüte mit ihrem Fang. Die Tüte wechselt zu mir über und die Fischer paddeln auch schon wieder in die bereits eingebrochene Nacht. Ich blicke Dörte fragend an, so also kommt man hier in den Genuß frischen Fisches. Die Freude ist aber nur von kurzer Dauer. Tausende Mücken haben mich entdeckt. Was soll ich nun tun? Die Fische müssen ausgenommen werden, denn so können wir sie nicht in den Kühlschrank legen. Morgen wären sie nicht mehr genießbar.

Ich schnappe mir die Pütz, stolpere wild um mich schlagend ans Heck und beginne die Fische zu reinigen. Durch den Mückenschwarm hindurch sehe ich Dörte lachen. Sie erzählt mir später, daß es aussah, als würde ich einen neuen Tanz trainieren. Am ganzen Körper zerstochen und ziemlich stark nach Fisch stinkend, aber mit der Aussicht auf ein leckeres Mittagessen für Morgen falle ich in die Koje. Dörte versucht noch lange Zeit die restlichen Mücken zu erschlagen, die ich mit unter Deck geschleppt habe.

Mi, 23.05.2001 / 114. Tag

Wir erwachen als wir kratzende Geräusche draußen hören und starke Bewegungen am Schiff spüren. Hält der Anker nicht? Treiben wir ab? Jetzt, mitten in der Nacht? Sofort raus!

Das Schiff liegt nicht mehr wie am Abend gerade in der Strömung, sondern an der Uferböschung, die Zweige der Sträucher und Bäume quer über das Deck. Ich schalte sofort das Echolot ein, sehe aber, daß wir noch immer über drei Meter Wasser unter dem Kiel haben. Sturm ist aufgekommen und drückt das Schiff ans Ufer. Von steuerbord peitscht Regen gegen die "Goldfisch".

Ich versuche mit der Taschenlampe Klarheit über das Geschehen zu bekommen. Aber es sieht schlimmer aus, als es tatsächlich ist. Der Anker sitzt fest, nur der seitliche Wind ist stärker als die vorhandene Strömung. Die Wassertiefe ist auch ausreichend. Wir überlegen

was zu tun ist und kommen zu dem Schluß, daß es mit belegtem Ruder ausreicht. Das Schiff bewegt sich langsam vom Ufer fort und bleibt dann weiterhin sicher in der Strömung liegen. So ist es nicht nötig, den Anker in stockfinsterer Nacht und bei Regen zu verlegen. Dörte geht wieder schlafen, während ich im Steuerstand bleibe, um bei schlechter werdendem Wetter sofort reagieren zu können.
Die Sonne geht hinter den Wolken auf und es regnet weiterhin, also entscheiden wir uns dafür, heute hier zu bleiben. Wir frühstücken und danach lassen wir das Beiboot zu Wasser, um eine Landleine zu legen. Mit belegtem Ruder und der Landleine liegen wir friedlich und sicher, werden das Regenwetter nun an uns vorbeiziehen lassen.
Gegen Mittag kämpft sich die Sonne durch das Wolkenband und so können wir all unsere feuchten Dinge draußen trocknen lassen. Als der Nachmittag zur Neige geht, braten wir Fisch und genießen die Abendstimmung.

Do, 25.05.2001 / 115. Tag

Die Sonne geht auf, leichter Nebel liegt über der Wasseroberfläche. Von überall ist Vogelgezwitscher zu hören, ein Fisch springt neben der "Goldfisch" aus dem Fluß. Keine einzige Wolke ist am Himmel zu sehen und nichts läßt auf das Schlechtwetter der letzten Tage schließen.
Nach dem Frühstück bringen wir die Landleine ein, befestigen das Dinghi wieder an den Davids und holen den Anker hoch. Bei strahlendem Sonnenschein gleiten wir durch den Wasserdampf auf den Bala-Kanal in Richtung Borcea-Arm. Eigentlich haben wir uns hier einen schöneren Weg vorgestellt, denn dieser Kanal wirkt ziemlich künstlich auf uns. Nach drei Stunden Fahrt erreichen wir Fetesti und gegen 14.00 Uhr sehen wir schon aus weiter Ferne die mächtige Donau. Nach ca. 70 Kilometern kommen wir bei Girgeni wieder zurück auf den Fluß. Irgendwie scheint er hier wesentlich breiter zu sein als vor der Abzweigung zum Bala-Kanal. Insel nach Insel gleitet an uns vorbei. Eine schöner als die andere. Wilde Pferde sind am Ufer zu sehen und etwas später einige Zigeunersiedlungen. Wortlos saugen wir diese Eindrücke in uns auf.
Am späten Nachmittag erblicken wir am rechten Ufer den einmündenden Fluß "Manusoaia". Ich wende das Schiff und steuere es in diese Richtung. Hinter den Stromverwirbelungen der Donau und dieses Flusses werfen wir den Anker. Dabei werden wir von einigen Kinder am Ufer und der Besatzung des ersten Frachters auf unserer Fahrt beobachtet. Von beiden Seiten winken Leute. Nachdem wir das Schiff aufklariert haben, legen wir uns an Deck in die Sonne. Heute haben wir immerhin 99 Kilometer hinter uns gebracht. Es wird dunkel und wir wundern uns darüber, daß es hier keine Mücken gibt.

Fr, 25.05.2001 / 116. Tag

Auch heute sind wir wieder früh unterwegs, da wir Braila erreichen wollen. Unser Proviant geht langsam zur Neige und ein Landgang wäre auch nicht schlecht.

Braila (Rumänien) - Alte, ausrangierte Fischereiflotte im Stadthafen

Ein riesiger Schwarm Störche überfliegt die "Goldfisch" und ich habe das Gefühl, Dörte verknipst mindestens 50 Fotos.

Dutzende Inseln und unzählige Sandbänke ragen aus der Donau. Überall tummeln sich verschiedene Vogelarten. Im Strom sehen wir oftmals Kormorane nach Fischen tauche. Mit jedem Tag mehr wird es tierreicher. Was mag da wohl erst im Delta auf uns zukommen?

Nach Chiscani erreichen wir bereits Mittag die Stadt Braila. Der Ponton der Capitania ist leicht zu finden und so beginnt bereits um 13.00 Uhr die Kontrolle der Behörden an Bord der "Goldfisch".

Der Hafenkapitän, sowie ein Beamter der Polizei und des Zolls sitzen bei uns im Steuerstand und sind ziemlich verwundert über unsere Reise. Wir müssen ihnen detailliert erklären, wie wir diese lange Strecke ohne Komplikationen schafften, zeigen ihnen einige Zeitungsartikel, die in Deutschland darüber veröffentlicht wurden und erklären ihnen mit reichlich Bier die Funktionsweise der verschiedenen Geräte an Bord.

Nach zwei Stunden spüren wir, daß nicht das Schiff schwankt, sondern wir. Ich bitte den Hafenkapitän uns doch zu erklären, wo sich die Bank und Geschäfte befinden, damit wir unsere Vorräte aufstocken können. Kein Problem, sagt er und nachdem wir uns von den beiden anderen verabschieden, sitzen wir auch schon in seinem Auto um in die Stadt zu fahren.

Überall geschäftliches Treiben auf den Straßen und schnell erreichen wir, vorbei an gepflegten Häusern, die Bank. Der Hafenkapitän stellt uns den Angestellten vor und hat sichtlich Freude daran uns zu helfen. Danach fährt er uns zu dem Supermarkt, der hier die frischesten

Braila (Rumänien) - Typisches Hafenamt mit Anlegeponton

Waren anbietet. Gemüse, Obst, Käse, Brot, Getränke und viele andere Dinge werden daraufhin gemeinsam zu seinem Auto geschleppt.
Auf dem Weg zurück zum Schiff zeigt er uns noch alle Sehenswürdigkeiten der Stadt, auf die er sichtlich sehr stolz ist. Er hat auch allen Grund dafür, denn hier ist alles wirklich sehr gepflegt. Da er hier natürlich sehr viele Leute kennt, werden wir überall begrüßt und viele Menschen winken uns beim Vorbeifahren.
Dörte ist sprachlos. Natürlich kennt sie meine Schilderungen vom vergangenen Jahr über die rumänische Gastfreundschaft an der Donau, jedoch ist es jetzt das erste Mal, daß sie diese am eigenen Leib erfährt. Welcher Beamte würde dies alles in Deutschland für die Reisenden tun?
Wir kommen zum Gebäude der Hafenbehörde und nach einer Extrarunde und einer Erklärung zu den Restaurants erreichen wir ziemlich verschwitzt von der Temperatur und der Schlepperei das Schiff. Noch Schnaps, dieses Mal vom Hafenkapitän, und danach wird der Einkauf verstaut.
Da es mittlerweile bereits Abend geworden ist machen Dörte und ich uns über die restlichen Fische her, die schon vorgebacken auf uns warten. Dazu frischer Salat und leckeres, rumänisches Bier. Um nicht sofort danach in die Kojen zu fallen, dichte ich mit Sikaflex alle mir bekannten undichten Stellen ab, um das Leben unter Deck angenehmer zu machen.
Später schlendern wir noch gemütlich über die Uferpromenade, entdecken einen kleinen Jahrmarkt und kommen an der Stadtmauer entlang gegen 22.00 Uhr wieder zurück zum Schiff.

Sa, 26.05.2001 / 117. Tag

Wir müssen uns wieder bei den Behörden abmelden und insgeheim hoffe ich, daß es heute schneller geht als gestern. Ich gebe dem Hafenamt, der Polizei und dem Zoll Bescheid, um danach am Schiff auf die Beamten zu warten. Und siehe da, als sie zur "Goldfisch" kommen ist diese Prozedur nach zehn Minuten erledigt. Zum Abschied erhalten wir noch eine Flasche selbstgebrannten Schnaps und als wir ablegen, winken uns alle freundlich nach.

Bereits um 10.30 Uhr haben wir den Donauhafen von Galati an der linken Flußseite. Riesige Hochseeschiffe liegen am Kai, teilweise bis zu vier Stück im "Päckchen". Alle mit Rost übersät und wir fragen uns, was diese Schiffe wohl über Wasser hält. Unzählige Krananlagen erinnern an eine wirtschaftlich bessere Zeit. Reger Verkehr herrscht zwischen den beiden Ufern und einige kleinere Fischerboote bringen ihre Netze aus, welche aber vor dem Passieren der größeren Schiffe sofort wieder eingeholt werden müssen. Die Frachter sind größtenteils mit Kohle beladen und führen in den meisten Fällen die Ukrainische Flagge am Heck.

Die Wassertiefe beträgt hier über 15 Meter, welche sehr große Strudel verursachen. Wind aus Nord kommt auf, Wellen entstehen und nur mit großer Mühe halte ich die "Goldfisch" zwischen Strudeln und Wellen auf Kurs. Das Schiff versucht dauernd auszubrechen, es ruckt und schaukelt wie wild geworden. Als würde sich die "Goldfisch" mitten in diesem Hafenverkehr nicht wohl fühlen.

Es scheint, als würden diese Hochsee-Einheiten und alle anderen Frachter vom Schwarzen Meer nur bis hierher in die Donau einfahren, denn die vergangenen Tage haben wir so gut wie keine Schiffsbegegnungen auf der Strecke erlebt.

Wir lassen diese ehemals gut funktionierende Hafenstadt hinter uns und sollten bald die ukrainische Grenze am linken Ufer erreichen.

Die Donau verläuft jetzt in West-Ost-Richtung, wird nun nicht mehr in Kilometern, sonder in Meilen ausgeschildert und es wird wieder ruhiger.

Nach einer Stunde Fahrt und einer langen Flußbiegung geht es wieder Richtung Norden, leider exakt nach Norden. Wir hatten den Wind bereits wieder vergessen, doch hier kommt er uns schmerzlich und mit geballter Kraft entgegen. Obwohl wir flußabwärts steuern, müssen wir gegen die sich aufbauenden Wellen ankämpfen. Es erscheint uns ziemlich unwirklich. Kämpfen gemeinsam mit dem Strom gegen diesen starken Wind. Schäumendes Donauwasser ergießt sich über das Deck. Wir spüren, wie das Schiff gebremst wird und die folgenden zehn Kilometer ist auch kein Schutz zu sehen. Wir schieben uns weiter durch dieses Szenario. Erst dann verläuft der Fluß wieder nach Osten und der immer stärker werdende Wind wird von den ukrainischen Hügeln abgehalten. Möchte uns das ehemalige Rußland davon abhalten in seine Nähe zu kommen? Es erscheint jedenfalls so. Am Ufer sehen wir Wachtürme und Drahtverhaue, Militäranlagen, zahlreiche Satelitenantennen und bewaffnete Soldaten. Am anderen, rumänischen Ufer dichte Wälder, ohne Anzeichen irgendwelcher Kontrolleinrichtungen. Dörte fragt mich, wovor die Ukrainer wohl Angst haben. Vor

einem rumänischen Angriff, oder vor der Flucht des eigenen Volkes. Wieder einmal ist die Donau Grenzfluß. Nun zwischen der Ukraine und Rumänien.
Ein Schiff der rumänischen Grenzpolizei passiert uns, wendet und der Kapitän fragt uns über Funk nach dem Ziel unserer Reise und wieviele Personen an Bord sind. Etwas nervös antworte ich ihm in englischer Sprache. Dörte sieht mit dem Fernstecher wie uns einige uniformierte Beamte mustern. Doch dann wünscht uns der Kapitän weiterhin gute Fahrt, wendet sein Schiff und steuert wieder gegen den Strom. Ganz nahe am rumänischen Ufer bleibend. Es kontrollieren also auch die Rumänen ihre Grenze.
Nach 20 Meilen erreichen wir die Abzweigung des Kilians-Armes, welcher weiterhin an der ukrainischen Grenze entlang, nach Norden führt. Eigentlich hätten wir diesen angeblich so schönen Donauarm gerne erkundet und über Izmail das Schwarze Meer angesteuert. Doch erfuhren wir unterwegs, daß in Izmail die Wartezeit auf das ukrainische Visa bis zu vier Wochen dauern kann und 200,- DM pro Person kostet. Auf beides haben wir keine Lust und werden deswegen nach Tulcea fahren, um von dort in das einsame Delta einzufahren.
Die Strömung nimmt nach der Abzweigung rapide ab, die grünen Ufer kommen näher und hinter den hohen Bäumen sehen wir einige Häuser stehen, von denen überall kleine Stege in den Fluß ragen. Das Gefühl einen mächtigen Strom zu befahren ist gewichen, hier ist es um vieles ruhiger als auf allen vorhergegangenen Reiseabschnitten.

Tulcea - das Tor zum Delta

Wir kommen an einigen Biegungen vorbei, die mit Tonnen gekennzeichnet sind um vor diversen Sandbänken zu warnen. Zeitweise denken wir, durch einen Slalomparcour zu steuern. Das Echolot zeigt in der Mitte der Fahrrinne konstante drei Meter Wassertiefe an und ich frage mich, wohin ich ausweichen soll, wenn uns einer der Schiffsverbände entgegenkommt, die hier im etwas tieferen Teil der Fahrrinne entlang steuern. Die Sandbänke und Ufer wirken zu nah, als das wir mit der 1,90 Meter tiefgehenden "Goldfisch" hier ausweichen können. Auch ist diese Strecke in der Karte als Einbahnstrecke gekennzeichnet. Aber wir sind, abgesehen von einigen kleinen Fischerbooten, hier alleine unterwegs.
Nach einer weiteren Flußkrümmung sehen wir schon die Häuser und einige Krananlagen von Tulcea am Ufer.
Ein voll beladener Frachter dreht im Strom, ich stoppe das Schiff, um das Manöver abzuwarten und bemerke, daß die "Goldfisch" beinahe ganz zum Stillstand kommt. Keine Befürchtungen mehr, von den Wassermassen weiter geschoben zu werden. Welch ein angenehmes Gefühl.
Zuerst befinden sich kleinere Hafenanlagen und danach offiziell wirkende Pontons am rechten Ufer. Wir kommen an eine lange Linksbiegung, an der im Außenbogen, eine

Unmenge an Passagierschiffen und viele kleinere Boote am Kai liegen. Bis zu fünf Stück im Päckchen, jeder noch so kleine Platz ist belegt. Dahinter die Promenade, Wohnhäuser, viele Kneipen, Bars und Restaurants. Schon der erste Eindruck bestätigt uns, daß hier ein ganz anderes Leben und Treiben herrscht, als in den zurückliegenden Donaustädten.
Einige Leute versuchen uns heranzuwinken, geben uns zu verstehen, daß wir an ihren Booten anlegen können. Doch wir wollen noch ein Stück weiter, um uns den besten Platz auszusuchen. Dörte erspäht durch den Fernstecher ein Boot, welches wie ein kleines Restaurantschiff aussieht und von dem nicht pausenlos irgendwelche kleinere Boote an- oder ablegen. Ich wende daraufhin das Schiff in den Strom um dort anzulegen. Doch schau an, hier fließt die geringe Strömung in entgegengesetzte Richtung. Wir befinden uns im Kehrwasser. Nun fällt mir auch auf, daß alle Boote in diesem Teil des Stromes in Flußrichtung liegen. Also, noch einmal wenden, um es erneut zu versuchen. So klappt es wesentlich besser und nach kurzer Zeit haben wir festgemacht.
Ein älterer Herr stellt sich uns in deutscher Sprache vor und meint, daß es kein Problem sei für kurze Zeit hier liegen zu bleiben, doch wenn wir über Nacht bleiben wollen, sollen wir die "Goldfisch" doch besser woanders hinverlegen.
Auf meine Frage warum er denn so gut unsere Sprache spricht, erwidert er, daß er vor langer Zeit in München gearbeitet hat und außerdem kenne er sogar Münster. Im Fernsehen war ein Bericht über den Besuch von der Gattin Gorbatschow's im Münsteraner Klinikum zu sehen. Ihr Krebsleiden wurde dort behandelt.
Da es mittlerweile bereits nach 18.00 Uhr ist, bitte ich ihn, mir doch zu erklären, wo ich das Hafenamt finde, um mich dort anzumelden. Er meint, daß eine Erklärung des Weges zu kompliziert sei und er mich dorthin bringen wird. Doch vorher soll ich noch das Schiff verlegen, da er nicht sagen kann, wie lang dieser Behördengang dauern wird.
In nur 50 Metern Entfernung liegt ein etwas größeres Ausflugsschiff der Firma ATBAD, für die er früher gearbeitet hat. Dort können wir getrost das Schiff alleine lassen. Also, wieder ablegen, um dort festzumachen. Leider sind dort zu viele helfende Hände und somit wird die "Goldfisch" unnötigerweise hin und her gezogen. Es ist zwar sehr angenehm hilfreiche Leute zu treffen, doch sind wir es gewohnt, alleine diese Manöver durchzuführen und mit dieser fremden Hilfe kommt nur Verwirrung in unser System.
Dörte und ich klarieren das Schiff auf und danach gehe ich mit Marin, so lautet der Name des älteren Herrn, zum Hafenbüro. Dörte bleibt in der Zwischenzeit sicherheitshalber am Schiff.
Vorbei an den vielen Lokalen der Hafenpromenade und den Ausflugsschiffen, die Fahrten ins Delta anbieten, erreichen wir nach etwa zwei Kilometern Marsch das Gebäude der Hafenverwaltung. Irgendwie paßt dieses Haus so gar nicht in das farbenfrohe Geschehen der Promenade. Grau und trostlos steht es da und wirkt etwas einschüchternd auf mich.
Relativ schnell wird hier aber mein Schiff ins Buch der Hafenbewegungen eingetragen, jedoch erfahre ich, daß wir für unsere geplante Fahrt durchs Delta eine spezielle

Bewilligung benötigen und auch die Ausfahrt vom St. Georgs-Arm ins Schwarze Meer nicht gestattet ist. Nähere Auskünfte kann uns aber nur die Verwaltung des Deltas geben, die jedoch am Wochenende geschlossen ist und erst Montag früh ihren Betrieb wieder aufnimmt.
Mit diesen Neuigkeiten komme ich zurück an Bord und erzähle Dörte von den Schwierigkeiten die sich abzeichnen. Nach gemeinsamen Beratschlagens entscheiden wir uns dafür, bis Montag hier zu bleiben und es dann direkt bei der Verwaltung des Deltas noch einmal zu versuchen. So leicht wollen wir unseren Plan ins Donaudelta vorzudringen, nicht aufgeben.
Ich höre Dörtes Magen knurren und bemerke, daß wir heute außer dem Frühstück nichts in den Magen bekommen haben. Da wir beide ziemlich erschöpft sind und keine Lust haben auch noch zu kochen, werden wir einfach die Küche Tulceas testen.
Nicht weit von unserem Liegeplatz entfernt entdecken wir eine Pizzeria mit angeschlossener Konditorei. Die Bedienung ist nicht gerade freundlich und wir warten einige Zeit auf unser Essen, doch das Panorama hier entschädigt dafür allemal. Der Blick auf die Flußkrümmung mit all seinen Booten und das Treiben auf der Promenade läßt uns die Wartezeit verkürzen. Alle Lokale sind gefüllt mit Einheimischen und Touristen, die fast ausnahmslos aus Rußland stammen. Überall Stimmengewirr, viele frisch verliebte Paare gehen an uns vorbei. Am Fluß pausenloser Einsatz diverser kleiner Fähren, die die Besucher zum anderen Ufer übersetzen und auch wieder zurückbringen. Einige Ausflugsschiffe kommen zurück und entladen die Besucher am Kai.
Unsere Pizzen werden serviert und wir fühlen uns trotz der Befürchtung das Delta nicht zu Gesicht zu bekommen, rundherum wohl und genießen diese für uns so reizvolle, aber ungewohnte Stimmung.
Und als wir anschließend für zwei riesige Pizzen, fünf Torten und die Getränke umgerechnet 10,- DM bezahlen, wissen wir, daß wir bis Montag bestimmt eine angenehme Zeit hier haben werden.

So, 27.05.2001 / 118. Tag

Bereits um 08.00 Uhr werden wir gebeten die "Goldfisch" an einen anderen Platz zu verlegen, da das Schiff an dem wir gestern abend festgemacht hatten, von Touristen für eine Ausflugsfahrt gebucht wurde. Marin zeigt uns ein kleineres Schiff, an dem wir anlegen können. Schlaftrunken steuern wir dahin und müssen dort erst mal 10,- DM Liegegebühr entrichten. Steht zwar in keinem Verhältnis zu den anderen Preisen hier, aber wir hoffen hier doch ungestört liegen bleiben zu können.
Wir frühstücken in der Konditorei und machen uns danach auf den Weg in die Stadt. Eigentlich waren wir mit Marin verabredet, um mit ihm gemeinsam durch Tulcea zu ziehen. Doch als er nach über einer Stunde Wartezeit immer noch nicht hier ist, unternehmen wir die Besichtigung allein.

Wilde Pferde am Fluss

Schon zu dieser morgendlichen Zeit sind auf dem Fluß wieder zahlreiche Ausflugsschiffe unterwegs, um den Touristen das beginnende Delta zu zeigen. Nach ein bis zwei Stunden kehren sie wieder zurück, je nach Art der Tour. Auch die Promenade ist schon bevölkert. Nachdem wir von dem pulsierenden Hafengeschehen in die Stadt gelangen, suchen wir nach einer Bank um Geld zu wechseln und ein Internet-Café, finden aber das Museum des Donau-Delta-Reservates. Neben der Entwicklung des Deltas in den letzten Jahrtausenden und vielen wunderschönen Naturaufnahmen sind dort auch fast alle Tierarten ausgestellt. Aber ausgestopft und für die Zukunft präpariert. Obwohl es interessant ist zu sehen, welche Größen die einzelnen Arten haben, schreckt es uns doch etwas, daß diese Tiere ihr Leben lassen mußten, obwohl nicht weit von hier ihre lebenden Verwandten in freier Natur zu bewundern sind.

Zwischen vielen engen Gassen mit gepflegten und wundervoll verzierten Villen und quer durch Sonntagsmärkte geht es wieder zurück zum Schiff, wo Marin auf uns wartet. Leider ist er etwas beleidigt, da wir diesen Trip ohne ihn unternommen haben.

Wir beobachten noch einige Zeit das Geschehen auf der Promenade und lernen Marins Sohn kennen, der uns für 300,- DM die Bewilligung für die Befahrung des Deltas besorgen will. Außerdem sollen wir ihm unsere Pässe für die Formalitäten überlassen. Es wird immer wieder Leute geben, die die Dummheit der Touristen ausnützen wollen, doch bei uns ist er an der falschen Adresse. Ich bedanke mich zwar höflich für die angebotene Hilfe bei ihm, gebe ihm aber auch zu verstehen, daß er sich andere Opfer für seinen Zusatzverdienst suchen soll. Nun ist auch er beleidigt. Es ist doch klar, daß ich niemandem unsere Pässe

anvertraue und für eine fragwürdige Dienstleistung 300,- DM bezahle, die in keiner Relation zu dem hiesigen, monatlichen Verdienst steht.
Wir essen in einer Art Pommesbude am Kai einige gegrillte Hackfleischbällchen und gehen relativ früh schlafen, um für morgen wieder fit zu sein.

Mo, 28.05.2001 / 119. Tag

Bereits früh morgens mache ich mich auf den Weg, um das Verwaltungsgebäude des "Biosphärenreservates Donaudelta" zu suchen. Ich werde in der Nähe des Hafenamtes fündig und stehe vor einem westlich wirkenden Gebäude. Nur eine Parallelstraße von der Hafenpromenade entfernt.
Im Erdgeschoß befindet sich ein Ausstellungsraum, der auf fast alle Tierarten und viele Besonderheiten des Deltas hinweist. Etliche Broschüren, Beschreibungen, Gesetze und Hinweise finde ich in den Regalen. Viele wunderschöne Aufnahmen der ganzen Gegend hängen an den Wänden.
Ich erkläre am Schalter der Eingangshalle meinen Wunsch und nach kurzer Zeit begrüßt mich eine fließend, englisch sprechende Dame der Direktion. Nachdem ich ihr unseren weiten Weg von Münster hierher schildere und ihr einige Fotos unserer Reise zeige, beginnt sie euphorisch über das Delta zu erzählen, deren Einwohner und die Artenvielfalt der dort lebenden Tiere. Sie würde sich freuen mir behilflich sein zu können, meint sie und vielleicht können wir später dann auch Werbung für das Reservat machen. Denn eigentlich kommen nie Touristen aus Deutschland oder Österreich mit dem Boot, um einige Zeit im Reservat zu verbringen, fügt sie hinzu. Wir wären seit vielen Jahren die ersten Bootstouristen hier.
Sie sammelt dutzende Broschüren in den verschiedensten Sprachen zusammen, drückt sie mir in die Hand und führt mich danach zurück zu dem Schalter in der Halle. Nach einer kurzen Anweisung an den dortigen Angestellten, halte ich für umgerechnet 2,-DM (!) die Bewilligung für die Befahrung des Reservates in meinen Händen. Zum Abschluß erzähle ich ihr von der Begegnung mit Marin's Sohn, der mir diese Bewilligung für 300,-DM besorgen wollte. Sie bestätigt mir, daß es auf jeden Fall sinnvoller war, mich direkt an die Verwaltung hier zu wenden und mit dem Hinweis vorsichtig mit der Natur umzugehen, verabschiedet sie sich von mir.
Nun muß ich mich noch am Hafenbüro abmelden. Ich zeige dem Hafenkapitän die Bewilligung, werde aus dem Buch der Hafenbewegungen wieder ausgetragen und bin zehn Minuten später unterwegs zur "Goldfisch". Schon von weitem mit diesem Blatt Papier winkend und überglücklich, begrüße ich Dörte. Damit wir heute noch ablegen können, haben wir noch einige Besorgungen zu erledigen. Wir wechseln Geld auf der Bank, versenden einige E-Mails im Internet-Café und bringen viele, mit Lebensmitteln gefüllte Tüten zurück zum Schiff.
Gegen 14.30 Uhr legen wir ab, drehen noch eine Runde vor den vielen Booten am Kai und fahren die Donau stromabwärts in Richtung des St.Georgs-Arm.

Vier Kilometer nach Tulcea steuern zwei Ausflugsschiffe aus einem Kanal in die Donau. An Bord sehen wir einige Touristen mit Fotoapparaten und Videokameras. Hier also, verlaufen die offiziellen Touristenpfade. Wir wollen aber dahin, wo normalerweise niemand hinfährt. Nach kurzer Zeit führt ebenfalls nach backbord, der begradigte Sulina-Arm weiter, durch den die gesamte Groß-Schiffahrt zum Meer ausläuft. Auch ihn lassen wir liegen und biegen in den St. Georgs-Arm der Donau. Hier endet auch unser Kartenmaterial mit dem Hinweis, daß dieser Arm von der Schiffahrt nicht benützt werden kann, da die Wassertiefe nicht ausreicht. Von nun an helfen uns nur eine Handskizze und eine Straßenkarte, die ich im vergangenen Jahr erhielt. Die Strömung nimmt rapide ab, die grünen Ufer kommen näher und wir lassen uns in einen neuen Reiseabschnitt treiben.
Der Abstand von einem Ufer zum anderen beträgt nur ungefähr zwanzig Meter, die Wassertiefe liegt zwischen drei und vier Metern und außer dem leisen Brummen des Motors ist nur das Rauschen der Blätter zu hören. Der Donauarm windet sich in vielen Biegungen weiter und nach einer Stunde Fahrt erreichen wir Ada Marinescu, ein kleines Fischerdorf am rechten Flußufer. Eine dicht bewaldete Insel kommt in Sicht, ich verlangsame das sowieso geringe Tempo und suche nach der Fahrrinne. Sie führt anscheinend links an der Insel vorbei, obwohl die rechte Durchfahrt breiter wirkt. Die "Goldfisch" treibt langsam, nur mit Standgas an der Insel vorbei. Einige Reiher suchen das Inselufer nach Nahrung ab, beachten uns aber nicht im Geringsten. Wir sind zwar erst zwei Stunden unterwegs, lassen aber hinter dieser Insel, in einer Landeinbuchtung den Anker fallen.
Obwohl uns der Sinn danach steht, uns an Deck zu setzen um die Gegend zu genießen, montieren wir nun die Fliegengitter und zünden einige Mückenspiralen an. Spätestens um 17.00 Uhr muß das Schiff gegen die Mücken abgedichtet sein, um den täglichen Angriff der Plagegeister unbeschadet zu überstehen. Ist das Schiff erstmal so ausgerüstet, sollte man es unterlassen, nach draußen zugehen, da man unweigerlich einige dieser lästigen Insekten mit in das Schiff zurück nimmt. Trotz der Giftspiralen überleben dann immer noch ein paar und machen die Nacht sehr unangenehm. Nach Einbruch der Dunkelheit lassen wir uns ins Reich der Träume schaukeln.

Champagner vor Ceaucescus Villa

Di, 29.05.2001 / 120. Tag

Es war eine ruhige Nacht, weder Wind noch Regen störten heute unsere Nachtruhe. Erst nach dem Frühstück fallen einige Tropfen vom Himmel. Wir warten erstmal ab, holen aber nach einer Stunde den Anker hoch, da sich die Sonne bereits wieder zeigt.
Vorbei an vielen kleinen Abzweigungen, die ins Hinterland führen, fahren wir gemütlich weiter. Die Wälder an den Ufern werden immer dichter und erst als wir Mahmudia erreichen,

Störche zum Greifen nah

weicht dieser Dschungel einigen Felsformationen, welche bei diesem Dorf aus dem Wasser ragen. Der St. Georgs-Arm wird hier an diesen Felsen entlang gedrückt und so entsteht wieder eine etwas stärkere Strömung. Auch die Wassertiefe springt hier von durchschnittlichen drei auf fast zwanzig Metern. Stromverwirbelungen sind zu spüren. Doch nach zwei Flußbiegungen beruhigt sich die Wasseroberfläche und das Echolot zeigt wieder flacheres Wasser an.

Vor uns liegt eine Gabelung. Laut unserer notdürftigen Karte müßte der Arm nach links und dann in einer weiten Schleife nach rechts weiterführen, von wo wir an einen See fahren wollen, um dort Pelikane zu finden. Geradeaus ist auf dem Plan nur ein dünner Strich zu erkennen. Doch dieser dünne Strich scheint hier ein richtiger Kanal zu sein. Etwas verwirrt steuere ich nach backbord.

Direkt an der Gabelung ragen große Steine aus dem Wasser und wir erkennen, daß die Strömung eindeutig in den rechten Kanal drückt. Da wir aber davon ausgehen, daß unsere Karte stimmt, steuere ich die "Goldfisch" weiter nach backbord. Nach vielleicht 50 Metern nimmt die Wassertiefe aber ab und das Echolot zeigt nur noch zwei Meter. Es kann doch nicht sein, daß schon hier das Ende unserer Erkundungsfahrt sein soll.

Ich versuche zu wenden, spüre aber schnell Sand unter dem Kiel scheuern. Also, nicht ausholend wenden, sondern etwas zurück und aus dem Stand drehen! Das Echolot zeigt

wieder zwei Meter Tiefe und wir tasten uns nun stromauf, vorbei an einigen Untiefen, die aber wieder nur aus Sand bestehen. Zwei Meter, zweieinhalb und dann wieder drei Meter. Wir sind wieder an der Abzweigung angelangt.
Vor dieser Abzweigung liegen drei kleinere Schiffe an einem Ponton, welcher aussieht als wäre er gestrandet. Als wir nun das zweite Mal hier sind, erkennen wir einige Männer auf diesen Ponton, die uns heran winken. Wir werden einmal nachfragen wie wir denn weiterfahren können. Sie geben uns zu verstehen, daß wir doch anlegen sollen. Mit einigen Verrenkungen zeige ich ihnen, daß die "Goldfisch" dafür einen zu großen Tiefgang hat und rufe ihnen "George, St. George" zu. Sie deuten in den geradeaus führenden Kanal und nach einem "no Problem"-Ruf der Männer, wende ich erneut, um es doch dort zu versuchen.
Wir sahen ja vorher, daß die Strömung in diesen Kanal drückt, doch nun spüren wir sie auch. Das Schiff wird förmlich da hineingezogen. Die Steine liegen nun links von uns und am rechten Ufer ragen wieder die Äste der nahen Bäume ins Wasser. Ausgeschwemmte Wurzelteller und steil abfallende Ufer kommen uns entgegen. Selbst in Ufernähe haben wir noch immer drei Meter tiefes Wasser. In der Mitte des Kanals sogar fünf. Da hier wieder Strömung herrscht, drossel ich die Geschwindigkeit und so lassen wir uns flußabwärts ziehen.
Zehn Meilen verläuft dieser Kanal schnurgerade durch die Landschaft, bevor von backbord wieder der St. Georgs-Arm einmündet, welcher von diesem Kanal abgeschnitten wird. Die Wassertiefe nimmt wieder ab und die Strömung beruhigt sich.
Nachdem wir uns nun wieder im St.Georgs-Arm befinden, sehen wir an Steuerbord einen kleineren Kanal, in dem gerade ein Fischerboot verschwindet. Weiter drinnen sehen wir mehrere Boote an den Ufern liegen, die von Schilf eingerahmt sind und ein Stück weiter einige kleine Häuser. Wir wollen dem Fischer folgen, doch wir merken, daß auch hier die Tiefe für die "Goldfisch" nicht ausreicht. Schade.
An der anderen Seite der Gabelung, zwischen dem Kanal durch den wir kamen und dem St. Georgs-Arm, erblickt Dörte einige Reiher neben einer Hinweistafel durchs flache Wasser waten. Durch den Fernstecher erkennt sie, daß dieses verrostete Schild auf die geschützten Vogelarten des Reservates hinweist. Und daneben stapft einer dieser Reiher durch die Gegend! Sieht irgendwie witzig aus.
Dörte meint, wir sollten doch versuchen diese Flußschleife weiter zu befahren, welche uns von der anderen Seite versagt war. Vielleicht kommen wir von dieser Seite zu dem See mit seinen Pelikanen. Mit Standgas steuere ich nun das Schiff weiter. Der Stromarm wird immer breiter, doch die Wassertiefe bleibt konstant.
Nach zehn Minuten Fahrt kommen wir an einer Art Terrasse vorbei, die auf im Wasser stehenden Pfählen errichtet ist. An der Querseite liegt ein alter Schlepper, welcher sichtlich schon vor langer Zeit da festgemacht wurde. Zerbrochene Scheiben, abgerissene Stahlseile und jede Menge Rost bestätigen unsere Annahme.
Auf der Terrasse einige Frauen, Männer und auch Kinder, die nun von ihren Stühlen aufstehen und uns winken. Ich fahre näher heran und verstehe englische Wortfetzen. Wir

sollen anlegen und mit ihnen Champagner trinken. Dörte und ich blicken uns verwundert an. Champagner hier in dieser Wildnis?
Wir belegen die Goldfisch an dem alten Schleppschiff, klettern über diesen auf die Terrasse und werden überschwenglich begrüßt. Die Terrasse mißt ungefähr 20 mal 10 Meter. In der Mitte stehen ein Tisch und rundherum Rattanstühle. Wir werden gebeten, Platz zu nehmen und halten auch schon mit Champagner gefüllte Gläser in den Händen.
Es sind drei befreundete Familien, die hier im Reservat Urlaub machen und die Ruhe genießen, erzählen sie uns. Von der Terrasse führt ein Steg an Land und etwas weiter steht ein Haus, ihr Urlaubsdomizil. Nachdem auch wir ein wenig von unserer Reise erzählen, frage ich die Männer, ob sie denn wüßten, wie weit wir hier flußauf fahren können. Denn eigentlich wollen wir von dieser Flußschleife aus, zu einem See weiterfahren, wo es angeblich eine größere Kolonie Pelikane gibt. Kein Problem, sagen sie. Nicht weit von hier führt ein kleiner Kanal zu diesem See. Sie wollen uns den Weg zeigen. Zwei Männer werden mit uns fahren, der Rest der Familie fährt mit einem Fischerboot voraus. Wir können gar nicht schnell genug reagieren, schon sind alle in dieses Boot gestiegen und meinen, wir sollen uns beeilen. Zwei der Familienväter steigen an Bord der "Goldfisch", wir starten den Motor und schon entfernen wir uns von der Terrasse.
Eine halbe Stunde sind wir unterwegs und dann sehen wir die Familien an einem kleinen Steg stehen. Ich bemerke, daß ich unmöglich mit der "Goldfisch" dort anlegen kann, da der Steg zu wackelig ist und lasse die Männer deshalb da übersteigen. Wir lassen uns ein wenig abtreiben und werfen den Anker. Mit dem Beiboot setzen Dörte und ich kurze Zeit später auch über.
Nicht weit von dem Steg entfernt sehen wir auch schon den Kanal, von dem sie mir erzählten. An der Gabelung liegt hinter einigen Bäumen versteckt, ein kleines Haus, vor dem bereits alle an einem Tisch sitzen und uns herbei rufen.
Das Haus gehört einem befreundeten Fischer, dem sie uns auch sofort vorstellen. Er lebt hier mit seiner Familie. Sie fangen den Sommer über Fische und im Winter gehen sie auf die Jagd, erzählt er. Natürlich verstehen Dörte und ich so gut wie nichts, aber mittels Papier und Stift klappt die Unterhaltung trotzdem. Ein Teil der gefangenen Fische wird sofort gegessen, andere werden gegen verschiedene Lebensmittel getauscht und der Rest wird geräuchert, um auch im Winter genug davon vorrätig zu haben.
Er steht von seinem Platz auf, geht ins Haus und kommt danach mit einem Brett zurück, auf dem ein solcher geräucherter Fisch liegt. Eigentlich ist das ein Stück eines Fisches, doch dieses ist 30 Zentimeter groß. Er zeichnet einen Fisch mit Schnurrbart auf das Papier und wir verstehen, daß es sich hierbei um einen Wels handelt, welcher uns angeboten wird. Köstlicher Duft des Räucherns steigt uns in die Nase. Wir sollen probieren. Das Fleisch läßt sich schwer schneiden, ist so fest wie lange Zeit gelagerter Speck. Der Geschmack ist fast unbeschreiblich. Wundervoll. Dazu selbst gebackenes Brot, Wein und Schnaps. Ebenfalls aus der eigenen Erzeugung.

Wir sitzen hier, essen, trinken und vergessen, weshalb wir eigentlich hierher kamen. Ist aber auch nicht mehr wichtig. Zu den Pelikanen können wir auch morgen fahren. Jetzt genießen wir die Gastfreundschaft dieses Fischers und hören uns von ihm Geschichten aus dem Delta an.
In der Zwischenzeit sind die anderen wieder zurück gefahren. Bevor sie losfuhren sagten sie uns noch, daß wir um 17.00 Uhr an der Terrasse sein sollen, da es dann Abendessen gibt und wir eingeladen sind. Obwohl wir am liebsten noch länger hier sitzen bleiben würden, müssen wir jetzt aber los, um auch dieser Einladung nachzukommen. Wir bedanken und verabschieden uns von dem Fischer, werden aber gebeten, in den nächsten Tagen nochmals vorbei zu kommen.
Wieder zurück und an dem Schlepper festgemacht, werden wir auch schon zum Abendessen gerufen. Wir werden zu dem Haus geführt, welches sich beim Näherkommen als eine riesige Villa entpuppt. Eine Villa, die früher dem Diktator Ceaucescu gehörte. Hier ließ er sich von seinen treuen Gefolgsleuten feiern und mit ihnen verpraßte er das Vermögen des Volkes. So wie in vielen anderen Villen und Schlössern, die er sein Eigen nannte. Das Grundstück ist eine Delta-Insel, die er mit seiner Yacht oder dem Helicopter erreichte. Mit der Yacht legte er an der Terrasse an und für den Helicopter sind drei Landeplätze auf dem Grundstück verteilt. Links neben der Villa hatte er ein Haus errichten lassen, in dem ähnlich eines Museums, verschiedene präparierte Tierarten ausgestellt waren und an der rechten Seite sehen wir ein Konferenzzentrum für die Generäle Ceaucescus.
Nachdem der Diktator gestürzt, und das Delta von der UNESCO zum Naturschutzgebiet erklärt wurde, findet man hier nur noch Leute, die es sich leisten können, die Villa zu mieten und die prächtige Natur des Reservates nicht stören.
Im Haus sitzen Dörte und ich alleine an einer langen Tafel und bekommen das Abendessen serviert, welches natürlich auch aus Fisch besteht. Der Rest der Familie hat bereits schon vorher gegessen. Um die Verdauung anzuregen werde ich danach von den Männern aufgefordert mit ihnen Fußball zu spielen.
Als wir später an die Terrasse kommen, möchten wir eigentlich sofort aufs Schiff, da die Mücken wieder ihren täglichen Angriff starten. Wir erleben aber dort ein Schauspiel der besonderen Art. Tausende Libellen stürzen sich aus dem Wald heraus auf die Mücken, die sich hier versammelten um uns den Abend zu versauen. Der Himmel verdunkelt sich bei der Anzahl dieser Flugkünstler. Überall schwirrt es. Wir sitzen in einer Wolke aus Libellen, die an die zehn Zentimeter groß sind. In den ersten Minuten ist es fast beängstigend, aber dann genießen wir diese Vorführung. Nach zehn Minuten verschwinden sie genauso schnell wie sie auftauchten und keine Mücke ist übrig. Wir nützen die Gelegenheit, um nicht zerstochen auf das Schiff zu kommen und liegen bereits kurz danach in unseren Kojen, um diesen langen und ereignisreichen Tag zu beenden.

Mi, 30.05.2001 / 121. Tag

Die Sonne brennt vom Himmel und Dörte nützt die Gelegenheit, um Wäsche zu waschen und hängt sie danach zum Trocknen auf. In der Zwischenzeit beginne ich vom Beiboot aus den Rumpf der "Goldfisch" zu reinigen. Eine fast nicht enden wollende Aktion. Überall hat sich Teer aus den Hafenanlagen und des Hauptstromes der Donau am Rumpf festgesetzt. Fast drei Stunden verbringe ich damit, diesen hartnäckigen Belag zu entfernen. Als auch die Wäsche trocken ist, legen wir ab um heute zu den Pelikanen zu fahren.

Doch leider hat sich der Himmel in der Zwischenzeit zugezogen und es bricht nach zehn Minuten Fahrt ein gewaltiges Gewitter aus. Blitz, Donner und starker Regen kommt uns entgegen. Also wenden wir wieder und verschieben unser Vorhaben.

Am Nachmittag läßt der Regen nach und nach kurzer Zeit scheint wieder die Sonne. Um dann den Tag doch noch zu nützen, montiere ich den Außenborder am Beiboot, um von hier aus ein wenig die Gegend zu erkunden. Doch als ich ihn starten möchte, geschieht überhaupt nichts. Ich versuche es immer wieder, doch nichts. Er will einfach nicht anspringen. Ich reinige die Zündkerze und die Benzinleitung, aber es rührt sich nichts.

Einer der Urlauber aus der ehemaligen Ceaucescu-Villa beobachtet mich bei meinen Anstrengungen den Motor wieder fit zu machen und bietet mir an, morgen den Motor in ein nahegelegenes Fischerdorf zur Reparatur zu bringen. Natürlich nehme ich an. Also sehen wir auch heute keine Pelikane, aber wir haben ja genug Zeit zur Verfügung.

Etwas später werden wir gefragt, ob wir denn mit ihren Ehefrauen eine kurze Tour unternehmen wollen. Die Frauen waren noch nie auf einem Segelschiff und obwohl die Masten noch immer gelegt sind, würden sie dieses Gefühl gerne kennenlernen. Warum nicht, antworten wir und schon sind wir mit ihnen an Bord unterwegs. Sie sitzen an Deck und genießen sichtlich die Fahrt, obwohl sie die Gegend ausreichend kennen. Als es bereits dunkel wird, kommen wir von den Mücken zerstochen zurück.

Pelikane, Störche und Kormorane

Do, 31.05.2001 / 122. Tag

Gegen 10.00 Uhr rufen die Rumänen von der Terrasse aus, ich soll doch mit dem Motor kommen, damit wir in das Dorf fahren können. Ich lade ihn in ein hölzernes Fischerboot, welches Emil gehört. Emil ist der Hausmeister der Villa, kümmert sich um die Wünsche der Urlauber und ist auch ihr Freund. Er begrüßt mich, startet den Motor, und schon sind wir mit Vollgas unterwegs über den St. Georgs-Arm zu dem Kanal, in den wir vor einigen Tagen ein Boot fahren sahen, aber wegen des Tiefganges der "Goldfisch" nicht folgen konnten.

Dieser Kanal ist knapp zehn Meter breit, an der einen Seite Wald, an der anderen Schilf. Nun hat Emil die Geschwindigkeit gedrosselt und langsam gleiten wir durch dieses Gebiet.

Einer der zahlreichen Kanäle im Delta

Plötzlich schaltet er den Motor aus und deutet mit dem Hinweis ruhig zu sein, in den Wald. Zuerst sehe ich ausschließlich Bäume und Sträucher, doch dann erkenne ich eine Bewegung im Gestrüpp. Die Äste schieben sich zur Seite und ein Wildschwein steht vor uns, keine fünf Meter von uns entfernt! Ich sehe dieses riesige Tier ungläubig an, bin total überrascht. Doch ehe ich den Fotoapparat aus der Tasche hole, wendet das Schwein und verschwindet schnell im Dickicht. Ich muß wohl ziemlich verwirrt diesem Tier nachgeschaut haben, den die Rumänen brechen in lautes Gelächter aus.

Der Motor wird gestartet und wir gleiten weiter in diesen Kanal. Einige Boote liegen am rechten Ufer und nun erkenne ich auch, daß auf einigen davon richtige kleine Lokale errichtet sind. Natürlich nicht wie bei uns zu Hause. An Deck ein Tisch, Stühle rundherum und beim Steuerstand eine kleine Theke mit einem Kühlschrank. Überall sitzen Leute, lachen, trinken Bier und spielen Karten. Etwas weiter werden Fischernetze geflickt und ich sehe jede Menge Fische zum Trocknen in der Sonne hängen. Ein eigenartiger Duft hängt in der Luft.

Emil steuert sein Boot weiter und läßt es später mit dem Bug voran an Land laufen. Wir steigen aus und er trägt meinen Außenborder zu einem Auto in der Nähe. Daneben steht ein Esel, den er erst mühsam zur Seite schieben muß.

Auf einer Schotterpiste geht es nun vorbei an einigen kleinen Hütten, vor denen überall Fische sortiert, oder Netze geknüpft werden.

Die Piste führt auf einen Hügel, von wo wir einen grandiosen Blick auf die Umgebung haben. Ich sehe viel kleine Kanäle, einige schilfumrandete Seen und Pelikane. Endlich sehe ich Pelikane! Nicht nur einen oder zwei, sondern ganze Kolonien schwimmen dort oder sitzen an den Ufern, um sich von der Sonne wärmen zu lassen. Ein wunderschöner Anblick. Doch Emil drängt, weiter zufahren, um den Mechaniker noch vor seinem Mittagsschlaf anzutreffen. Also weiter. Eine Staubwolke und irgendwo hinter uns die Pelikane.
Wir erreichen das Dorf Murighiol, welches aus vielen kleinen Steinhäusern mit Schilfdächern besteht. Vorgärten mit Enten, Hasen und Hühnern. Als ich meinen Blick nach oben richte, sehe ich auf fast allen Schornsteinen und Masten große Nester. In vielen sitzen Störche. Zwei fliegen über das Auto und ich verrenke mir den Kopf, um sie nicht aus den Augen zu verlieren. Danach noch zwei.
Wir halten vor dem Haus des Mechanikers und auch da sitzen zwei Störche in einem Nest auf einem Schornstein. Ich bin von dem Anblick gefesselt und Emil muß mich förmlich fortziehen. Für ihn gehören diese Tiere zum täglichen Leben, aber für mich ist das doch etwas ganz Besonderes. Erst als ich ihm dies erkläre, wartet er noch etwas, damit ich diese Tiere fotografieren kann. In der Zwischenzeit erscheint der Mechaniker und ist ebenfalls sichtlich amüsiert, welch Interesse ich für diese Vögel zeige. Für niemanden hier sei dies etwas Außergewöhnliches, meint auch er.
Ich trage den Motor in den Hof seines Hauses und nach nicht einmal fünf Minuten bringt er ihn zum Laufen. Ich bin schon wieder erstaunt. Am Vergaser war irgend etwas verklemmt, erklärt er und nachdem ich für diese Reparatur fünf Dollar bezahle, sind wir

Traumhaft schöne Zufahrt zum Lake Uzlina

auch schon wieder auf dem Rückweg zum Boot. Wir gleiten über den Kanal und ich suche das Wildschwein. Doch es bleibt bei der erfolglosen Suche. Zurück an der Goldfisch erzähle ich Dörte von den einzigartigen Eindrücken aus dem Fischerdorf.

Da die Sonne noch immer scheint, legen wir sofort ab, um zu dem versteckten See zu fahren. An der Einfahrt zum Kanal, bei dem die Fischer leben, bei denen wir vor zwei Tagen zu Gast waren, werfen wir den Anker. Mit einwandfrei funktionierendem Motor fahren wir in den Kanal. Bei den Fischern scheint niemand zu Hause sein, also weiter.

Auch hier liegen Fischerboote an den Ufern, vor einem Haus hängen Netze und zwei Hunde verbellen uns, als wir vorbei fahren. Nach zwei Biegungen ist es aber menschenleer und absolut ruhig. Die Äste der an den Ufern stehenden Bäumen scheinen über den Kanal zusammenzuwachsen. Wir haben das Gefühl durch einen Tunnel zu fahren. Der Kanal windet sich immer mehr in diesen Wald. Dörte entdeckt Kraniche am Ufer, etwas später einige Reiher. Ein Storch überfliegt uns und landet vor uns am Ufer. Ein außergewöhnlich großes Tier. Ich schalte den Motor aus, um unbemerkt in seine Nähe zu kommen. Dörte hat die Fotokamara schußbereit in den Händen. Doch jedes Mal, wenn sie ihn anvisiert, hüpft er weiter und verschwindet hinter den Sträuchern. So geht dieses Spiel gute 15 Minuten, bis ich die Geduld verliere und den Motor wieder starte. In diesem Moment fliegt der Storch auf und entschwindet unseren Blicken.

Ein etwas größeres Boot nähert sich von hinten und ich steuere ans Ufer, um es vorbeifahren zu lassen. Dörte und ich steigen aus und klettern auf die Böschung. Und da sehen wir unser Ziel, den See "Uzlina". Riesengroß und überall schwimmen die verschiedensten Vögel im Wasser. Schilf wohin wir auch sehen. Schnell wieder ins Boot und dorthin, sagen wir gleichzeitig.

Vom Kanal aus kann man diesen See noch nicht sehen und wenn wir nicht zufällig auf die Uferböschung geklettert wären, wüßten wir auch nicht, daß er bereits so nahe ist.

Der dichte Wald lichtet sich, die Ufer werden flacher und bald darauf steuern wir nicht mehr neben hohen Bäumen, sondern durch Schilf. Kormorane sind zu erkennen. Einige Möwen sitzen auf treibenden Ästen. Und plötzlich breitet sich der See vor unseren Augen aus. Eine riesige Biomasse. Unmengen an Wasserpflanzen lassen den See als Rasenfläche aussehen. Und schon sitzen wir in einer solchen Pflanzenmasse fest. Der Motor stirbt ab. Ich hebe ihn aus dem Wasser und ziehe meterlange Pflanzen mit hoch. Ich befreie die Schraube und Dörte paddelt weiter. Als wir wieder eine etwas offenere Wasserfläche erreichen, will der Motor aber nicht mehr anspringen. Jetzt bemerken wir auch den aufkommenden Wind, der uns immer mehr in diese blubbernde Umgebung schiebt. Wieso streikt denn dieser Motor jetzt schon wieder? Wieder und wieder reiße ich am Startseil. Gleichzeitig treiben wir auf ein Neues in diesen Salat, der an der Oberfläche schwimmt.

Der Motor springt an, ich steuere das Boot wieder in die Richtung des einmündenden Kanales, doch wieder stirbt er ab. Jetzt sind wir endlich an dem See angelangt, sehen zwar leider keine Pelikane, dafür jede Menge anderer Vogelarten, haben aber mit einem nicht

funktionierenden Motor zu kämpfen. Es ist zum verrückt werden. Wieder paddeln. Einen knappen Meter neben unserem Boot taucht ein Kormoran auf, blickt uns erstaunt an und verschwindet wieder unter Wasser.
An der Startleine reißen, paddeln, reißen, paddeln. So erreichen wir wieder die Mündung. Hier ist es auch wieder windstiller. Ist auch gut so, denn mittlerweile sind meine Hände von den Startversuchen komplett wundgescheuert.
Als wir in dieser grünen Masse steckten, muß der Motor wohl Schaden genommen haben. So hat es wenig Sinn noch einmal auf den See hinauszufahren. Also durch den Kanal wieder zurück. Mit einem Blick zurück, saugen wir noch einmal diese einzigartige Schönheit der Natur mit seinen Bewohnern auf. Anscheinend möchte dieser See ungestört bleiben.
An der Leine reißen, einige Meter unter Motor fahren und paddeln wechseln sich nun auf diesen Weg zurück ab.
Wieder sehen wir Reiher, dieses Mal sogar zwei Löffler am Ufer stehen. Ein Entenpaar überholt uns und am Himmel ziehen einige Störche dahin. Wir erreichen den St. Georgs-Arm und vollkommen erschöpft kommen wir zur "Goldfisch" zurück. Anker hoch und nach einiger Zeit erreichen wir die Terrasse, legen an dem Schlepper an und lassen den Tag ruhig ausklingen.

Fr. 01.06.2001 / 123. Tag

Wieder Regen. Wir empfinden es heute aber nicht als so schlimm, da wir von den gestrigen Anstrengungen noch ziemlich erschöpft sind. Schlafen, lesen und faulenzen bestimmen den heutigen Vormittag. Nachmittags spazieren wir über das Inselgrundstück, entdecken wilde Pferde und sogar eine Schlange, die sich auf einem Stein wärmt. Dörte erklärt mir, daß es sich dabei um eine Würfelnatter handelt. Ein sehr schön gezeichnetes Tier.
Wir sitzen an Deck und genießen die Abendstimmung, als Dörte völlig begeistert auf die andere Seite des Kanals deutet. Pelikane! Riesige Pelikane sind dort! Gemütlich schwimmen sie am Ufer entlang, bevor sie sich in die Lüfte erheben und nach zwei Runden in der Ferne verschwinden. Endlich haben wir sie gesehen, haben Pelikane im Delta, in freier Natur gesehen. Dörte verknipst einen ganzen Film und ist glücklich.

Tonne an Steuerbord!

Sa, 02.06.2001 / 124. Tag

Um 10.00 Uhr verabschieden sich die Rumänen, da die Zeit ihres Urlaubes vorbei ist und Emil bringt sie mit dem Boot zu einer Verbindung ans Festland, wo sie ihr Auto geparkt haben.
Wir haben die Tage hier sehr genossen und da wir gestern auch noch Pelikane sahen, entschließen wir uns, auch weiter zufahren. Eine Stunde später sind wir dann schon in dem

Seenlandschaft mit seinen Bewohnern

Kanal unterwegs, der die Schleife des St. Georgs-Arms abkürzt. Wir erreichen wieder den "gestrandeten" Ponton, doch dieses Mal liegen keine Boote daran fest gemacht. Neben der "Goldfisch" schlängelt sich wieder eine Würfelnatter durch die geringe Strömung. Um 12.00 Uhr lassen wir Mahmudia an backbord liegen und kommen an die Insel, hinter der wir vor einigen Tagen geankert hatten.

Da an der Inselspitze eine Tonne anzeigt, daß wir an beiden Seiten passieren können, entscheiden wir uns für die linke Durchfahrt. Die Rechte kennen wir ja bereits von der Talfahrt. Wir fahren an der Insel vorbei und erkennen danach an steuerbord, nahe dem Ufer eine rote Tonne. Das bedeutet, daß wir die Flußseite wechseln müssen. Doch plötzlich fällt die Anzeige des Echolotes und bevor ich etwas unternehmen kann ist es auch schon geschehen. **Wir sitzen auf.** Rückwärtsgang einlegen, doch die Strömung gibt das Schiff nicht frei, sondern schiebt es weiter auf den Grund. Unter uns muß sich eine Sandbank befinden! Scheuernde Geräusche sind zu hören. Die Strömung drückt immer mehr an den Kiel und nun neigt sich das Schiff nach steuerbord, steht quer zur Strömung. Verdammt!

Ruhig bleiben und überlegen! Ist aber leichter gesagt als getan. Schweißtropfen perlen von meiner Stirn und Dörte blickt mich ängstlich an.

Voraus ist es nicht möglich Gas zu geben. So würden wir noch weiter auf die Sandbank kommen. Zurück ist es auch nicht möglich. Die Schraube dreht zwar, doch wir bewegen uns keinen Millimeter. Das Steuer läßt sich auch nicht drehen. Wahrscheinlich steckt bereits das Ruderblatt im Sand. Nach einigen nochmaligen Versuchen steht die "Goldfisch" wenigstens wieder aufrecht, aber noch immer quer im Strom. Bewegt sich aber trotzdem weder vor, noch zurück.

Was tun? Tausend Gedanken schießen uns durch den Kopf, keiner davon ist aber erfolgversprechend.

An der Durchfahrt der anderen Seite erkennen wir ein Schiff an einem Ponton liegen und sehen durch den Fernstecher auch Menschen. Ich versuche es über Funk, aber keine Reaktion. Gebe mit dem Horn Schallsignale, auch keine Reaktion. Ich sehe zwar durch den Fernstecher, daß uns die Leute beobachten, unternommen wird aber nichts. Wut und Angst wechseln sich ab. Wieder Schallsignal, doch nichts. Sie scheinen irgend etwas zu feiern und nach einiger Zeit haben sich dort auch alle wieder von uns abgewendet.

Die "Goldfisch" legt sich erneut zur Seite und Wasser kommt aufs Deck. Sie richtet sich aber wieder auf.

Ein kleinerer Frachter kommt den Strom bergauf. Funk, keine Reaktion! Hole die Signalflaggen und ziehe das Notsignal ins Top. Gleichzeitig gebe ich erneut Signal mit dem Horn. Steige auf das Dach des Steuerstandes, schreie und winke mit den Armen. Doch auch hier reagiert niemand! Der Frachter zieht weiter.

Ein Fischerboot kommt vom Ufer heran gerudert. Die Fischer erkundigen sich nach dem Problem und versprechen Hilfe aus einem nahen Dorf zu holen. Eine Stunde später kommen sie zurück und erklären uns, daß erst gegen 19.00 Uhr jemand kommen wird, um uns mit seinem Boot von der Sandbank zu ziehen. Sie wollen einen Vorschuß in Form von Dollarscheinen. Mittlerweile beginne ich zornig zu werden und erkläre ihnen, daß ich zwar bereit bin für Hilfe zu bezahlen, aber erst wenn auch wirklich Hilfe naht.

Der nächste Frachter kommt Flußauf. Das gleiche Spiel. Funk, Zurufe, Schallsignale und Flagge. Doch auch jetzt kommt keine Reaktion. Erst als uns der Frachter passiert hat, erscheint dort jemand auf der Brücke, zuckt mit den Schultern und gibt uns zu verstehen, daß er nicht helfen kann. Ist denn das die Möglichkeit? Warten denn hier alle, daß wir komplet kentern. Um danach das Schiff zu plündern? Ich werde immer wütender. Das nächste Fischerboot kommt längsseits. Doch diese Leute sind nur an Wodka und Zigaretten interessiert.

Die Zeit vergeht und wir sitzen noch immer fest. Einige Male neigt sich das Schiff wieder zur Seite, richtet sich aber jedes Mal wieder auf. Gas nach vorn, Gas zurück, nichts.

Ich rufe per Handy in Oltenita an, erkläre dem Werftmanager das Problem. Doch auch er weiß keine gute Lösung. Kennt auch niemanden, der uns von hier herunter ziehen kann.

Die einzige Möglichkeit, erkläre ich Dörte, von der Sandbank herunter zu bekommen ist, den Anker mit dem Dinghi auszubringen und dann das Schiff per Winsch frei zu bringen. Aber wie komme ich mit dem Beiboot und dem Gewicht von Anker und Kette in den Strom? Der Außenborder funktioniert ja nicht und mit dem Gewicht ist es nicht möglich gegen die Strömung zu rudern.

Wieder versuche ich es mit Schraubenkraft. Da spüre ich, daß sich das Steuerrad drehen läßt! Das Schiff beginnt aufzuschwimmen! Rückwärtsgang, Vollgas, Ruder einschlagen. Wieder Vollgas nach vorne. Die "Goldfisch" beginnt sich zu drehen! Rückwärts, Gegenruder, vorwärts und plötzlich weicht der Widerstand unter dem Kiel.

Die "Goldfisch" schwimmt wieder! Ich stelle das Schiff in den Strom und warte ab. Etwas Gas nach vorn, leicht nach backbord, wieder gerade in den Strom und abermals leicht nach backbord. So versetzend bringen wir nun Meter um Meter hinter uns und bald zeigt das Echolot zwei Meter, danach Zweieinhalb an. Wir erreichen drei Meter Tiefe, ich steuere die "Goldfisch" weiter nach backbord und nun sind wir in der Linie, die auch die Frachter fuhren. Die Gefahr liegt hinter uns! Die rote Tonne lag eindeutig an der falschen Stelle, denn keiner der Frachter änderte seinen Kurs dorthin. Nur wir, da wir es gewohnt sind auf die Tonnen zu vertrauen. War es Dummheit der hier lebenden Menschen oder eine Falle? Wir werden es nicht erfahren... Dörte und ich umarmen uns. Nichts wie weg von hier.
Der Schreck sitzt uns tief in den Knochen und da uns diese Aktion mehr als fünf Stunden aufgehalten hat, entschließen wir uns, nach zwei Flußbiegungen an einem Hotelschiff anzulegen, welches am Ufer festgemacht hat. Zwei Männer, die dieses Hotelschiff für Touristen vorbereiten, helfen uns beim Anlegen und laden uns zum Abendessen ein. Im Fernseher läuft eine Fußballübertragung. Wir sind hundemüde und verabschieden uns trotz der Gastfreundschaft dieser Leute, um schlafen zu gehen.

Richtung Sulina

So, 03.06.2001 / 125. Tag

Wie erwachen bei strahlendem Sonnenschein und nach dem Frühstück duschen wir ausgiebig an Bord des ATBAD-Hotelschiffes. Endlich, nach 12 Tagen wieder eine vernünftige Dusche. Die beiden Männer des Schiffes zeigen sich an der "Goldfisch" interessiert und so bitte ich sie an Bord. Interessiert lassen sie sich von mir alles zeigen, doch nachdem sie wieder von Bord gehen, fällt mir auf, daß unser kleiner Fotoapparat fehlt. Natürlich spreche ich sie sofort darauf an, doch sie weisen jede Schuld von sich, sind entrüstet und beleidigt. Aber es kommt niemand anderes in Frage. Der Apparat lag, bevor sie kamen, so wie immer an seinem Platz. Als sie gingen, war auch er fort. Aber sie streiten es ab und wollen zum Abschluß noch 20,- US Dollar Liegegebühr von uns. Eine Frechheit! Natürlich sind wir ziemlich verärgert über das plötzliche Verschwinden des Fotoapparates, denn mit ihm schossen wir alle Fotos, für die es zu umständlich ist, die Spiegelreflex auszupacken und einzustellen. Außerdem waren bereits viele Fotos auf dem Film der noch in der Kamara war. Schnappschüsse von uns Beiden, aber auch einige Vogelaufnahmen.
Wir legen verärgert ab und erreichen schon bald den Sulina-Arm. Hier, in diesem künstlich angelegten Kanal verläuft der Weg der offiziellen Schiffahrt. Obwohl es uns nach mehr Natur dürstet, ist dies der einzige Weg, legal ins Schwarze Meer auszulaufen. Nur in Sulina bekommt man die dafür notwendigen Ausreisestempel in die Reisepässe. Wir sehen es aber nicht so negativ, da wir noch vor der Ausfahrt bei Sulina in das nördliche Delta einfahren

Ein "Seeriese" auf dem Weg nach Braila

werden. So sehen wir es als Abwechslung, bei der wir nicht auf die Wassertiefe achten müssen. Dieser Kanal wird in regelmäßigen Abständen freigebaggert, um der Schiffahrt die Durchfahrt zu gewährleisten.

Die Ufer sind mit Steinen befestigt und wir sehen einige kleinere Dörfer, die aber wie Plansiedlungen aussehen. Nachdem wir Gorgova und den Crisan-Kanal erreichen, der in südlicher Richtung weiter verläuft und laut Karte bis zum St.Georgs-Arm führt, kommt uns bereits ein Seeschiff entgegen und wir werden von einer Raketa überholt. Mit 80 km/h flitzen diese Schnellfähren auf ihren Tragflügeln innerhalb kürzester Zeit von Tulcea nach Sulina und wieder zurück. Sekunden, nachdem wir sie am Horizont des gerade verlaufenden Sulina-Armes erblicken, ist sie schon neben uns und sofort wieder verschwunden. Was bleibt. ist nur die Erinnerung an das schnelle Ausweichmanöver dieser Fähre.

Gegen 15.00 Uhr sind wir an der Mündung des Dunarea-Veche-Armes angelangt, welcher an der linken Flußseite liegt. Wenn wir hier einfahren und uns in nördlicher Richtung halten, gelangen wir angeblich zu einem netten, verschlafenen Fischerdorf, so haben wir erfahren. Also wende ich die "Goldfisch" im Strom und taste mich seitlich in diesen Mündungsarm. Die Wassertiefe scheint nicht erfolgversprechend, bald haben wir nur drei Meter tiefes Wasser erreicht. An der linken Seite liegt ein kleiner Hafen, der aber anscheinend nur von Fischern angesteuert wird. Daneben einige Häuser mit Strohdächern. An beiden Ufern dichter Wald. Das Echolot fällt auf 2,50 bis 2 Meter. Wir entscheiden uns umzukehren, doch da haben wir wieder konstante drei Meter Tiefe. Also weiter. Geringe Strömung kommt uns entgegen und wir merken, daß es auch hier nur in den Außenkurven tiefer ist. Taste ich mich zu den Innenkurven, fällt die Anzeige des Echolotes sofort. Nahe an den Ufern setzen wir unsere Fahrt fort. Die Wälder wirken wie eine grüne Wand und weichen später immer öfter Schilfflächen.

Nach 90 Minuten erreichen wir die Schleife, an der dieses Fischerdorf liegt, weswegen wir in diesen Arm steuerten. Denn von hier gibt es einen Verbindungskanal zum "Lakul Fortuna", einem See, wo einige Pelikankolonien leben. In diesem Teil des Deltas haben alle Dörfer Nummern. Dieses heißt Mila 23. Am linken Ufer liegt ein Ponton der Capitania, wobei ich mich frage, welche Schiffe denn hierher fahren und anlegen. Später erfahre ich, daß zweimal täglich eine Fähre das Dorf ansteuert um die Verbindung nach Sulina herzustellen.

Wir belegen die "Goldfisch" an dem Ponton und innerhalb weniger Minuten füllt sich der Ponton mit Kindern aller Altersklassen. Ein Erwachsener drängt sich durch die immer zahlreicher werdenden Kinder und lädt uns zum Bier ein. Nur ein paar Schritte hinter dem Ponton, liegt ein kleines Lokal an einer staubigen Straße. Einige Leute sitzen im Freien an den Tischen, sehen grimmig in unsere Richtung, wir hören russische Wörter. Uns wird erklärt, daß hier fast nur illegale Einwanderer aus der nahen Ukraine leben und wir keinesfalls das Boot aus den Augen lassen sollen. Wir können aber eines der Kinder fragen, ob es auf die "Goldfisch" aufpaßt, meint er.

Nach einem kurzen, aber langen Zug aus der Bierflasche, kaufe ich im Laden nebenan zwei Tafeln Schokolade und gehe zurück zum Schiff. Die Kinderschar ist noch immer hier und ich picke mir einen etwas älteren Jungen heraus, um ihn zum "Wachmann" zu machen. Ich erkläre ihm mit einigen Gesten, was ich von ihm möchte und gebe ihm eine der Schokoladen, worauf er sich demonstrativ an die Reling stellt, um zu zeigen, daß er seinen Job machen wird. Wieder zurück am Tisch erzählt mir der Mann, daß er in Bukarest lebt und manchmal hierher kommt, um zu fischen. Mit seiner Freundin verbringt er dann das Wochenende bei Freunden in der Ortschaft. Früher war es hier anders, meint er. Da lebten nur Rumänen hier, aber seit einigen Jahren kommen immer mehr Ukrainer und machen diesen Ort ziemlich unsicher für Besucher.

Seine Freundin kommt an den Tisch und meint, daß sie wohl jetzt ins Schilf fahren, um einige Fische zu fangen und sich deshalb verabschieden.

So wie aussieht, wird es wohl besser zu sein von hier wieder abzulegen und woanders zu ankern, um dann morgen an den "Lakul Fortuna" weiter zufahren.

Wir kommen ans Schiff und ich gebe dem "Wachmann" die zweite Tafel Schokolade, worauf dieser nur meint: "Dollar, Dollar!". Ich glaub es einfach nicht, aber für die Menschen hier dürften wir Millionäre sein. Ich deute dem Kind, wenn er mit der Schokolade nicht einverstanden ist, kann er sie mir zurückgeben, Dollars gibt es aber nicht.

Eigentlich wollen wir vor dem Ablegen noch essen, doch als wir unter Deck gehen, werden wir von den Kindern bei jeder Bewegung beobachtet. Selbst durch die Luken versuchen sie zu spähen, was wir wohl machen. Irgendwann ist uns das Ganze zu unangenehm und wir brechen mit knurrenden Magen auf. Vorher fragt uns der Junge mit der Schokolade, ob er denn den Karabiner von der Kette der Reling haben könne. Ich verneine, obwohl dies nur eine Kleinigkeit wäre, aber diesen Karabiner brauchen wir noch. Ersatz habe ich nicht dafür. Wir wenden und fahren den Kanal zurück und beide denken wir, das Richtige getan zu haben. Wir hätten an dem Ponton bestimmt nicht ruhig schlafen können, ohne nicht dauernden Betteleien ausgesetzt zu sein und am Morgen hätten bestimmt einige Dinge an Bord gefehlt. Mittlerweile ist es bereits 18.00 Uhr und wir müssen uns schleunigst einen Ankerplatz suchen, um nicht in die Dunkelheit zu fahren. Nach zwei Kilometern werfen wir den Anker. Doch das Schiff stellt sich quer zum Kanal. Wir holen den Anker wieder hoch und versuchen es noch zwei weitere Male, doch jedesmal das Gleiche. Die "Goldfisch" steht in der Strömung, der Anker fällt, greift, doch das Schiff stellt sich danach quer. So hat das keinen Sinn, also werden wir bis zum Sulina-Kanal fahren, denn dort sahen wir an der Abzweigung einen Betonkai. Leider wird es schnell dunkel und als wir dort ankommen, ist es stockfinster. Der Kai gehört zu einem Grundstück der Deltaverwaltung und ist in der Nacht bewacht, was wir nach dem Besuch eines Wachmannes feststellen.

Mo, 06.2001 / 126. Tag

Wir sind bereits gegen 06.00 Uhr wach, können uns aber nicht entschließen weiter zufahren, da es sehr bewölkt ist und ziemlich starker Wind bläst.

Zwei Stunden später kommt ein Ozeanriese aus Batum stromaufwärts. Ein seltsamer Anblick, denn er nimmt fast das ganze Fahrwasser ein. Wir haben das Gefühl, eine Stadt schwimmt an uns vorbei.

Um 10.00 Uhr sehen wir den zweiten Giganten in der Ferne. Dieser trägt die Flagge aus Panama am Heck. Wir warten bis er uns passiert hat und legen am späten Vormittag ab um heute noch Sulina zu erreichen. Die Fahrt zurück in den Dunarea-Veche-Kanal scheint uns zu unsicher, da sich der Himmel immer mehr verdunkelt. Somit bleiben uns auch hier die Pelikan-Kolonien vorbehalten. Aber wir haben ja die Erinnerung an viele andere Vogelarten und einige der Pelikane haben wir ja unterwegs gesehen.

Kurz nach dem Ablegen bemerkt Dörte, daß ein Karabiner an der Reling fehlt. Aber nicht an der Schiffsseite, mit der wir an dem Ponton bei Mila 23 festgemacht hatten, sondern an der gegenüberliegenden Seite. Hat dieser Bengel gestern doch tatsächlich, bevor er mich nach dem Karabiner fragte, bereits den von der anderen Seite geklaut und die Kette mit einem Draht befestigt damit es nicht auffällt. Einerseits ärgere ich mich sehr darüber, denn wie bereits gesagt, wir haben dafür keinen passenden Ersatz an Bord, andererseits muß ich auch lächeln. Lächeln über die Dreistigkeit dieses Kerls.

Bereits um 13.00 Uhr erreichen wir Sulina. Ein langer Kai liegt vor der Stadt. Einige Frachter, Fischer und auch ein Tanker aus dem Meer, liegen hier festgemacht. Die Stadt wirkt aber eher wie ein kleines Dorf auf uns. Vorbei an einigen Anlegestellen steuere ich den Ponton der Capitania an. Sie sehen auf der Donau überall gleich aus und sind daher leicht zu erkennen. Dieser liegt exakt am Kilometerschild 0. Eigentlich endet hier die Donau, doch da der Fluß unaufhörlich Schlamm und Gestein ins Meer befördert, wächst der Sulina-Arm jährlich um viele Meter weiter hinaus und von hier, am km 0, beginnt die Kilometrierung von Neuem.

Das Gebäude der Hafenverwaltung liegt gleich hinter dem Ponton und nach einer Stunde habe ich den Behördengang und die darauffolgende Kontrolle an Bord erledigt. Der Hafenkapitän meint noch, wir müssen das Schiff weiter stromauf verholen, da der Ponton frei bleiben muß und so legen wir nur 500 Meter weiter, am Kai an, um über Nacht zu bleiben. Auch hier wird uns nahegelegt das Schiff nicht allein zu lassen und genauso wie in Mila 23 sind wir auch hier sofort von Kindern und Bettlern umringt. Ich versuche sie zu vertreiben, doch es gelingt mir nur teilweise. Ein paar hartnäckige Kinder lassen sich nicht abwimmeln und ich entschließe mich, heute im Steuerstand zu schlafen. Alle beweglichen Dinge an Deck bringen wir nach unten.

Di, 05.06.2001 / 127. Tag - Do, 07.06.2001 / 129. Tag

Die Nacht ist sehr unruhig. Starker Wind schüttelt die "Goldfisch" kräftig hin und her. Gegen 06.00 Uhr wird es immer ungemütlicher und eine Stunde später fliegen bereits Äste und vieles andere durch die Luft. Sturm! Regen setzt ein und nach kurzer Zeit ist fast nichts mehr zu erkennen. Es heult und pfeift, das Schiff ruckt pausenlos in die Festmacher. Ich

Sulina (Rumänien) - kleines Dorf, große Schiffe

lege zusätzlich zwei Springs und befestige noch einige Autoreifen, um das Schiff besser abzusichern. Bei Starkwind, beim Anlegen an diversen Pontons oder an anderen Schiffen helfen keine Fender mehr. Sie gehen alle kaputt.
Der Sturm entwickelt sich zum Inferno. Stühle, Tische und ganze Teile der Bäume fliegen an uns vorbei. Überall scheppert und poltert es. Im Fluß treiben unzählige Schilfinseln, die sich losgerissen haben. 140 km/h brausen über uns hinweg. Wir danken Gott dafür, daß er uns die Entscheidung weiterzufahren oder zu bleiben, in Mila 23 abgenommen hat. Absolut ungeschützt wären wir dem Sturm im Schilf ausgesetzt gewesen. Wir möchten nicht daran denken, was geschehen wäre.
Nicolai, wir haben ihn gestern kennengelernt, hat uns für heute abend zum Essen in ein nahe gelegenes Lokal eingeladen. In Segelmontur und Stiefeln stapfen wir durch Wind und Regen. Kurz vor dem Essen erscheint ein Bericht über den Sturm im Fernsehen. Dieser Orkan tobte über ganz Rumänien und hat starke Zerstörungen hinterlassen. Wären wir im Donau-Veche-Kanal geblieben, dann gute Nacht. So aber lagen wir sicher an der Kaimauer von Sulina. Die Betteleien der Kinder haben auch nachgelassen, sie sind bei diesem Wetter auch froh, nicht naß zu werden.
Kaum läßt der Regen aber ein wenig nach, stehen sie wieder am Schiff und provozieren uns, manche spucken sogar auf die "Goldfisch"! Je mehr wir uns aufregen, desto mehr Spaß haben sie. Bis sie unser Schiffsnachbar verjagt.
Wir haben festgestellt, daß es zwei Sorten von Rumänen gibt: die einen geben dir ihr letztes Hemd und freuen sich, daß Ausländer ihr Land besuchen und sie sich mit dir auf Englisch unterhalten können. Die anderen versuchen dir dein letztes Hemd zu nehmen. Sie versuchen alles, um einem den Aufenthalt in Rumänien zu versauen. Zum Glück, sind die meisten Rumänen, die wir treffen und kennenlernen sehr nett und hilfsbereit. Sie erwarten nicht für jede Hilfe gleich Dollar.
Ein Freund Nicolas hilft uns, die Lenzpumpen zu reparieren und auch die große Batterie einzubauen, welche mir alleine zu schwer ist. Den ganzen Tag schuften wir in naßkalter Witterung. Natürlich bekommt er für seine Hilfe Geld. Aber das ist auch in Ordnung, denn er half mir fast 13 Stunden lang bei diesen Arbeiten. Ein gegenteiliges Beispiel dafür ist, wenn man anlegt, und ein Rumäne greift das auf Land geworfene Tau um es festzumachen, und will dann dafür Dollar, dann geht mir die Hutschnur hoch.
Durch den Sturm müssen wir mit der Weiterfahrt warten, da auf dem Schwarzen Meer die Wellen noch zu hoch sind. Eigentlich würde es uns ja nicht weiter stören hier zu bleiben, wenn da die Liegegebühr von 25,- US-Dollar pro Tag und die lästigen Kinder nicht wären. Wir liegen am Kai, wo auch die Seeschiffe immer anlegen, wenn sie durch den Sulina-Kanal wollen und der zuständige Hafenmeister meint, 25,- US-Dollar wären durchaus in Ordnung. Dafür wird uns der erste Tag nicht berechnet. Auf unsere Proteste hin, können wir uns auf 15,- US-Dollar pro Tag einigen. Na ja, notgedrungen, denn das ist immer noch eine Menge Geld. In Deutschland wäre man für diesen Preis in einer Marina, mit Strom, Wasser, Duschen

und einem bewachten Gelände. Hier liegen wir mitten im Ort, wo jeder auf das Boot kann und wir nachts alles unter Deck verstauen, damit keiner etwas klauen kann. Dafür haben wir die letzten beiden Tage dann noch Strom bekommen, inklusive.
Sulina ist nicht sonderlich groß, trotzdem hätten wir uns gerne den Ort näher angesehen, da aber immer einer an Bord bleiben muß, geht der andere, wenn überhaupt, nur zum Einkaufen von Bord.
Wir beobachten einige Seetanker beim Anlegen an den Kai und sind über diese präzisen Manöver, in dem so schmal wirkenden Kanal mehr als erstaunt. Fast in der Mitte der Fahrrinne lassen sie ihren Anker, mit lautem Getöse fallen und lassen sich mit belegtem Ruder zurücktreiben. Tausende Tonnen nähern sich so meter-, später zentimeterweise dem Kai. Dutzende Wurfleinen finden die Hände der Hafenangestellten, welche dann damit die armdicken Festmacher nachholen. Diese werden um die Poller geworfen und von Deck aus über eine große Winsch dicht geholt. In der Zwischenzeit wird der Ankerkette lose gegeben und später wieder gespannt. So gelangen diese Riesen selbst im Sturm an die Kaimauer. Ähnliche Manöver bin ich auf der Donau auch schon gefahren, jedoch hatte ich immer ausreichend Platz rund um die "Goldfisch", während die Tanker dieses Manöver in einem engen Fahrwasser durchführen, um dann zwischen anderen Schiffen zum Stillstand zu kommen. Nur wenige Meter Platz vor dem Bug und hinter dem Heck. Beim Ablegen werden die Festmacher gelöst und die Riesen bewegen sich langsam fort von der Mauer und holen den Anker wieder hoch. Platz zum Wenden wäre hier aber nicht. Das ist erst in Galati oder Braila möglich. Oder flußabwärts am offenen Meer.

Fr, 08.06.2001 / 130. Tag

Der Sturm ist vorbei, der Wellengang am Meer hat sich laut Anfrage über Funk auch wieder beruhigt, das Wetter lädt zur Weiterfahrt ein und die Vorhersagen für die nächsten Tagen sind sehr gut. Die besten Voraussetzungen für eine Fortsetzung der Reise.
Wir holen vom Markt frisches Gemüse und bitten die Hafenbehörden, auslaufen zu dürfen. Nach einer kurzen Kontrolle der Papiere und der Sicherheitsausrüstung an Bord, legen wir ziemlich nervös ab. Gilt es doch heute, auf das offene Meer auszufahren, die Binnenfahrt abzuschließen.
Gemütlich und voller Erwartung steuern wir an Sulina vorbei und mit der ersten Flußbiegung lassen wir das Hafengeschehen und die anschließend stehenden Häuser hinter uns. An beiden Uferseiten ist Schilf zu erkennen. Zwei Tanker kommen uns entgegen und geben zum Gruß Schallsignal. Besatzungsmitglieder stehen an Deck und winken uns nach. Dutzende Ferngläser sind auf uns gerichtet.
Das Schilf weicht Steinaufschüttungen, weit vor uns erkennen wir den Leuchtturm an der Ausfahrt. An backbord sehen wir bereits offene Wasserfläche in der sich etliche Kormorane tummeln. Immer näher kommt der Leuchtturm und nun ist das Meer bereits an beiden Seiten, neben den Aufschüttungen zu erkennen.

Der Leuchtturm zeigt schon von weitem die Ausfahrt ins Meer

Vor uns das Schwarze Meer! Das sagenumwogene, geschichtsträchtige und angeblich gefährliche Schwarze Meer.

Wir lassen den Leuchtturm an Steuerbord liegen und sind an der offenen See angelangt. Sanfte Wellen und ein zarter Windhauch empfangen uns. Die Sonne taucht dieses Geschehen in ein angenehmes Licht und scheint uns anzulächeln.

Endlich das Meer - schon das Meer?

Fast 4000 Kilometer Binnenfahrt liegen hinter uns, wir können es kaum glauben. Tausende Gedanken und Erinnerungen gehen uns durch die Köpfe, dutzende Gesichter tauchen auf. Gefahren, Schwierigkeiten und anscheinend ausweglose Situationen.

Aber auch viele eindrucksvolle Landschaftsbilder, unberührte Natur und unzählige Tierarten, die wir sahen. Viele Warnungen und mindestens eben so viele Anfeuerungen unseren Plan durchzuführen und euphorische Geschichten hörten wir von den Menschen an der Strecke.

Reißende Strömungen, einsame Schilfgegenden, Staudämme und kleinste Kanäle, Gebirgsformationen und Sumpfgebiete haben wir durchfahren. Haben uns in der Sonne geaalt und uns unter Deck vor Stürmen versteckt.

Unzählige Erinnerungen sind da aufzuzählen. Emotionen, Geschichten und Erlebnisse aus 130 Reisetagen quer durch Europa und durch neun Staaten. Eine lange und weite Reise an Bord der "Goldfisch", einem Schiff, das für eine Reise dieser Art gewiß nicht gebaut wurde, unzählige Male zu kämpfen hatte, aber alle Belastungsproben mit Bravour bestand und uns eine bärenstarke Partnerin war. Nun haben wir diese lange Flußfahrt hinter uns gebracht, sind am Meer angelangt und steuern in andere, neue Abenteuer. Abenteuer, die uns die Weite der Meere erleben lassen wird.

Wir erreichen unter Motor Konstanza und Mangalia. Nach unserem ersten Sturm auf dem Meer, in dem wir ohne Rigg so richtig getestet werden, laufen wir im bulgarischen Hafen Balcik ein. Nicht wie geplant in Varna, sondern bereits dort lassen wir aufriggen und sind nun unter vollen Segeln weiter unterwegs um neue Länder, Kulturen und Menschen rund um Europa kennenzulernen. Doch das sind bereits Geschichten für das nächste Buch...

Karte des Donaudeltas

Obwohl hier nur die größeren Seitenarme der Donau abgebildet sind, half uns diese Karte ein wenig, unseren Weg durch das Labyrinth des Reservates zu finden.

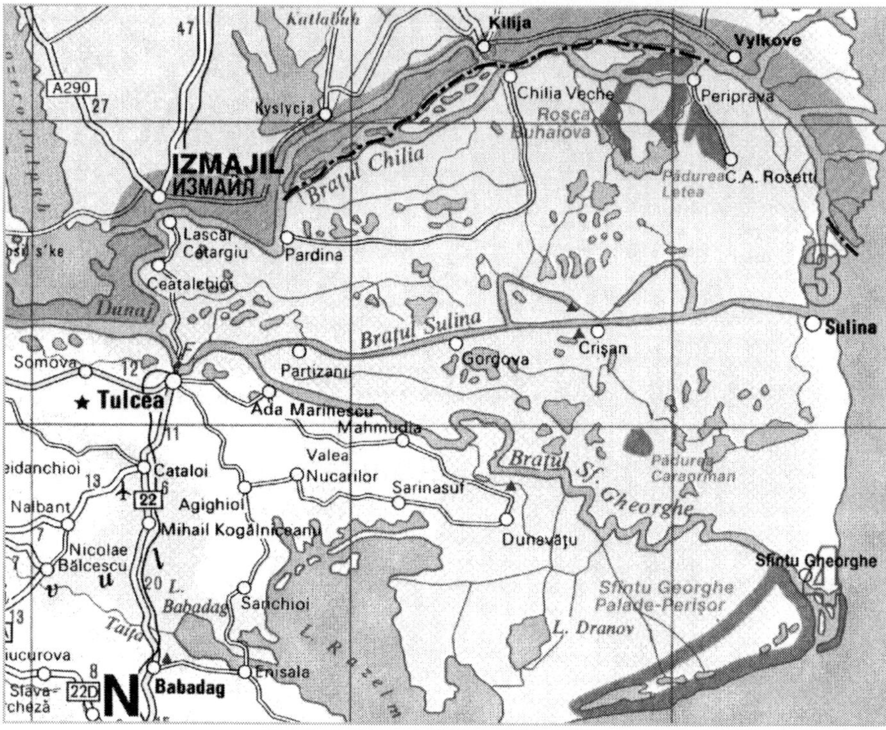

Zum Abschluß

Die Donau trägt viele Namen. Hier nur einige davon: Donau, Danube, Danuvius, Danubia, Dunaj, Duna, Dunarea, Dunav... Sie durchfließt neun sehr unterschiedliche Anrainerstaaten. Sicher ist sie für die Bewohner aller dieser Länder gleichermaßen exotisch.
Sie ist mit 2.888 Kilometer der längste und weitaus wasserreichste Strom Europas. Ihr Einzugsgebiet umfaßt ein Elftel von ganz Europa. Also viermal soviel wie der "Vater Rhein". Das Mittelwasser bei Wien transportiert 3,8 Millionen Liter pro Sekunde und bei Hochwasser mindestens 10,0 Millionen Liter. Sie wälzt also ebensoviel Wasservolumen wie Rhein, Weser und Elbe zusammengenommen ins Schwarze Meer. Dies ist auch wesentlich mehr Wasser, als der berühmte "Nil" mit sich führt.
Die Donau entwässert sich nahe der Stadt Donauschingen, bei den Donauschlingen durch zahllose Schlucklöcher, zum Teil unterirdisch zum Achtkopf und speist somit auch den Rhein im Westen. Donauwässer durchfließen also ganz Europa!
Die schiffbare Donau durchbricht höchst dramatisch und spektakulär mehrere große Gebirgszüge mit entsprechenden Verengungen und Stromverwirbelungen, wie man sie nur noch in den großen asiatischen Strömen oder in Südamerika wiederfindet.
Von 120 Nebenflüssen sind 34 schiffbar. Eine der eindrucksvollsten Passagen ist die 117 Kilometer lange Schlucht des "Eisernen Tores". Diese bildete lange Zeit ein gewaltiges Haupthindernis für jegliche Schiffahrt. Hunderte Havarien sind hier historisch belegt. Bis zur ersten Regulierung des sogenannten "SIP-Kanals" 1896, betrug die Wassergeschwindigkeit 18 km/h, das sind vier bis fünf Meter pro Sekunde.
Der "Djerdap-Staudamm", im Westen mehr als "Eisernes Tor" bekannt, zwischen Rumänien und dem ehemaligen Jugoslawien, wurde erst 1972 endgültig fertig gestellt und staut die Donau bis zirka 36 Meter hoch auf, über nahezu alle gefürchteten Klippen und Hindernisse hinweg. Der Stau reicht durch die ganze Schlucht und ist noch 200 Kilometer weit flußauf spürbar.
Der mächtige Damm wurde von 5.000 Arbeitern in 48 Millionen Arbeitsstunden errichtet. Er verschlang damals 440 Millionen Dollar. Das eingegliederte Kraftwerk erzeugt insgesamt 2.100 Megawatt, das sind 11 Milliarden Kilowatt. Die elektronisch gesteuerten Schleusen sind 310 Meter lang und 34 Meter breit. In ihnen findet ein Zugschiff mitsamt 9 Schleppkähnen von je 1.200 Tonnen Platz. In zwei Doppelkammern sinken die Schiffsverbände 36 Meter zum Unterlauf der Donau.
Über 20.000 Menschen mußten umgesiedelt werden, weil viele Ortschaften "untergestaut" wurden.
Im Unterlauf sind teils riesige Überschwemmungszonen mit gewaltigen Auendschungeln entstanden. Hier im Delta befinden sich einzigartige Ökosysteme und biologische Kreisläufe, welche heute im höchsten Maße bedroht sind. Die Tier- und Pflanzenwelt ist atemberaubend vielfältig.

Fünf Vogelzugstrassen führen durch das Donaudelta, über Europa nach Asien und Afrika. Pelikane, Störche, Reiher, Löffler, Komorane, Eulen oder Adler, um nur einige der 300 hier lebenden Vogelarten zu nennen, können hier in ihrer natürlichen Umgebung beobachtet werden. Ebenso findet man hier Otter, Wildschweine und Füchse. Sogar Wildkatzen und Wölfe sind hier beheimatet. Im Mündungsgebiet leben mehr als 90 Fischarten. Darunter befinden sich auch Hausen, Stör und Sternhausen. Kaviarlieferanten, die aus dem Schwarzen Meer in die Donau wandern, um den Roggen abzulegen.
Das Biosphären-Reservat Donaudelta beherbergt mehr als 3400 Arten Wirbeltiere und Wirbellose. Die Insekten stellen die zahlreichste Gruppe: 2224 Arten. Bei der letzten Zählung haben Spezialisten fast 5000 Flora- und Faunaarten identifiziert, darunter 19 Arten, die der Wissenschaft noch nicht bekannt waren und erstmals beschrieben wurden.
Hier, in diesem Paradies bahnt sich die Donau durch ein riesiges Netz von 3 Haupt- und gut 25 größeren Nebenarmen ihren Weg zum Schwarzen Meer und schafft dabei auf rumänischer Seite ein 580.000 ha. großes Labyrinth aus Kanälen und Inseln, Binnenseen und Lagunen, Sümpfen, Urwäldern und Dünen. Die fast kompakte Schilffläche von 180.000 ha wird als die Grösste der Welt angesehen.
Nur per Boot und in Begleitung eines ortskundigen Führers oder perfekten Kartenmaterials, sowie einer speziellen Bewilligung läßt sich dieses, in großen Teilen als UNESCO-Schutzgebiet erklärte Feuchtgebiet, erkunden.
Pro Jahr werden etwa 8,2 Millionen Tonnen Geschiebe und Schlamm ins Schwarze Meer hinaus befördert. Allein der mittlere Sulina-Arm wächst pro Jahr zirka 80 Meter weit ins überaus flache Meer hinaus. Er muß ohne Unterbrechung, Tag und Nacht für die Großschiffahrt freigebaggert werden.
Der Kilians-Arm im Norden an der ukrainischen Grenze, führt zirka 66% des Donauwassers über 20 Mündungsarme ins Meer. Der 121 Kilometer lange St.Georgs-Arm führt 28% des Wasservolumens durch 5 größere Mündungen ins Meer. Und der begradigte Sulina-Arm ist 101 Kilometer lang. Er führt nur 6% des Wassers bei einer ausgebaggerten Mindesttiefe von 7,5 Meter ab. Hier verläuft auch die offizielle Schiffahrt.
Bei Cernovoda wurde im Mai 1984 der Kanaldurchstich von der Donau bis zum Schwarzen Meer der offiziellen Schiffahrt übergeben. Je eine Schleuse am Beginn und am Ende regulieren den nötigen Wasserstand. Die Durchfahrtshöhe für Boote mit gestellten Mast beträgt 17 Meter. Lotsen sind obligatorisch. Auch für motorisierte Kleinboote. Die Kosten variieren nach Bootsgröße, Motorstärke und Verhandlungsgeschick. Je nach Motorstärke benötigt man für die Durchfahrt zwischen 6 und 8 Stunden. Nach 65 Kilometern kommt man in Constanta am Schwarzen Meer, im Handelshafen an. Der kleinere Sportboothafen "Port Tomis" liegt ein wenig nördlicher.
Größere Hochsee-Einheiten fahren bis Galatz und Braila die Donau hinauf. Seeschiffe bis 3.000 Tonnen fahren bis zum Kilometer 1639 nach Budapest in Ungarn. Kleinere Hochseeinheiten können bis nach Komarnov fahren und dies sogar teilweise noch im

Herbst bei Niedrigwasser. Sogar eine Regensburger Reederei hatte für einen kleinen Hochseefrachter die Genehmigung, mußte aber aus wirtschaftlichen Gründen aufgeben.

Ab Kelheim in Deutschland gilt die Donau flußab als internationale Schiffahrtsstraße mit allen dazugehörigen Verkehrsregeln. Für die freie Durchreise garantieren alle Anrainerstaaten des Stromes. Sie alle haben sich im internationalen "Donau-Vertrag" dazu verpflichtet. Nur das ehemalige Jugoslawien nimmt derzeit noch eine unangenehme Sonderstellung ein.
In allen Donau-Staaten gilt bei der Einreise selbstverständlich, ebenso wie beim Grenzübertritt mit dem Auto, daß man sich zwingend bei folgenden Ämtern meldet:

1. **Emigration** (Paßkontrolle)
2. **Zoll**
3. **Hafenamt** (Capitania)

Diese drei Ämter beim Ein- oder Ausklarieren aufzusuchen, ist auch in der allgemeinen Seefahrt weltweit üblich.
Über die jeweiligen, aktuellen Visabestimmungen gibt sicher jedes amtliche Reisebüro oder die Landesvertretungen erschöpfend Auskunft.
Für das ehemalige Jugoslawien war es bei meiner Reise erforderlich, schon vor Grenzübertritt das nötige Visum zu besorgen. Hierbei empfehle ich, dies erst in Budapest zu tun, da das Transitvisa für Jugoslawien nur ein Monat Gültigkeit hat und man nicht vorhersehen kann, welche Verzögerungen auf dieser langen Reise auftreten (Jugoslawisches Konsulat Budapest: 0036/1/3229838). Die Kosten bewegen sich bei cirka 70,- DM.
Für die Reise durch Rumänien benötigte ich 2000 ebenfalls ein Visa, welches mich auch 70,- DM kostete. Mittlerweile sind die Bestimmungen gelockert und man kann Rumänien ohne Visa bereisen. Die Slowakei, Ungarn und Bulgarien verlangen ebenso kein Visum, jedoch einen gültigen Reisepaß.
Auch die Motorbootabteilung beim ADAC oder der DSV geben Merkblätter für Reisen auf Flüssen und Kanälen, sowie für den Urlaub am Meer heraus.
Man sollte folgende Dokumente sowohl in Original, als auch ausreichend Kopien davon mitführen:

1. **Reisepaß**
2. **Fahrerlaubnis** oder **Sportbootführerschein**
3. **Internationaler Bootsschein** oder **Flaggenzertifikat** - Gilt als international anerkannter Eigentumsnachweis.
4. **Passagierliste** - Sie ist neben den Reisepässen das wichtigste Dokument und muß die Daten des Reisepasses aller an Bord befindlichen

Personen und die kompletten Schiffsdaten enthalten. Das Original wird an jedem Grenzübertritt abgestempelt.

5. **Hafenrapport** - Ein Dokument, welches sowohl die Ankunft als auch die Abfahrt des Schiffes bei den jeweiligen Häfen dokumentiert und die gleichen Daten wie die Passagierliste enthält.
Auf meiner Reise wurde der Rapport nur beim "Eisernen Tor" verlangt, bei den restlichen Kontrollen reichten die Kopien der Passagierliste aus.

6. **Inventarliste** - Sie soll die Daten des Schiffes, des Motors und der technischen Ausrüstung enthalten, aber nicht zu ausführlich sein. Eine zu genaue Liste macht nur neugierig und sie sollte auch nur nach Aufforderung herausgerückt werden.

7. **Lebensmittelliste** oder **Proviantbuch** - Ich erstellte eine Liste, die aber an Korrektheit zu wünschen übrig ließ. Alkoholische Getränke, Tee, Kaffee und Zigaretten sollten aber richtig vermerkt sein.

8. **Betriebsmittelliste** - Sie beinhaltet Diesel, Benzin, Motoröl, Frostschutzmittel und Ähnliches. Ich hatte sie im Proviantbuch integriert.

9. **Devisenliste** - Hier sind alle an Bord befindlichen Geldwerte aufzuführen. Nicht ordnungsgemäß deklariertes Geld könnte bei der Ausreise konfisziert werden. Sie wurde von mir nur im ehemaligen Jugoslawien verlangt.

10. **Signalmittel** - jeglicher Art sind ebenfalls anzugeben und sie zu besitzen ist unbedingte Pflicht, wenn man ins Schwarze Meer ausfahren will. Nur vollständig ausgerüstete und seetüchtige Schiffe dürfen in Sulina oder Konstanta auslaufen.

11. **Schiffsstempel** - Ihn zu besitzen erleichtert so manchen Eintrag bei den Hafenämtern und verleiht den Reisenden eine gewisse Art der Seriosität.

Bei diversen Verständigungsschwierigkeiten ist ein Log- oder Tagebuch von großen Nutzen. Außer im ehemaligen Jugoslawien wird man kaum auf Probleme treffen, im Allgemeinen hat man sämtliche Ämter relativ rasch erledigt.
Bei Regen, Wind oder Streßsituationen war mir eine wasserdichte Mappe für all meine Dokumente und Listen von großem Vorteil. Nur zu schnell kann ein loses Blatt Papier entweichen.
Neben all den oben angeführten Dingen, darf man das Wichtigste niemals zu Hause vergessen: Geduld, Höflichkeit und Gastfreundschaft.
Die meisten Donaufahrer erzählen nur von Problemen mit den östlichen Behörden, die aus Ungeduld oder unhöflichen Verhalten resultieren. Auch wenn das Umfeld der Beamten

oftmals ärmlich oder schäbig aussehen mag, so möchten sie trotzdem mit dem nötigen Respekt behandelt werden. Manchmal wird auch der Vorgang des Ein- oder Ausklarierens in die Länge gezogen, um die Wichtigkeit des Vorganges zu unterstreichen. Dabei geht es natürlich auch um die Berufsehre des jeweiligen Beamten.
Auch wird es für viele ein wenig gewöhnungsbedürftig sein, wenn Beamte ohne zu fragen an Bord kommen und es sich hier mit schweren Schuhen bequem machen. Jeder sollte darauf vorbereitet sein und der Situation mit Gastfreundschaft entgegen treten. Bei einem gemeinsamen Getränk und so mancher Packung westlicher Zigaretten sind die Vorgänge im Allgemeinen schnell erledigt. Außerdem fördert dies auch einen harmonischen Ablauf der Revisionsgespräche.
Mangels spezieller Regelungen für Sportboote werden wir also wie die Kapitäne der Großschiffahrt behandelt. Genau das sollte uns zum Nachdenken veranlassen, da dies auch den Respekt uns gegenüber zeigt.
Wir dürfen niemals vergessen, daß wir reisen um Neues und Anderes zu erkunden. Und eben diesem Neuen und Anderen müssen wir höflich, respektvoll und gastfreundlich gegenüber treten.
Der Donaustrom ist im allgemeinen sehr gut mit Verkehrszeichen aller Art ausgestattet und mit laufenden Kilometertafeln versehen. Die Verkehrsregelung ist in der Regel auf die Berufsschiffahrt ausgerichtet. Die letzten etwa 150 Kilometer vor dem Schwarzen Meer sind für die Hochseeriesen in Seemeilen ausgeschildert.
Es ist sicher für den Kleinbootfahrer ratsam, sich mindestens einige wichtige Fahrtregeln anzueignen. Ein Punkt sollte hier besonders erwähnt werden. Im schnell strömenden Oberlauf des Stromes sind insbesondere die Schleppeinheiten der Berufsschiffahrt nur beschränkt manövrierfähig. Ein solcher, talfahrender Verband kann nun mal nicht bremsen wie ein Auto auf der Straße. Das darf NIE vergessen werden! Grundsätzlich sollte das eigene Fahrverhalten für alle anderen Verkehrsteilnehmer möglichst frühzeitig und eindeutig erkennbar sein.
Aus diesen Gründen der verminderten Manövrierfähigkeit hat auch der talfahrende Verband, oder Frachter absolute Vorfahrt. Nicht etwa nur die Tankschiffe welche den blauen Kegel für gefährliche Güter im Top zeigen. Der talfahrende Verband wird immer auf der freien Strecke den Außenbogen in engen, stark strömenden Gewässern benützen. Auch, um hier Treibstoff zu sparen. Es sei denn, eine spezielle Beschilderung kurz vor Häfen, Brücken, Schleusen und ähnliches, hebt diese Regelung örtlich wieder auf.
Die bergwärts fahrenden Frachtschiffe tasten sich hingegen immer im Innenbogen, sehr knapp an den Bojen und Kiesbänken, sowie den Buhnenaufschüttungen entlang. Diese fast schrammend. Auch, um ebenfalls in der verminderten Strömung teuren Treibstoff zu sparen. Die langsameren Bergfahrer lassen also selbst dem kleinsten talfahrenden Sportboot kaum noch Platz, falls er sich auf der "falschen" Seite befinden sollte. Und schon gar nicht einem tiefergehenden Kielsegelboot. Folglich ist allen talfahrenden

Kleinbootkapitänen dringend zu raten, nicht etwa wie auf der Straße stur rechts zu fahren (außer bei Rechtsfahrgebot mit entsprechender Beschilderung), sondern, ebenfalls wie die Großen, möglichst mit dem leicht gekräuselten Strömungszopf, jeweils im Außenbogen der Flußkrümmungen zu steuern. Selbst wenn man dabei des öfteren die Seite wechseln muß. Im Gegenteil, je früher man dies macht, um so weiter sieht man selbst die nächste Kurve ein. Und um so früher wird auch das eigene Boot von anderen gesehen. Eine höchst wichtige Regelung also.

Später im Unterlauf kann man diese Regelung fast vergessen. Dann fährt man buchstäblich selbst freiwillig an die Großen heran, um wenigstens deren aufgemalte Schiffsnamen, oder deren Nationalität und Heimathafen am Heck zu entziffern. Soviel Platz ist dann auf dem Strom. Ein Flaggenbuch der Nationen erbringt freudige Überraschungen.

Hier kümmerte ich mich auch um die teils gewaltigen Hochseeriesen kaum noch. Ihre Bugwellen sind lang und weich.

Im Oberlauf ist besonders darauf zu achten, innerhalb der Betonnung zu bleiben, um nicht bei höherem Wasserstand auf trübe überspülte Buhnendämme zu laufen. In deren groben Blockwerk könnte eine schöne Traumreise schnell ihr Ende finden.

Auch muß sehr genau und überall, auch hinter den Begrenzungsbojen, auf die Fischernetze geachtet werden. Die Fischer benützen aus Geldmangel oft nur angeknüpfte Plastikkanister als Netzbojen. Diese sind gerade bei höheren Wasserstand kaum zu erkennen, wenn man gegen Abend aus dem Strom schwenken will, auf der Suche nach einem sicheren Ankerplatz für die Nacht. Zudem werden die Kanister bei steigendem Hochwasser von der Strömung unter Wasser gedrückt, nur noch erkennbar an einem flachen, weichen Buckel an der Oberfläche. Also, den Ankerplatz für die Nacht früh genug aufsuchen. Nachtfahrten würde ich grundsätzlich der robusteren Berufsschiffahrt überlassen.

Die Durchfahrtshöhe unter den Brücken dürfte nahezu immer etwa 7 Meter betragen. So kann also eine kleinere Segeljolle jederzeit mit aufgestellten Mast bis zum Delta fahren. Und sei es auch, wenn mal mit etwas künstlicher Krängung eine Brücke passiert werden muß. Bei größeren Segelbooten gibt es kein Durchkommen und es muß mit gelegtem Mast gefahren werden. Wenn nun das Hochwasser ein gewisses Limit überschritten hat, dann sind ohnehin alle Brückendurchfahrten gesperrt. Auch für Kleinbootfahrer. Über solche Hindernisse und Situationen geben gerne alle Hafenämter Auskunft.

Ein Echolot ist Schiffen mit größeren Tiefgang bei der Talfahrt sehr nützlich. Aber sein ständiger Alarm macht übernervös. Und wenn es nicht wirklich genau eingestellt ist, hat es wenig Wert. Die äußerst genaue Beobachtung der Oberflächenstruktur des Wassers, besonders am Strudelzopf entlang, sowie die aufmerksame Beobachtung aller Seezeichen, ist aber viel wichtiger. Wenn man abends einen Ankerplatz aufsuchen will, ist eine Latte oder ein genau eingestelltes Echolot unentbehrlich, um in der undurchsichtigen und trüben Brühe der Strömung hinter die Inseln zu steuern. Im Fahrwasser sieht man den Grund im Sommer selbst in 60 Zentimeter Tiefe kaum.

Gerade ab dem "Eisernen Tor" ist man auch auf gutes Kartenmaterial angewiesen. Ich selbst machte die besten Erfahrungen mit dem Sortiment des Kartographen Pierre Verberght (Tel.Nr.: 0032/36/470285), welches ich für unerlässig halte.
Sehr unterschiedlich sind die Ankergründe. Im größeren Gefälle des schnell fließenden Oberlaufs hält bei sehr groben Geröllkies ein schwerer Pflugscharanker sehr gut. Später, im Lee von Inseln oder Seitennischen am mittleren Strom, ist sicher ein Platten- oder Bügelanker angebrachter. Hier finden sich dann auch die wunderbarsten Ankerplätze.
Insgesamt sollte man unbedingt mindestens 3 Anker mit ausreichender Kette oder Trosse dabei haben. Es könnte zu leicht einer verloren gehen. Das reichlich dimensionierte Ankergeschirr sollte auf keinen Fall zu kurz geraten.
Ankern sollte man immer möglichst knapp außerhalb des Strömungszopfes, oder schräg hinter dem Lee einer Insel. Der Strömungszopf ist zugleich auch jene feine Linie, auf der die meisten vom Sturm umgerissenen oder komplett entwurzelten Bäume daherschwimmen. Sehr oft auch mit dem gesamten, höchst sperrigen Wurzelteller. Da geht dann jedes Ankergeschirr mit.
Das vorgeschriebene Ankerlicht muß im Fahrwasser immer eingeschaltet sein. Anders in den Seitenarmen, wo man nicht unbedingt nächtliche Besucher anlocken möchte.
Im Oberlauf wurden zahlreiche Schleusen gebaut. Im allgemeinen kann man rasch und ohne größere Aufenthalte problemlos auf- und abschleusen. Die Schleusen sind mit Ampeln und Lautsprecher ausgerüstet. Sportboote werden immer hinter der einlaufenden Berufsschiffahrt eingewiesen. In den Schleusenkammern sind an der einen Seite versenkte Poller und Eisenleitern eingelassen, an denen man sich gut in die Tiefe fädeln kann. An der gegenüberliegenden Seite ist jede Kammer mit Schwimmpollern bestückt, welche den Vorgang wesentlich vereinfachen, aber oftmals von den großen Schiffen beansprucht werden. Im "Eisernen Tor" findet man an beiden Seiten der Kammer Schwimmpoller. Ein Funkgerät beim Anlaufen und für die weitere Verständigung ist in allen Schleusen sehr hilfreich.
Teils sehr schwierig und oft auch umständlich ist oft das Anlegen und Festmachen vor dem jeweiligen Ämtern, oder allgemein in östlichen Ländern. Man ist am Mittel- und Unterlauf nirgends auf kleine, zerbrechliche Sportboote vorbereitet und eingerichtet. Die abenteuerlichsten Anlegepontons der Großschiffahrt müssen benützt werden. Und da ist man auch schnell im Wege. Das Ganze also meist auch noch unter Zeitdruck. Manchmal bleibt lediglich, im Lee hinter dem Ponton, direkt neben den Stahlseilverspannungen ein höchst unruhiges Plätzchen. Man kann also gar nicht genügend Fender, verschiedene Reifen und stabile Fenderbretter mit dabei haben.
Mit Ausnahme von Österreich haben alle Donauländer einen wesentlich niedrigeren Lebensstandard als wir hier in den westlichen Ländern. Insbersondere Rumänien und Bulgarien liegen mit dem ungeheuer herabgewirtschafteten Lebensniveau derart tief, wie vergleichbar nur noch wenige Länder in Afrika oder Asien. Wie sich in nächster Zukunft die Lage in dem ausgelaugten Jugoslawien entwickeln wird, das ist nicht mal zu erahnen. Dies darf keinesfalls vergessen werden.

Es ist geradezu als Selbstschutz notwendig, nicht als erfolgreicher, kapitalistischer Krösus aufzutreten und die Sitten der jeweiligen Länder zu beleidigen. Sowohl im Verhalten, als auch in der Kleidung, oder gar im unpassenden Weglassen derselbigen.
Ein Tourenboot ist selbstverständlich automatisch Anziehungspunkt vieler ungelebter Träume und auch Begehrlichkeiten. Letztere sollte man zumindest nicht durch eigenes Verhalten zusätzlich provozieren. Auch darf man nicht vergessen, daß in all diesen Ländern ungeheuer viele Waffen in privatem Besitz sind.
Die allerwenigsten Probleme werden sicher jene Tourenfahrer haben, die sich als aktive Selbstbauer des eigenen Bootes zu erkennen geben können. Etwa mit zufällig auf dem Tisch liegender Fotomappe, sowie einigen Bildern von verschiedenen Bauphasen im Kajüt. Sie genießen sicher den höchstmöglichen Respekt bei allen. Sowohl beim Fischer, als auch beim Berufsskipper, ebenso wie bei Beamten, welche lebenslänglich mit Schiffen zu tun haben.
In allen östlichen Ländern sind die Menschen tagtäglich zu den abenteuerlichsten Improvisationen gezwungen, um sich selbst das Allernötigste zu basteln, oder zu organisieren. Sprich, vom Staat mitgehen zu lassen. Dieser Umstand prägt auch die Einstellung gegenüber dem Westtouristen. Wenn jemand mit einem kapitalistischen Glitzerding anrückt und sich unter seiner nagelneuen Kapitänsmütze auch noch wie das Abziehbild eines gemachten Kapitalisten benimmt, dann spätestens werden sicher unweigerlich alle östlichen Vorurteile wachgerufen. Dem westlichen Bonzen ergeht es dann plötzlich ebenso wie den ehemaligen östlichen Bonzen. Er wird schlicht boykottiert und man klaut ihm alles, was nicht niet und nagelfest ist. Schließlich gab und gibt es Parteibonzen genug in den Ostländern. Und, deren Privilegien sind geradezu unglaublich. Die Bevölkerung hielt und hält sich noch immer solche Leute, mittels ungeheuer weit fortgeschrittener, sozialer Verteidigung und Verweigerung, vom Leibe.
Es liegt sicher sehr viel an uns selbst, wie wir unterwegs behandelt werden möchten. An unserem Verhalten werden wir gemessen, ob wir schließlich als Fremdkörper abgelehnt werden, oder als Freund akzeptiert und angesehen werden. Das Gespür für die feinen Unterschiede des Verhaltens ist überall in den Ostländern sehr gut ausgebildet.
Nichts bleibt so wie es ist und nichts ist so, wie man es sich vorstellt. So auch hier nicht. Dieses Thema kann also nicht ausgeklammert werden.
Es hat inzwischen in sämtlichen Ostländern gewaltige Umbrüche gegeben. Mit ungeheuren inneren Erschütterungen der Werte und der Orientierung. Kaum eines dieser Länder wird sich heute noch gerne kommunistisch nennen wollen. Der allzubekannte Nachgeschmack ist etwas zu bitter gewesen. Jedoch ist dieser Begriff immer noch offen. Im östlichen Staatskapitalismus gab es die kapitalistischten Kapitalisten, mit ausgesprochen totalitären Ansprüchen, die man sich nur vorstellen kann. Nebenbei mit vielen, gut gefüllten Bankkonten. Diese Leute sind zur Zeit lediglich etwas vorsichtiger geworden und ein klein wenig abgetaucht. Gleichwohl sind sie in ihrer momentanen Warteposition noch indirekt

reichlich aktiv. Sie existieren also noch, mitsamt den zur Seite gerafften Werten, für die einmal die Gesamtbevölkerung nahezu ohne Gegenwert reichlich schuften mußten.
Der aktive Ausverkauf dieser Länder wird weiterhin betrieben und die große Gefahr besteht, daß radikale Strömungen gezielt gefördert werden. Um die Bevölkerung abzulenken oder weiterhin ungeniert mißbrauchen zu können.
Der Jugoslawienkonflikt ist nur ein Beispiel in dieser schwierigen, fast gesetzlosen Situation. Hier wurden zutiefst reichende Wunden aufgerissen. Geradezu Unsagbares war geschehen. Es wird Generationen brauchen, um auch nur halbwegs eine Heilung der bestehenden Verhältnisse in diesem höchst unterschiedlichen Vielvölkergemisch zu erreichen.
Mit allergrößten Mühen werden sich sämtliche Oststaaten weiterhin höchst unterschiedlich entwickeln. Während zu befürchten ist, daß die satten Westländer damit beschäftigt sind, blind ihre eigene demokratische Basis an überbordenen Kommerz zu verschachern.
Trotzdem hat sich auch im positiven Sinne ungeheuer viel bewegt. Fast alle östlichen Länder haben ihre Türen gegenüber der übrigen Welt sehr weit geöffnet. Nahezu überall sind ungeahnte, erhebliche Reiseerleichterungen eingeführt worden. In einer Art und einem Ausmaß, wie man es sich niemals hätte erträumen können.
Fast hätte ich es als zu selbstverständlich vergessen. Sogar die Grenzbollwerke innerhalb unseres eigenen Landes sind inzwischen wunderbar friedlich abgeschafft worden. Fast unglaublich.
Leider wurde bei uns zu lange der riesige Fehler gemacht, die Ostländer als den Ostblock und somit als gewaltige Bedrohung zu betrachten. Diesen Ostblock gibt es nicht mehr und hatte es so niemals gegeben. Schon gar nicht mit jener gleichgeschalteter, homogener Ideologie wie man sich das bei uns vorstellte. Alle Ostländer unterscheiden sich sehr und jedes kämpft für sich um die eigene Souveränität. Man beleidigt genau diese Souveränität, wenn man die einzelnen Länder als Blockstaaten anspricht. Durch diese Ansprache wird der ohnehin bittere Nachgeschmack ihrer Einwohner nochmals um eine Spur bitterer. Mehr unterscheidende Sensibilität und echte Aufmerksamkeit wäre dringend angebracht. Und eigene Offenheit. Allein durch die Bereitschaft zu differenzieren, öffnet man sich im wahrsten Sinne Tür und Tor, sowie die Herzen aller. Selbst das des vermeintlich zähesten Beamten.
Außerdem sei daran erinnert, daß durch unsere Offenheit dem Gegenüber ein klein wenig von seiner Befangenheit genommen werden kann. Schließlich war es eine höchst einschneidende Erfahrung der Ostvölker, von uns im letzten Krieg überfallen worden zu sein. Befangenheit ist also durchaus berechtigt vorhanden und zusätzlich reichlich Mißtrauen. Wäre es ein Wunder?
Diese Befangenheit aufzulösen, kann durchaus auch edles Ziel innerhalb einer Reise sein oder werden. Es baut zudem sicher auch eigene Ängste ab. So kann man Brücken schlagen zwischen Völkern, wenn man es nur schafft, ein wenig über den Schatten eigener Vorurteile zu springen.

Individuelles Reisen in eigener Regie und Planung ist sicher überall gleichermaßen interessant. Dies gilt ganz sicher auch für alle Ostländer und diese Staaten öffnen sich zunehmend.
Auch die Freiheit des Reisens und während einer Reise, muß man sich schon heraus nehmen und sachte erschließen. Sie fällt uns nicht von alleine zu und sie muß immer von uns selbst, aus unserem innersten Wesen kommen. Sonst bleiben nur allzuschnell bloß noch alleine die Freiheit der Gedanken übrig, oder Phrasen. Jegliche Freiheit zu verlieren, dies kann uns auch in der Sicherheit zu Hause, nur zu schnell passieren.

Tatsächlich gibt es heute auf unserem eng gewordenen, höchst empfindlichen Planeten eigentlich nur mehr Nachbarn, mit sehr vielen, ganz ähnlich gelagerten, gemeinsamen Grundproblemen.

Nun denn: Reisen wir nun als Freund und Brückenbauer...

Quellennachweis: Toni Müller, Tiefenbach

Technische Daten ΧΡΨΣΟ ΨΑΡΟ ("Goldfisch")

Kanadischer Werftbau	
Baujahr	1989
Rumpf	Ferrocement/Langkiel
Aufbau	Mahagoni
Takelungsart	Ketsch / später Slup
Segelfläche	80 Qm
Länge über alles	14 m
Wasserlinie	12,30 m
Breite	3,65 m
Tiefgang	1,80 m
Gewicht	ca.15 To
Ballast	5,5 To
Maschine	MB/OM312/120 PS
Tank Diesel	2 x 200 Liter
Tank Wasser	300 Liter

Dinghi ΜΙΚΡΟ ΨΑΡΟ ("Kleiner Fisch")

Material	GFK / Mahagoni
Motor	A.B.MAC / 3 PS

Diverse Eckdaten der Reise

• Reisedauer	130 Tage
• Zurückgelegte Strecke	3.688 km
• Schleusen	73
• Dieselverbrauch	ca. 1130 Liter

Staaten an der Strecke

- Deutschland
- Österreich
- Slowakei
- Ungarn
- Serbien
- Kroatien
- Rumänien
- Bulgarien
- Ukraine

Überwundener Höhenunterschied

• Münster / DEK / RHK:	44 Meter zu Tal
• Rhein / Main / MDK:	388 Meter zu Berg
• MDK / Donau / Sulina:	390 Meter zu Tal
Gesamt:	842 Meter

Defekte

- 1 Keilriemen
- 1 Verbraucherbattarie
- 2 Bilgenpumpen
- Dieselheizung

Schäden

- 1 Klampe am Beiboot und 1 Stütze der Holzreling (Hafenmanöver SMCH Hitdorf)
- diverse Beschädigungen am Masttop und am Beiboot (Schleusen Offenbach und Ditfurth)
- im rumänischen Winterlager unzählige Beschädigungen am Schiff, Dinghi und an den Masten

Verwendetes Kartenmaterial

- "Rhein 1" und "Rhein 2" - DSV-Verlag
- "Main" - DSV-Verlag
- "MDK" - DSV-Verlag
- "Donauhandbuch 1 und 2" - DSV-Verlag
- "Donau 1" bis "Donau 10" - Pierre Verberght (Tel.: 0032/36/470285)

Danke

Zuerst war es nur eine Idee, später reifte eben diese zu einem Plan der ungeheuerliche Ausmaße annahm und schlußendlich dann auch in die Tat umgesetzt wurde. Daraus folgte ein Abenteuer besonderer Art, welches mich in der ersten Etappe fast 4000 Kilometer durch neun Staaten Europas führte.

Es wird immer wieder Leute geben, die neue Ideen hervorbringen, aber leider bereits bei der Umsetzung scheitern, da sie nicht ausreichend unterstützt werden. Wir waren jedoch glücklicherweise in der Situation, daß uns insgesamt zwölf hochkarätige Unternehmen unter die Arme griffen, um das Projekt der "Euro-Tour 2000" überhaupt starten zu können. Für diese Hilfe und den Glauben an unser Konzept möchte ich mich bei den folgenden Firmen und deren leitenden Angestellten herzlichst bedanken.

Bei den Renovierungsarbeiten an der "Goldfisch" und den Vorbereitungen der Reise wuchs uns die Arbeit oft sprichwörtlich über den Kopf. Aber es gab eine Reihe von Freunden, die uns in dieser Zeit tatkräftig unterstützten und uns dazu verhalfen, unserem Traum näher zu kommen.
Den nachfolgenden Personen schulde ich dafür großen Dank: Luzia Heitbrink, Walter Heitbrink, Mark Heitbrink, Jan Deckert, Matthias Oetting, Alex Schmüling, Peer Lütteke, Ludgera Voß, Rainer Wyen, Peter Mayer, Kagan Erol, Thorsten Richter, Margarita Temming, Claudia Daake, Kerstin Pagel, Dietmar Resing, Martin Thüsing, Max Müller.

Ein großes Danke geht auch an Dörte's Chef, Thomas Zander und das Team vom Werbe-Atelier, die es ihr möglich gemacht haben, diesen langen Urlaub zu bekommen und zu genießen.

Einen weiteren Dank muß ich meinen bestehenden und neugewonnenen Freunden an der Strecke, sowie all den hilfreichen Händen entlang der Route aussprechen.
Die beiden Beamten der Wasserschutzpolizei, die uns mit ihrem Schiff nachts sicher zum Stadthafen Essen eskortierten und uns ausnahmsweise gestatteten, dort die Nacht zu verbringen.
Xaver, Reiner und den anderen Mitgliedern des Würzburger Yachtclubs, die uns sofort mit Rat, Tat und Material hilfreich zur Seite standen.
Die Vorstände des Sportboothafen Miltenberg und des Motorsportclub Coburg, die beide kurzerhand mit dem eigenen Auto Diesel für die "Goldfisch" besorgten.
Toni der Segler und Autor, Fritz, Hermann, Rupert und all die anderen, welche uns einige unvergeßliche Tage in Gaishofen bereiteten.
Hermann, Kapitän der "Amadeus", dessen Tips für die Donau die ersten wirklich Verwendbaren waren und dem wir die eine oder andere feuchte Stunde zu verdanken haben.
Eva, Annamaria, Doris, Sandra, Monika, Thomas und Isabella mit ihrem Sohn und Alfatah, mein längster Freund Michael und einige andere haben uns in Wien wieder einmal so richtig wohl fühlen lassen.
Freddy, der uns kurzerhand 20 Kanister für Wasser und Diesel kostenlos besorgte.
Vladimir zeigte uns Bratislava, half uns beim Einkauf und karrte all unsere gebunkerten Dinge zum Schiff.
Milan, der Betreiber des Restaurants im Hafen von Bratislava half mit seiner starken Wasserpumpe und machte auch die drei Wochen Aufenthalt mehr als angenehm.
Brigitte und Peter, die Dörte mit ihrem Boot nach Wien mitnahmen.
Walter und Gabi, mit denen ich so manchen Abend verbrachte.
Josef und Sonja, Igor, Stephan, Peter und Frantischek, die mich von einem zum anderen reichten und mir viele angenehme Stunden bescherten.
Uwe, der mich ein Stück mit seinem Boot begleitete.

Peter, der zur Bewachung der "Goldfisch" abgestellte Soldat, der mir die Wartezeit am Grenzponton in Bezdan angenehmer machte.
Pierre der Kartograph aus Belgien, der mich in Novi Sad besuchte, mir Tips und Tricks verriet und von dem mein wirklich ausgezeichnetes Kartenmaterial stammt.
Die Besatzung der "Donaustar 3", die mich aufnahm, bewirtete und mit deren Hilfe ich Novi Sad durchquerte.
Der Lotse von der "Donaustar 3", welcher mir die Feinheiten des oftmals wechselnden Fahrwassers im Unterlauf der Donau erklärte.
Charly, der freundliche Belgrader, der mir oft Gesellschaft leistete und mir Belgrad und seine Bevölkerung näher brachte.
Branko, Andre, Nicola und Micky halfen mir bei den Behörden in Belgrad.
Goran, der Hotelbesitzer bewirtete mich einige Tage auf seiner Anlage.
Die Maler, welche mich in die Kirche mitnahmen und zu interessanten Gesprächen verhalfen.
Boris, der mir half, auf einem der schönsten Ankerplätze in Serbien meinen Kummer zu ertränken.
Edmund, Josef und Blago der Kapitän der "Serah" zeigten mir die Stadt Orsowa, bewirteten mich und ließen diesen Aufenthalt zu einem wunderbaren Ereignis werden. Ihre zusätzlichen Vermerke in meinen Donaukarten halfen mir, oft den richtigen Weg durch die Inseln zu finden.
Stefan und Marian, die mich wie ein Familienmitglied aufnahmen, sich um alle meine Bedürfnisse kümmerten und es möglich machten, einen sicheren Platz für die "Goldfisch" bereitzustellen.
Emil aus Uzlina, der mich mit seinem Boot zu einem Fischerdorf im Donaudelta brachte, wo der Aussenborder repariert wurde.
Nicola machte mich mit Erivan bekannt, der dann in Sulina einige Reparaturen am Schiff vornahm.
Natürlich viele andere gute Geister und gastfreundliche Menschen entlang der Strecke, die hier nicht namentlich genannt wurden.

Der größte Dank gebührt zweifelsohne meinem stellvertretenden Kapitän, Steuermann, Matrosen, Smutje, Navigator, Meteorologen, Fotographen, Organisator, Arzt, PR-Manager, Agent, Krisenmanager, psychologischen Betreuer, u.s.w.

Viele Jobs - ein Name: Dörte, meine Lebensgefährtin.

Ohne sie, wären sowohl die Reise als auch dieses Buch niemals möglich gewesen.

Anhang

Yachthäfen, Anlege- und Ankerplätze

Hier beschreibe ich ausschließlich Plätze, an denen ich mit der "Goldfisch" die Nächte verbracht habe. Natürlich gibt es am DEK, Rhein, Main, MDK und der Donau wesentlich mehr Yachtclubs, als ich besuchen und beschreiben konnte.

Ab dem jugoslawischen Belgrad gibt es dann keine Marinas oder Clubanlagen mehr auf der Donau, aber ab dort findet man zahlreiche geschützte Ankerplätze inmitten prächtiger Natur.

Ich habe aber auch oft an diversen Schiffen festgemacht, oder an Stellen geankert welche ich nicht beschreiben möchte, da sich die Örtlichkeiten pausenlos durch den Wasserstand der Donau und dem Wetter verändern. Gerade ab dem "Eisernen Tor" trifft das im Besonderen zu.

Auch möchte ich keine Sterne vergeben, sondern nur meine eigenen Erfahrungen an den folgenden Plätzen schildern.

Ich denke aber, daß jeder Wasserreisende seine eigenen Erfahrungen machen wird und auch machen soll.

YCM Yachtclub Münster-Amelsbüren, Dortmund-Ems-Kanal-km 67,9

Tel. 0049/(0)251/784579

Kleiner, idyllische gelegener Yachthafen bei Münster-Amelsbüren. Insgesamt 16 Liegeplätze, davon 3 Gastlieger. Die Boxen 13,14 und 15 sind auch für Boote mit größerem Tiefgang geeignet. Wir konnten ohne Probleme in Box 15 festmachen. Die Betonnung ist strikt zu beachten, da sich dort eine Sandbank unter Wasser befindet. Es wird mit dem Bug zum Steg angelegt. Zum Besseren Ein- und Aussteigen stehen aber stabile Leitern zur Verfügung.

Der Yachthafen hat 1 Damen- und 1 Herrentoilette sowie eine Dusche mit soviel warmen Wasser wie man möchte. Vor dem Clubhaus befindet sich ein fest angelegter Grillplatz zur allgemeinen Nutzung. Einkaufsmöglichkeiten sind im 3 km entfernten Amelsbüren, ebenso findet man dort auch eine Apotheke, Drogeriemärkte, Eisdiele etc.. Wegen der weiten Strecke empfiehlt sich ein Fahrrad. Abends sollte man eine Taschenlampe mitnehmen, da der Weg in den Ort nur über unbeleuchtete Feldwege führt. Ab 18.00 Uhr sind die Geschäfte im Ort allerdings geschlossen.

Hafenmeister: Wilfried Horn, Liegegebühr: 1,50 DM/Meter/Tag

Strom: 3,00 DM/Tag, Dusche: 1,00 DM/Tag/Pers. (unbegrenzt Warmwasser)

Stadthafen Essen, Rhein-Herne-Kanal-km 16,9

Nur im Notfall akzeptabel. Keine vernünftige Anlegemöglichkeit.

Ruhrorter Yacht-Club, Rhein-km 781,1 RU

Tel. 0049/(0)203/82409

Im Eisenbahnhafen ruhig gelegene Marina. 5 Gastlieger, davon 1 für größere Boote. Besonderheit dieses Yachthafens sind die Thyssen-Werke, die hier deren warmes Kühlwasser wieder in den Rhein leiten. Das Hafenwasser hat das ganze Jahr eine Temperatur von 24-30°C. Am Gelände befindet sich ein Clubhaus mit Bewirtung. Sowohl in der Damen- als auch in der Herrentoilette gibt es je eine Dusche.

Die Umgebung des Hafens ist nicht so berauschend, aber man liegt sehr ruhig, ohne Sog oder Schwell. Einkaufsmöglichkeiten in Duisburg-Ruhrort, ca. 10 Min. Fußweg. Mit der Straßenbahn fährt man 20 Min. bis zur Innenstadt.

Liegegebühr: 2,00 DM/Meter/Tag, Strom: incl. (Heizen und Kochen mit Strom nicht gestattet), Dusche: 2,00 DM/Tag/Pers. (unbegrenzt Warmwasser)

Marina Düsseldorf, Rhein-km 743,1 RU

Tel. 0049/(0)211/394369

Die Einfahrt gestaltet sich durch die zahlreichen Berufsschiffe äusserst schwierig.

6-8 Gastliegeplätze für Boote jeder Größe. Dieser Hafen befindet sich im Zollhafen, direkt unterhalb des "Zollhofs Düsseldorf", gebaut vom Architekten Gehri. Weiß, silber und rot leuchten diese schief wirkende Gebäude dem in den Hafen Einfahrenden entgegen. Da dieser Zollhof neu gebaut wurde, mußte das alte Clubhaus mit den Waschanlagen weichen. Bei unserem Besuch gab es dort nur ein Provisorium, welches aus einem Container mit einer Toilette und einer Dusche bestand. Diese sanitären Einrichtungen waren allerdings in gutem Zustand. Zusätzlich gibt es eine Waschmaschine und einen Trockner. Nachteil ist allerdings, daß man gute 5 Min. laufen muß, um dorthin zu gelangen. Wegen der noch bestehenden Baustelle muß man um die neuen Gebäude herumlaufen.

Einkaufsmöglichkeiten direkt in Düsseldorf, denn der Hafen liegt mitten in der Stadt. Zeit bis zur Innenstadt ca. 20 Min.

Liegegebühren: 2,05 DM/Meter/Tag,

Strom: 5,00 DM/Tag, Dusche: 2,00 DM/Tag/Pers.

Hier wird auf Liegegebühren und Strom Mehrwertsteuer berechnet!!!

SMC Hitdorf, Rhein-km 707,0 RU

Tel. 0049/(0)2173/41694

Kurz vor Leverkusen liegen auf der linken Seite des Hafenbeckens eine ganze Reihe Steganlagen hintereinander. Man weiß erst wo man gelandet ist, wenn man sich anmeldet. Durch die Menge der Stege bedingt, gibt es auch eine ganze Menge Liegeplätze für Gäste. Der Segel-Motor-Club Hitdorf bietet insgesamt 8 Liegeplätze, davon ein Gastlieger. Die Wassertiefe ist ausreichend. Es gibt ein kleines Clubhaus, in dem auch die Toilette untergebracht ist. Die Dusche wird erst nächste Woche gebaut. Sie soll provisorisch unter einem

Zelt in einer Ecke errichtet werden. Einkaufsmöglichkeiten gibt es im Ort, der sich direkt hinter der Clubanlage befindet. Die Steganlagen liegen geschützt hinter einem Wall, vom Rhein gut abgeschirmt.
Hafenmeister: Oswald Odendahl,
Liegegebühr: 1,50 DM/Meter/Tag
Strom: 5,00 DM (da wir erst spät nachmittags hier anlegten und am nächsten Morgen direkt weiter fuhren, brauchten wir nur 2,50 DM bezahlen)

Club für Wassersportfreunde Porz, Rhein-km 677,2 RU

Tel. 0049/(0)2203/82935
Eine wunderschöne Hafenanlage, eingebettet zwischen zahlreichen Parkanlagen. Es gibt einen Gästesteg für zwei kleinere, bzw. ein großes Boot. Nach Absprache mit dem Hafenmeister ist es auch möglich in eine der noch freien Boxen zu steuern. Es lohnt sich auf alle Fälle hier anzurufen und nach freien Plätzen zu fragen. Zum Club gehört auch ein Ruderverein. Die sanitären Anlagen sind sehr gut. Sie liegen im ersten Stock des großen Clubhauses. Es gibt mehrere Toiletten für Damen und Herren sowie jeweils vier Duschen. Außerdem befindet sich im Clubhaus auch ein kleines Restaurant. Der Ort Zürndorf ist gleich um die Ecke. 500 m vom Hafen entfernt gibt es eine DEA-Tankstelle, etwas weiter weg eine Freie Tankstelle. Für den Einkauf oder zum Treibstofftransport stehen Bollerwagen zur Verfügung.
Hafenmeister: Herr Breidenbach, Liegegebühr: 1,50 DM/Meter/Tag !!!
Strom: 1,00 DM/kwH (Stromautomat), Dusche: im Preis inbegriffen (mit viel heißem Wasser)

Marina Oberwinter, Rhein-km 639,1 LU

Tel.:0049/(0)2228/911850
Nagelneuer Yachthafen. Die Steganlage ist inzwischen fertig, es fehlen noch die Strom- und Wasseranschlüsse sowie die Sanitäranlagen. Es ist ein riesiger Yachthafen mit zur Zeit noch vielen freien Plätzen. Da alles neu ist, sieht die Anlage etwas trostlos aus. Es fehlt Gemütlichkeit. Außerdem liegt der Hafen direkt neben einer vielbefahrenen Straße und die Eisenbahn fährt auch gleich nebenan. Dafür, daß sich diese Anlage für einmalig hält, ist die Lage sehr bescheiden. Zur Zeit gibt es nur eine Toilette und eine Dusche für die Gastlieger und heimischen Clubmitglieder, welche zu wünschen übrig lässt. Selten kam mir ein Yachthafen so ausgestorben vor wie dieser. Zur Anlage gehört das "Pfannkuchen"-Schiff. Es hat einen guten Ruf und die Spezialitäten des Hauses sind, wie der Name schon sagt, Pfannkuchen in allen Variationen. An der Hafeneinfahrt befindet sich eine Wassertankstelle mit Benzin und Diesel.
Liegegebühr: 2,50 DM/Meter, Strom: 3,00 D/M/Tag ,
Dusche: 1,00 DM/Duschautomat

Motor Yacht Club Neuwied e.V., Rhein-km 605,7 LU

Tel.: 0049/(0)2631/24801

Die Einfahrt des Pionierhafens liegt etwas versteckt. Wenn man stromaufwärts, hinter der Insel Weißenturmer Werth (km 608 - 605.5) steuert, sieht man am Ende der Insel an Steuerbord (!) eine rot-grüne Tonne und danach eine rote Stange. Beides kann man aber an Steuerbord liegen lassen um dort sofort in die Hafeneinfahrt einzubiegen. Die Einfahrt ist gegenüber des Kühlturms der RWE. Sehr ruhige Zufahrt und Lage des Hafens. Hier liegen bestimmt über 100 Yachten. Es gibt zwei feste Gastliegerplätze und wenn Platz da ist, kann man das Boot auf Anweisung des Hafenmeisters auch in eine freie Box legen. Hier ist es wieder schön grün um die Anlage. Ein kleiner Nachteil ist, daß die Gastliegerplätze ganz am Anfang der Anlage liegen und die Sanitäranlagen am anderen Ende sind. Man sollte für den Weg dorthin gut 5 Min. Fußweg einplanen. 4 Toiletten, 3 Duschen, 3 Waschbecken, 1 WC/Dusche für Behinderte. Dazu gibt es einen Raum mit Waschmaschine und Trockner. Ein Grillplatz für Gäste wird auch zur Verfügung gestellt. Ein Marine-Shop befindet sich ebenfalls auf dem Gelände.

Liegegebühr: 1,80 DM/Meter/Tag, Strom: 1,00 DM/kwH (Automat)

Dusche: im Preis incl.

Bootshaus Rademacher/Lahn, Rhein-km 585,7 RU, in der Lahn

Tel.: 0049/(0)2621/2605

Ruhig in der Lahn, kurz nach deren Einmündung liegt das Bootshaus Rademacher. Es hat einen kleinen Steg mit Dauerliegern (kleine Motorboote) und Platz für 4 Gastlieger. Dieser Platz ist kein Yachthafen, sondern eigentlich eine Anlegestelle für Boote, deren Besatzung Pause machen und etwas trinken wollen. Es gibt eine kleine, sehr gemütliche Gaststätte und 2 Toiletten. Keine Duschen. Trotzdem kann man auch gerne über Nacht bleiben. Der Anleger befindet sich mitten in Oberlahnstein. Nur 2 Min. entfernt ist ein riesiges Einkaufscenter zu finden.Aber Achtung, die Preise sind horrend. Es gibt natürlich auch Angebote, aber danach muß man etwas suchen. Praktisch ist es dennoch, so nah eine Einkaufsmöglichkeit zu haben. Gegenüber des Bootshauses ein gemütliches, griechisches Restaurant.

Liegegebühr: 1,50 DM/Meter/Tag, Strom: 3,00 DM/Tag

Dusche: "Freilanddusche" (Gartenschlauch draußen am Steg)

Funboat Marina im Stadthafen St. Goar, Rhein-km 557 LU

Tel.: 0049/(0)6741/93041

Die Anlage befindet sich direkt unter der Burg Rheinfels und der Jugendherberge von St.Goar. Es ist ein kleiner, sauberer Hafen mit mehreren Gastliegeplätzen.

Als sanitäre Anlagen gibt es hier ein "Badehäuschen" mit 2 Toiletten und 1 Dusche. Zusätzlich befindet sich dort auch ein Spülbecken mit kostenlosem Warmwasser zum

Spülen. Ein Grill wird ebenfalls zur Verfügung gestellt, wenn man dem Hafenmeister kurz Bescheid sagt. Er sorgt dann dafür, daß alle notwendigen Utensilien bereit gestellt werden. Als zusätzlicher Service wird hier eine Fäkalienabpumpanlage geboten. Stromauf das wunderschöne, aber von Touristen überlaufene St.Goar. Wenn man Zeit mitbringt empfehle ich einen Ausflug zur Burg Maus: Nach St. Goar um von dort mit der Fähre ans andere Ufer zu gelangen. Von da flußabwärts nach Wellmich (km 559), durch das Dorf und dann hoch zur Burg. Hier bewunderten wir freilegende Seeadler, Steinadler, Wanderfalken und Jagdfalken hautnah. Ein wunderbares Erlebnis auf diesem halbtägigen Wanderausflug. Und wer nun Hunger und Durst verspürt, sollte dann am Fuße der Burg Maus ins Gasthaus "Germania" (Bachstr. 12+14 , 56346 St.Goarshausen/Wellmich), um sich von der Wirtin Dorothea van Vlijmen kulinarisch verwöhnen zu lassen.
Liegegebühr: 2,00 DM/Meter/Tag, Strom: 2,00 DM/KwH (Automat)
Dusche: 2,00 DM (ca. 10 Min/Automat), Trinkwasser: 2,00 DM

Motor Yacht Club Bingen, Rhein-km 527,5 LU

Tel.: 0049/(0)6721/12520
Hafen mit Platz für 4 große, bzw. mehrere kleine Gastlieger. Er liegt geschützt vom Rhein, aber Vorsicht bei der Ansteuerung - in der Hafeneinfahrt befindet sich ein Anleger für 2 Autofähren, die erst spät zu erblicken sind. Leider ist der Gastliegeplatz wieder ganz am anderen Ende. Um zu den Sanitäranlage zu kommen, muß man ein Stück laufen. Am Ende des Geländes befindet sich ein sehr großes schwimmendes Clubhaus mit Restaurant und den sanitären Anlagen.
Liegegebühren: 2,00 DM/Meter/Tag, Strom: incl., Wasser: incl.
Dusche: 1,00 DM für 5 Minuten

Spundwand vor dem Yachtclub Untermain-Raunheim, Main-km 11,8

Eigentlich wollten wir in den Hafen, aber der liegt in einer alten Schleuse. Um dort hinein zu kommen, hätten wir nach der Einfahrt direkt eine 90°-Wende fahren müssen und später wieder rückwärts hinausmanövrieren auf engstem Raum. Deshalb haben wir an der Spundwand vor dem Yachtclub festgemacht. Das hat zwar den Vorteil, daß man für die Nacht nichts bezahlen braucht, der Nachteil ist allerdings, kein Strom, kein Wasser, keine Toilette und keine Dusche. Aber für eine Nacht ist das kein Problem.
Wenn man unter der Unterführung hergeht und sich oben an der Hauptstraße nach rechts wendet, ist man nach ca. 300 m in einem Einkaufscenter mit vielen verschiedenen Geschäften. Eigentlich ist die Lage ideal, wären da nicht Sog und Schwell.

Motorboot- und Wasserskiclub Aschaffenburg, Main km ca. 87,0 im Floßhafen

Einer von vielen kleinen Clubs im Seitenarm des Mains bei Aschaffenburg. Man liegt absolut ruhig. Idyllisch gelegen mitten in Aschaffenburg mit viel Grün drumherum und vom

Autoverkehr bekommt man sehr wenig mit. Es ist ein kleiner Club mit einem kleinen Sanitärhäuschen. Dort findet man jeweils eine Toilette und eine Dusche. Für tiefgehende Schiffe ist die Einfahrt neben dem Schloß nicht optimal. Auf Versandungen ist zu achten.
Liegegebühr: 2,00 DM/Meter/Tag, Strom u. Wasser: 3,00 DM pauschal/Tag
Dusche: incl. (Warmwasser bis zum abwinken)

Sportboothafen Yachtclub Miltenberg, km 125,1

Idyllisch direkt am Main gelegen. Mit kleinen Sportbooten kann man im Hafen anlegen, mit größeren an der Mauer vor dem Kran. An der Mauer ist man allerdings dem Sog und Schwell der vorbeifahrenden Berufsschiffe ausgesetzt.
Kleine, gepflegte Anlage mit bewirteten Klubhaus und gepflegter Rasenfläche davor. Die sanitären Anlagen sind in wenigen Sekunden zu erreichen und ordentlich. Es gibt jeweils 2 Toiletten, 2 Waschbecken und eine Dusche. Außerhalb des Klubhauses gibt es einen funktionierenden Kühlschrank und eine Spüle mit Warmwasser. Am Rasen einen Grill. Der Ort Miltenberg befindet sich auf der anderen Mainseite. Fußweg ca. 10 Min. In der gegengesetzten Richtung findet man Supermärkte, Bäcker und vieles mehr. Tankstelle am gegenüberliegenden Ufer.
Ein sehr einladender und freundlicher Club mit sehr hilfsbereiten Mitgliedern (Als der Vorstand erfuhr, daß ich Diesel benötige, brachte er am Morgen kurzer Hand 140 Liter in Kanistern zum Boot.)
Liegegebühren: 2,50 DM/Meter/Tag, Strom: incl., Wasser: incl.
Dusche: 1,00 DM für 5 Minuten

Spundwand vor dem einzigsten Main-Hafen in Baden-Württemberg, Main km 151

Die Spundwand ist diesmal nicht ganz so hoch wie in Raunheim. Man kann gut festmachen und über Leitern an Land klettern. Außerdem liegt man hier am Ende der Spundwand (km 151,2) sehr ruhig und geschützt.

WSA-Schutzhafen Gemünden, Main km 210,4

Kleines Hafenbecken, sehr ruhig gelegen. Hier werden leere Leichter und Arbeitsschiffe abgestellt.
Man kann in aller Ruhe hier festmachen. Sollte man in diesem Schutzhafen anlegen wollen, empfiehlt sich ein Laufsteg, denn die Ufer sind schräg. Man kommt sonst nicht an Land. Hier gibt es keinen Strom, kein Trinkwasser und keine Toilette.
Liegegebühr: 5,00 DM pro Schiff und Nacht

Würzburger Yachtclub, Main km 252,8

0049/(0)931/53444
Dieser Yachtclub liegt direkt im Oberwasser der Schleuse Würzburg. An einer Seite wird der

Hafen durch einen Parkplatz und eine Straße begrenzt. Trotzdem liegt man hier sehr ruhig. Es gibt einen größeren Platz für Gastlieger und vier weitere für kleinere Boote. Am benachbarten Ponton befindet sich das Clubhaus, indem man sich sofort wie zu Hause fühlt. Für Männer und Frauen gibt es hier jeweils eine Toilette aber leider nur eine Dusche. Man blickt direkt auf die Würzburger Festung und der alten Mainbrücke mit der Schleuse. Im Zentrum ist man in nur fünf Minuten angelangt. Wenn man direkt auf die "Alte-Main-Brücke" an der Schleuse zuhält und sich dann nach rechts wendet, eröffnen sich alle Einkaufsmöglichkeiten. Die Mitglieder sind überaus freundlich und gerne mit Rat und Tat zur Stelle. Sog und Schwell der Berufsschiffahrt ist nicht vorhanden, da sich der Yachtclub im Oberwasser der Schleuse befindet und die Schiffe langsam aus oder in die Kammer manövrieren.
Liegegebühr: 2,00 DM/Meter/Tag, Strom: bis 10 m Länge: 3,00 DM, ab 10 m Länge: 5,00 DM, Wasser: incl., Dusche: incl.

MYC Ansbach, Main km 290,7
Kleiner, sehr idyllisch am Main gelegener Yachthafen. Einfahrt in den Hafen direkt nach der Autofähre. Ein Gastplatz für größere Schiffe und zwei weitere für kleinere Boote. Man ist durch einen Landzunge vom Main getrennt. Außerhalb des Platzes befindet sich ein altes, in Renovierung befindliches Haus, in welchem das Clubheim untergebracht ist. Hier befinden sich jeweils zwei Toiletten, sowie je eine Dusche mit zwei Waschbecken. Einkaufsmöglichkeiten im Ort, ca. 5 Min. Fußweg.

Liegegebühr:	Boote bis 7 m	15,00 DM
	Boote 7-9 m	20,00 DM
	Boote über 9 m	25,00 DM

Wasser: incl., Strom: incl.. Dusche: 1,00 DM/4 Min.

Lände Schweinfurt, Main km 332,1
Die Lände liegt direkt im Oberwasser der Schleuse und ist ca. 500 m lang. Hier kann man hervorragend an geraden Wänden festmachen. Die Wassertiefe liegt bei 4 m. Die Lände ist vom Schweinfurter Yacht- und Wassersportclub gemietet. Es gibt zwar keine Versorgung, aber man liegt überaus ruhig, da die Berufsschiffahrt im Schleusenbereich langsam fährt. Etwas störend sind unter Umständen die Fußgänger an der Promenade. 5 Min. Fußweg in die Stadt.

Motor-Sport-Club Coburg, Main km 381,8
Ein sehr schön und ruhig gelegener Hafen mit angeschlossenem Campingplatz. An der Einfahrt zum Hafenbecken liegt steuerbord eine Kiesverladestation. An der dortigen Spundwand erreicht die Wassertiefe 2 Meter, wenn man die Einfahrt weiter backbord nimmt, reduziert sich die Wassertiefe auf 1,50 Meter. In dem großen Becken, welches der Hafen bildet sind aber wieder gute Wassertiefen vorhanden. Ebenso an den Stegen. Für Wendemanöver ist sehr viel Platz, gerade auch für große Boote.

Der angeschlossene Campingplatz wird überwiegend von Dauercampern genutzt, die die Anlage sehr pflegen. Überall sieht man kleine Gärten und Blumenbeete.
Die sanitären Anlagen bestehen aus einem Häuschen mit je zwei Toiletten, zwei Waschbecken und einer Dusche. Sie sind nur leider wieder ein kleines Stück entfernt von den Gästestegen.
Außerdem befindet sich direkt hinter der Anlage ein Einkaufszentrum, eine Tankstelle, ein Getränkemarkt und ein Baumarkt. Kommt man vom Platz und hält sich an der Hauptstraße links, gibt es ebenfalls noch mal einen Supermarkt, Schlecker und einen Getränkemarkt. Die Versorgung ist hier erste Sahne.
Liegegebühr: 25,00 DM/Tag, Strom: incl., Wasser: incl., Dusche: 1,00 DM/5 Min.

Bauhafen Nürnberg ,MDK km 64,95

Na ja, was soll man dazu sagen? Zum Glück hat der Schleusenwärter abends um 20.00 Uhr noch die Erlaubnis eingeholt, daß wir dort liegen dürfen. Die Wassertiefe ist ausreichend jedoch Sog und Schwell von den vorbeifahrenden Schiffen ist stark zu spüren.

Motorjachtclub Altmühltal e.V., MDK km 128,4

0049/(0)84617866
Kleine, sehr gepflegte Anlage am Westufer des Kanals. Der Anleger für Gäste ist direkt auf der Backbordseite nach der Einfahrt. Die Wassertiefe beträgt ca. 1,90 m. Bei vorbeifahrenden Schiffen wird die Tiefe um ca. 30 cm verringert. Der Gästesteg reicht für ein großes Boot oder für 2-3 kleine Boote. Der Hafen bietet Restaurant mit Terrasse und Lieferservice für Benzin und Diesel. Außerdem eine Fäkalienabsauganlage.
Die Sanitäranlagen sind ebenfalls sehr gepflegt. Es gibt jeweils 2 Toiletten und 2 Waschbecken mit Warm- u. Kaltwasser. Getrennt davon ist jeweils eine Dusche.
Da der Kanal wenig Verkehr aufweist, kann man hier sehr ruhig liegen. Ringsum wird man eingeschlossen von sanften, bewaldeten Hügeln. Bis zur Stadt sind es 10 Min. zu Fuß oder man leiht sich Fahrräder, die vom Verein kostenlos zur Verfügung gestellt werden.
Liegegebühr: 30,00 DM/Tag, Strom: incl., Wasser: incl., Dusche: incl.

Marina Saal, Donau km 2410,0 RU

Hier gibt's nur eins zu sagen: groß und teuer, absolut kommerzieller Hafen! Es wird aber viel geboten: Tankstelle mit Benzin und Diesel, genug Wassertiefe und viele Anlegemöglichkeiten, nette Dauerlieger, aber die Umgebung ist ätzend. Der Gästesteg liegt nahe am Hafenbüro und den sanitären Anlagen, ist aber links weit am Ende des Hafenbeckens. Wir haben direkt am Anfang des Hafenbeckens gelegen, da uns keiner eingewiesen hat.
Die sanitären Anlagen bestehen aus jeweils 3 Toiletten und je 3 Duschen mit 2 Waschbecken. Auf dem Gelände wird ein Boot-Rundum-Service geboten und Schiffe bis 16t

können gekrant werden. Außerdem befinden sich eine Pizzeria und eine Pommesbude auf dem Gelände. Auch gibt es hier eine Wassertankstelle, deren Preise unverschämt hoch sind. Die Einfahrt ist für unsere Begriffe sehr ungünstig gestaltet. Wir konnten nicht wie bei allen anderen Häfen gegen die Strömung in die Einfahrt manövrieren, welche normalerweise parallel zum Fluß läuft. Die Einfahrt zur Marina ist in einem 90°-Winkel quer zur Donau. Für gut motorisierte Flitzer ist das kein Problem. Für die 17 Tonnen schwere und 14 Meter lange "Goldfisch" mit ihrem Langkiel ist es aber ein sehr gefährliches Manöver. Von Berg kommend, können wir nicht so einfach in eine solche Einfahrt, sondern müssen wenden um danach gegen den Strom seitlich versetzend in die Einfahrt einzufahren. Nach ca. 1 Meter ist dann die Strömung weg und man muß sofort die Maschine drosseln, um nicht in die nahe Spundwand der Einfahrt zu krachen.
Liegegebühr: 48,00 DM/Tag (!!!), Strom: incl., Wasser: incl., Dusche: incl.

Oberwasser Schleuse Straubing, Donau-km 2327,9
Mit Erlaubnis der Schleuse auf der Seite der Berufsschiffer festgemacht. Keinerlei Versorgung. Wurden später dann gebeten auf die Sportbootanlegerseite(LU) zu wechseln, um für einen Berufsschiffer Platz zu machen. Hier ist es auch ruhiger und sicher.

Ankerplatz bei Gaishofen, Donau-km 2237,5 LU
Hier hat die Donau zwar keinen ausgewiesenen Ankerplatz, aber es gibt eine kleine Einbuchtung, so daß man der Berufsschiffahrt nicht im Wege liegt. An Land befindet sich ein Poller, an dem die Landleine belegt werden kann. Ein wunderbar ruhiger und idyllischer Ort zum Ankern. Versorgung gibt es im nahegelegenen Ort. 500 m vom Ankerplatz flußaufwärts die "Fischerstuben". Es ist in der Region sehr bekannt. Möchte man Einkaufen, muß man nach Passau (20 km). Für Brötchen, Brot und Wurst kann man direkt nach Gaishofen oder ins 3 km entfernte Schalding laufen oder mit dem Fahrrad fahren.

Motor-Yacht-Club Kachlet, Donau-km 2159,4 LU.
Eine kleine Anlage, die sich in einem Seitenarm der Donau befindet. Hier befinden sich nur Motorboote, dafür aber in jeder Größe. Einfahren bitte wie ein Motorboot: schnell und sofort. Der Hafenmeister mag die "Piefkes" (Deutsche) nicht sonderlich und läßt es sich auch anmerken. Wenn man nicht unbedingt hier anlegen muß, sollte man weiterfahren. Abgerechnet wird in DM oder ÖS, wobei dem Hafenmeister Schilling lieber sind. Außerdem gibt es auf den Stegen keinerlei Klampen oder Poller. Man muß die Taue durch die teilweise losen Bretter der Stege fädeln und wieder am Schiff belegen.
Die Sanitäranlagen bestehen aus jeweils einer Dusche, einer Toilette und zwei Waschbecken, die aber ordentlich und gepflegt sind. Das einzig Positive an diesem Hafen.
Liegegebühr: 25,00 DM/Tag, Strom: 4,00 DM, Wasser: incl., Dusche: incl.

Motor-Boot-Club Pöchlarn, Donau-km 2046,20 RU

Steganlage des Clubs. Bis auf Strom und Wasser keine Versorgung. Der Club besteht aus ca. 10 kleinen Motorbooten und ist nicht auf Gastlieger eingerichtet.

Hafen Kuchelau, Donau km 1935,30 RU

Riesiger Hafen mit zwei Hafenbecken, sowie angeschlossener, kleiner Werft. Die Anlage ist nicht besonders schön, aber zweckmäßig. Die sanitären Anlage lassen etwas zu wünschen übrig. Es ist nicht besonders sauber und bietet nur jeweils zwei Toiletten, 1 Waschbecken und 1 Dusche. Dafür aber jede Menge warmes Wasser. Auf dem Gelände findet man eine Gaststätte, Bootstankstelle und einen Zuberhörladen. An der Straßenseite befindet sich eine Bahnstation, von wo man in wenigen Minuten die Stadt Wien erreicht. In naher Umgebung befinden sich einige "Heurige", deren Besuch lohnenswert sind.
Liegegebühr: 200,- DM für 9 Tage, Strom: incl., Wasser: incl., Dusche: incl.

Milan's Treff, Donau-km 1865 LU

Tel.: 00421/903/761651, im Hafenbecken hinten links
Eigentlich ist dies ein Treffpunkt für viele Wiener, die mal kurz in die Slowakei fahren. Man darf Milan's Treff nicht mit einer Marina vergleichen, denn dies ist ein Restaurant und Café mit einigen kleinen Bootsanlegestegen. Milan bewirtschaftet sein Restaurant vom Frühjahr bis zum Herbst durchgängig und ist jeden Tag geöffnet. Auf der Speisekarte steht nicht viel, aber es ist ausgesprochen lecker. Außer der guten Verpflegung mit Speis und Trank gibt es je eine Toilette und eine Dusche. Es ist alles mehr als sehr sauber. Milan organisiert auch Benzin oder Diesel in jeder Menge.
Die Aufnahme hier ist herzlich und familiär. Jeder, der auf der Donau hier vorbeikommt sollte hier Station machen!!
Auch ist hier die letzte Möglichkeit Treibstoff und alle anderen Dinge für die Weiterfahrt auf der Donau flußabwärts, günstig zu bunkern. Im späteren Ungarn ist es schwieriger und teurer. Für die Fahrt durch Jugoslawien sollte man alles an Bord haben.
Liegegebühr: 21,50 DM/Tag, Strom: incl., Wasser: incl., Dusche: incl.

Ankerplatz im Altarm bei Donau-km 1785 RU

Wunderschöne Lage in prächtiger Natur mit ausreichend Platz und einer Tiefe von über 3 Metern

Wiking Marina Budapest, Donau-km 1651,30 RU

Das einzige, was ich über diese Marina berichten kann, ist daß die Leute dort keine Ahnung vom eigenen Hafen haben. Mir wurde nach mehrmaligen (!) nachfragen gesagt, daß es dort mehr als 2 Meter Wassertiefe hat. Ich lief auf Grund. Danach wollten sie mich durch ein Stück der Einfahrt lotsen welches ebenfalls genug Wassertiefe haben sollte. Doch auch hier lief ich auf Grund. Quer zur Einfahrt muß sich eine Schwelle befinden. Für Boote mit mehr als 1,30 Meter Tiefgang empfiehlt es sich auf das Hafenbecken Ujpest bei Donau-km 1653 LU auszuweichen. Dort hat es durchgehend mehr als 3 m Wassertiefe und man kann ohne Probleme an anderen Schiffen oder an dem im hinteren Teil befindlichen Motorbootclubs anlegen.

Hafen Ujpest, Donau-km 1652,95 LU

Motorbootclub im hinteren Teil RU

Leider kann ich über diesen Club nichts sagen, da ich ihn nur aus der Ferne sah.

TIPS für Segler(oder ähnlich Verrückte):

Hafen Ujpest, Donau-km 1652,95 LU

TDL YACHTSZERVIZ an der linken Seite nach der Hafeneinfahrt, Tel. 3 693 127, Mobil:06 30 9619 294

Ist zwar keine Marina, wir waren aber herzlich willkommen, bekamen Strom, Wasser und durften sogar die Duschen benützen. Es sieht zwar nicht so ordentlich aus, aber die Leute sind überaus freundlich und hilfsbereit. Außerdem ist das Gelände abends versperrt und am Wochenende sogar bewacht! Der Chef ist ein Anhänger des Segelsportes, bekommt hier aber verständlicherweise fast keine Segler zu sehen.

Yachtclub KIKÖTÖ,Baja, Donau-km 1478,8 LU

Einfahrt am Donau-km 1478.82 LU in die Kamaris-Duna und ca. 1 km steuern. Dann hart Steuerbord(Weiterfahrt verboten, da sich dort Badeanstalten befinden) in den Sugovica-Kanal und hier wieder ca. 1 km. Danach hart Backbord wieder in die Kamaris-Duna zurück. Nach wieder ca. 1 km befindet sich die Steganlage. Stege ca. 5 m lang, nur 2 Kopfplätze die länger sind. Absolut ruhige Lage. Einkaufsmöglichkeiten sind mit wenigen Schritten zu erreichen. Am Steg gibt es sowohl Wasser als auch Stromanschluß. Duschen und WC sind leider nicht vorhanden. Dafür ist die Anlage rund um die Uhr bewacht. Aber Vorsicht bei der Fahrt durch diese Kanäle, denn die Wassertiefe ändert sich mit dem Wasserstand der Donau. Wir hatten Zeitweise nur 2 m Tiefe. Wenn man darauf nicht achten muß, lädt dieser Platz zum längeren Verweilen ein.

Liegeplatz: 40.- DM / Tag(12 Meter) , Strom: incl., Wasser: incl.

Schiffsfriedhof Baja, an der Kreuzung Sugovica-Kanal und Kamaris-Duna

Zufahrt wie zum Jachtclub Kikötö(wie oben beschrieben). Absolut ruhige Lage, jedoch keinerlei Versorgungsmöglichkeiten. Ohne Probleme kann man an den dort abgestellten Schiffen festmachen.

Yachtclub Beograd, Donau-km 1170 RU in der Sava

Ein uralter Frachter, auf dem dieser Club zu Hause ist. An Deck gibt es ein Restaurant mit guten und preiswerten Speisen. Ansonst ist dieser Platz nicht zu empfehlen, da alle Boote an diesem Frachter festgemacht werden und man ist dem Sog und Schwell der vorbeifahrenden Schiffen gnadenlos ausgeliefert. Sowohl die riesigen Frachter, als auch Sportboote und alle Schiffe der Polizei, Militärs u.s.w. brettern hier vorbei. Besonders die Schiffe des Zolls verursachen Wellen von 1 Meter Höhe. Da kann sich jeder vorstellen was mit den Booten hier geschieht. Es gibt zwar Strom und Wasser(Nicht zum trinken geeignet), jedoch keine Duschmöglichkeit und die Toiletten wurden wahrscheinlich vor Jahren das letzte Mal gereinigt. Liegeplatz: 10,- DM für 3 Tage, Strom: incl.

Ankerplatz hinter der Insel Grocansca, Donau-km 1130 RU

Sehr ruhige Lage mit mehr als 4 m Wassertiefe. Links die Insel und rechts die Stadt Grocka mit allen Einkaufsmöglichkeiten.

Veliki Gradiste, Ponton der Grenzpolizei, Donau-km 1059 RU

Anlegemöglichkeit zum Übernachten, wenn dort Revision gemacht wird. Nicht unbedingt optimal, da Grenzverkehr. Aber wenn man nicht weiter fahren möchte, eine Möglichkeit das Schiff sicher anzulegen, da der Ponton zur zuständigen Behörde gehört.
Einkaufsmöglichkeiten bieten sich im Dorf oder im Duty Free Shop am Gelände, welcher wirklich sehr günstig ist. Ideal zum Bunkern von Zigaretten oder Alkohol.

Ankerplatz in Altarm Porecka, Donau-km 988 RU

Diese Möglichkeit sollte jeder wahrnehmen, da dies ein wahres Paradies ist. An der Einfahrt, hinter dem Cap Colcuk befindet sich eine Station des Militärs. Es besteht zwar die Möglichkeit einer Kontrolle, aber die Beamten sind überaus nett und hilfsbereit. Da ich nur ein Transitvisa hatte und außerdem bereits aus Jugoslawien ausklariert hatte, durfte ich mich offiziell dort nicht aufhalten. Sie hatten aber Einsehen und erteilten mir die Genehmigung, daß ich dort 2 Nächte bleiben konnte. In den Arm kann man ca. 2 km einfahren da danach eine Brücke den Arm überspannt und die Durchfahrtshöhe nicht ausreicht. Der Arm liegt wie ein großer See eingebettet zwischen Bergen und an der rechten Seite liegt ein kleines Dorf. Der Blick zurück zeigt die volle Breite diesen Armes und die vorbeifließende Donau. Ein wirklich atemberaubendes Panorama. Es empfiehlt sich einen 2. Anker auszubringen. Der Wind kommt von der Donau und aus den Bergen die Strömung. Die ist sehr gering und somit richtet sich das Schiff nur Nachts, wenn es windstill ist, in den Strom. Bei der Ausfahrt aus dem Arm ist unbedingt auf die zahlreichen Fischernetze zu achten, welche dort überall ausgelegt sind.
Jeder der hier vorbeikommt, sollte diesen Platz einplanen, da es einer der Schönsten und auch bei schlechtem Wetter einer der Sichersten auf der Donau ist.

Oltenita - im Hafenbecken bei der Fa. Stentor, Donau-km 428 LU

Tel.: 0040/425/14295

Nach vorheriger Absprache mit dem Hafenkapitän Oltenitas (Capitania, km 430 LU) und dem Firmenmanager Hr. Stefan Negoita, besteht die Möglichkeit im hinteren Teil des Hafenbeckens vor den Fertigungshallen anzulegen.

Industriehafen ohne Versorgung, jedoch auch hier sehr sichere Lage. Die Firma Stentor fertigt hier Motoryachten für die Black Sea Trading in den Niederlanden.

Bei der Einfahrt in den Hafen ist darauf zu achten, nicht zu weit steuerbord einzusteuern, da es hier sehr flach ist. Die größte Tiefe befindet sich ca. 8 Meter neben dem Hafenfeuer.

Anlegemöglichkeiten für die Nacht am jeweiligen Ponton der Capitania:

Orsova km 954 LU, Turnu Severin km 930 LU, Calafat km 794 LU, Pechet km 679 LU, Giurgiu km 493, Oltenita km 430 LU, Braila km 174 LU, Tulcea Meile 39 RU, Sulina Meile 0 RU.

Sollte am Ende des Tages kein optimaler Ankerplatz gefunden werden, sind die Pontons der Hafenbehörde (Capitania) eine sichere Möglichkeit die Nacht zu verbringen. Zwar muß man sich dort, wie in der internationalen Seefahrt üblich, nach der Ankunft und vor der Weiterfahrt melden, wird aber durchwegs freundlich behandelt. Auch bekommt man dort den einen oder anderen nützlichen Tip für die Weiterfahrt. Die Bearbeitungs- und Nächtigungsgebühr beträgt hier überall 1 US-Dollar. Ich empfehle ausreichend Ein-Dollar-Noten mitzuführen, da die Behörden nirgends wechseln oder bei größeren Banknoten nichts herausgeben können. Auch kann man mit Dollar alle notwendigen Einkäufe tätigen, da diese "harte" Währung überall akzeptiert wird. Deutsche Mark hingegen werden nirgends angenommen. Bei allen Pontons ist auf Sog und Schwell der Berufsschiffe zu achten.

Natürlich gibt es ab dem "Eisernen Tor 2" bis zum Schwarzen Meer auch unzählige, wunderbare Ankerplätze zwischen den Inseln oder an anderen strömungs- und windgeschützten Stellen. Diese möchte ich aber nicht näher beschreiben, da sich der Stromverlauf und das Aussehen der Inseln durch den Wasserstand der Donau oft verändern.